Business Negotiation

5th Edition

省级重点学科

21世纪高等院校市场营销专业规划教材

商务谈判

（第五版）

殷庆林 / 主编

姚盛辉 张燕 / 副主编

图书在版编目（CIP）数据

商务谈判 / 殷庆林主编. —5版. —大连：东北财经大学出版社，2022.8
（21世纪高等院校市场营销专业规划教材）
ISBN 978-7-5654-4566-8

Ⅰ. 商…　Ⅱ. 殷…　Ⅲ. 商务谈判–高等学校–教材　Ⅳ. F715.4

中国版本图书馆 CIP 数据核字（2022）第 110187 号

东北财经大学出版社出版

（大连市黑石礁尖山街217号　邮政编码　116025）

网　　址：http://www.dufep.cn

读者信箱：dufep@dufe.edu.cn

大连天骄彩色印刷有限公司印刷　东北财经大学出版社发行

幅面尺寸：185mm×260mm　　字数：315千字　　印张：17.5

2022年8月第5版　　　　　　2022年8月第1次印刷

责任编辑：蔡　丽　　　　　　　责任校对：孙　平

封面设计：冀贵收　　　　　　　版式设计：冀贵收

定价：48.00元

Preface

1

第五版前言

地球的资源是有限的，而人类的欲望是无限的，这决定了人与人之间必然有矛盾。社会性是人的本质属性，个人是不能脱离群体孤立生存的。人必须与他人发生各种各样的联系，包括思想交流和物质交换。

在商品经济社会中，交换与合作是人们生存和发展的基本手段，这就离不开谈判。从某种意义上说，个人和组织的生存状态和质量取决于谈判能力和结果。

在商务领域，谈判是企业经营业绩的重要影响因素。企业的经营就是通过资源的整合向顾客提供适宜的产品，通过顾客需要的满足获取利润。而资源整合与顾客需要的满足都离不开与合作伙伴和顾客的谈判。随着我国商品经济的发展，以及我国的国际经济地位不断上升，具有商务谈判能力的人才越来越受到社会的青睐。商务谈判课程从无到有，已经成为管理学、经济学等专业的重要的必修课程。

为了进一步探索商务谈判课程的教学规律，提高教学质量，我们尝试编写了本书，并力求在如下方面有所创新：

一、注重知识内化为能力和素质

读大学，不仅为了获取专业知识，更需要获得能力的增强和素质的提高。当知识位于人的全面发展的最外一个圈层时，其是最容易获得的，也是最容易遗忘的；知识只有在内化为能力和素质时，才会成为人们自身的稳定的组成部分。能力和素质不是教出来的，是通过主动学习和独立思考获得的，是在各个领域知识的整合过程中内化而成的。商务谈判的实质是人与人的思想交流与利益交换，离不开合作，商道即人道。基于这样的认识，为使学生在获得专业知识的同时，增强综合能力和提高综合素质，本书在阐述专业知识的同时，尽可能地融入其他学科的研究成果。具体做法是在书中嵌入一些与能力和素质相关的术语，如内容与形式、现象与本质、原因与结果、主体与客体、目的与手段、抽象与形象、演绎与归纳、自己人效应、前摄抑制、信息传递的本质等，并通过这些词汇引入哲学、社会学、形式逻辑学、心理学、信息传播学、美学等学科的内容和思维方法。这样既能促进学生对专业知识的理解，改善教学效果，又能使学生拓宽视角，学会用多种方法思考，融会贯通，促进知识的内化，提高自身的综合素质。教师在授课过程中可以根据实际情况灵活取舍，其他读者也可以根据需要自己掌握。

FIFTH

EDITION

Preface

第五版前言

FIFTH

二、突出谈判的普遍性

商务谈判最鲜明的特点是艺术性，表现为复杂性、不可重复性、多元性。艺术不同于科学，科学主要依靠理性思维和逻辑论证，艺术仅靠理性和逻辑是远远不够的，更需要亲身实践，需要"感"和"悟"；科学是可以重复的，经得起实验验证，科学的结果是唯一的，而艺术是不可重复的，评价的标准不是唯一的，而是多元的。商务谈判是比较特殊的活动，是对抗性的"游戏"，谈判双方对信息掌握的数量和程度会影响到谈判的结果。谈判方案是不能公开的，还要考虑到商业机密，因此很难对商务谈判进行模拟实训和实践教学。为此，我们强调广义谈判的概念，并将其运用到教学中。生活中经常需要谈判，每个人都有谈判的机会。编者搜集了很多生活中的谈判小案例，用于解释对应的谈判原理。这样的小案例虽然不是纯粹的商务谈判小案例，但因为在生活中很容易有同样的经历，能够起到很好的"感"和"悟"的作用，所以非常有利于知识的内化。

三、注重逻辑性

做到概念明确、判断准确、推理符合逻辑、论证具有说服力是较高的逻辑境界。本书对谈判的基本概念和术语都尽可能地作出了明确的定义。概念明确，思路才能清晰，师生才能交流、探讨畅通。对于

Preface 4

一些复杂的且必要的概念，我们独立地进行了深入的研究，提出了自己的独到见解并有所创新，如物质利益、关系利益、谈判实力、成交弹性、谈判气氛等。

本书第一版于2009年出版。到2013年，编者们通过教学实践，对课堂教学、教材建设、教学规律的理解，尤其是在学生的知识内化为能力与素质方面，又有了一些新的认识，在实践方面也有了新的尝试，并且取得了一定的成果。于是，本书推出了第二版。全体编者对本书正文内容进行全面的审读和修订，涉及各章多处，包括图表、段落语句、案例等。第二版扩充了章后"复习与思考"的题目，补充和完善了章后案例分析题，增加一个大型案例。

2016年，本书推出了第三版。编者重新检查了第二版教材中错漏之处，重点是推出了多元化的网络教学资源，包括以下内容：（1）章后习题的参考答案，供教师参考；（2）电子课件；（3）实训题；（4）教材亮点提示。

2019年，本书推出了第四版，编者对全书内容进行了文字方面的完善。

2022年，本书推出了第五版，添加了二维码形式的"拓展阅读""即测即评"，尤为重要的是增加了"思政园地"内容，培养学生的家国情怀，守正创新，树立民族自信。

FIFTH

EDITION

Preface

5

第五版前言

FIFTH EDITION

本书编写完成之后，我们深深感到有所创新是非常困难的，还有待于实践的检验和同行的评判。即使有所作为也是因为站在了巨人的肩膀之上，我们毕竟还是立足于前人建立的理论框架之上。

本书编者皆为九江学院商学院的一线教师，由殷庆林教授担任主编，姚盛辉、张燕担任副主编。第1、2、3章由殷庆林撰写，第4章由谢丽芬撰写，第5、7章由张燕撰写，第6、8章由姚盛辉撰写，第9章由张超、朱俊松合编，殷庆林负责全书的总纂。

在本书的编写和修订过程中，编者参考了众多优秀作品，但由于不具备广泛且深入地查询馆藏资料的条件，以及电子数据资源的覆盖范围有限，在脚注和"主要参考文献"中没有列全资料来源，或者所列的不是最早来源的作者的作品，请相关作者谅解，接受编者的歉意；若相关作者与编者联系，编者愿意为引用作品提供相应的字数稿酬。在此，编者向所有的相关作者表示衷心的感谢。由于水平有限，偏颇和疏漏之处难以避免，恳请同行专家和读者指正（170jj@163.com）。

（本书配有丰富的网络教学资源，请任课教师登录东北财经大学出版社网站注册为会员后免费下载）

殷庆林
2022年5月于庐山北麓

Contents

1 目录

第1章   谈判导论   ｜1

内容体系   ｜3
学习目标   ｜3
点睛之笔   ｜3

1.1

1.1   谈判的定义与属性   ｜4
1.2   谈判的基本要素   ｜7
1.3   谈判结果的评价与谈判原则   ｜11
1.4   谈判与现代生活   ｜13
        思政园地   ｜14
        关键词   ｜15

1.4   复习与思考   ｜15

第2章   商务谈判基本原理   ｜19

内容体系   ｜21
学习目标   ｜21
点睛之笔   ｜21

2.1

2.1   商务谈判理论的三大基石   ｜22
2.2   商务谈判实力及其影响因素   ｜26
2.3   商务谈判中的思维   ｜31
2.4   商务谈判的伦理道德   ｜39
2.5   商务谈判的基本形态与方法   ｜42
        关键词   ｜49

2.5   复习与思考   ｜49

商务谈判的准备　｜53　　　**第3章**

内容体系　｜55
学习目标　｜55
点睛之笔　｜55

信息的准备　｜56　　　3.1　　**3.1**
人员的准备　｜63　　　3.2
谈判方案的准备　｜69　　　3.3
关键词　｜76
复习与思考　｜76　　　**3.3**

国际货物销售合同谈判　｜81　　　**第4章**

内容体系　｜83
学习目标　｜83
点睛之笔　｜83

销售合同概述　｜83　　　4.1　　**4.1**
国际货物销售合同谈判的主要
　　内容　｜87　　　4.2
思政园地　｜106
关键词　｜107
复习与思考　｜107　　　**4.2**

商务谈判策略　｜109　　　**第5章**

内容体系　｜111
学习目标　｜111
点睛之笔　｜111

2 目录

Contents

3Contents

5.1

5.1 商务谈判策略的含义 | 112

5.2 商务谈判开局阶段的策略 | 112

5.3 商务谈判磋商阶段的策略 | 118

5.4 商务谈判成交阶段的策略 | 136

关键词 | 140

5.4 复习与思考 | 140

第6章 商务谈判沟通 | 143

内容体系 | 145

学习目标 | 145

点睛之笔 | 145

6.1

6.1 商务谈判语言概述 | 146

6.2 商务谈判中有声语言沟通的技巧 | 150

6.3 商务谈判中无声语言及其运用 | 167

关键词 | 177

6.3 复习与思考 | 177

第7章 商务谈判中的礼仪与礼节 | 183

内容体系 | 185

学习目标 | 185

点睛之笔 | 185

商务谈判礼仪与礼节概述　| 186　7.1　**7.1**

商务谈判礼仪的类型　| 188　7.2

商务谈判中的礼节　| 201　7.3

关键词　| 209

复习与思考　| 209　**7.3**

商务谈判风格　| 211　**第8章**

内容体系　| 213

学习目标　| 213

点睛之笔　| 213

商务谈判风格概述　| 214　8.1　**8.1**

商务谈判风格国别差异的影响

　　因素　| 216　8.2

部分国家商人的谈判风格　| 218　8.3

关键词　| 232

复习与思考　| 232　**8.3**

商务谈判案例赏析　| 235　**第9章**

内容体系　| 237

学习目标　| 237

点睛之笔　| 237

案例的本质与特征　| 237　9.1　**9.1**

案例赏析　| 238　9.2　**9.2**

主要参考文献　| 261

4 目录

Contents

第1章

谈判导论

内容体系

学习目标

点睛之笔

1.1 谈判的定义与属性

1.2 谈判的基本要素

1.3 谈判结果的评价与谈判原则

1.4 谈判与现代生活

思政园地

关键词

复习与思考

商务谈判

BUSINESS
NEGOTIATION

● 内容体系

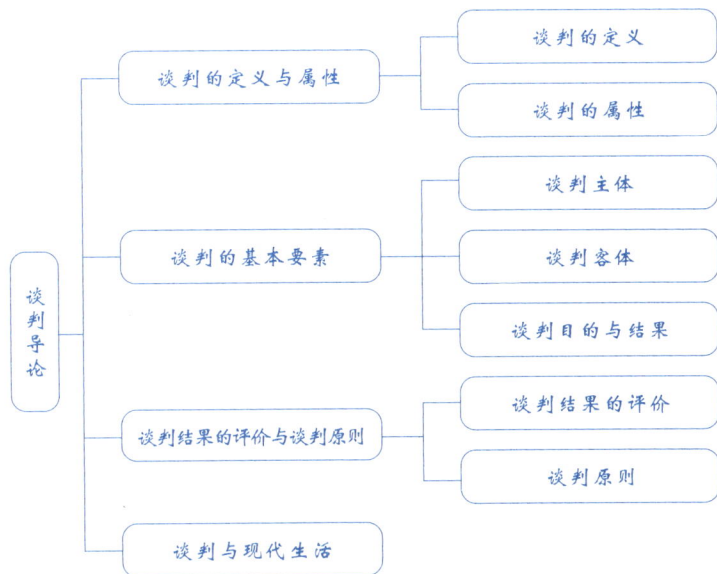

● 学习目标

- 重点掌握谈判的定义
- 掌握谈判的要素及相应的原理，并能够将其运用到现实生活中去
- 理解谈判的属性、谈判在社会生活中的作用，养成理论联系实际的习惯

● 点睛之笔

　　每个人都生活在一张巨大的谈判桌旁，无论你是否喜欢，都需要与他人进行谈判。

——赫布·科恩

　　交换是商品社会的核心，交换的实质就是人与人的合作，合作需要谈判，所以一个人的谈判能力和水平在一定程度上决定了他的生活质量。

1.1 谈判的定义与属性

1.1.1 谈判的定义

"谈判"从字面上理解是"谈"和"判"的总和，就是既有"谈"又有"判"的沟通活动（如图1-1所示）。在谈判活动中，"谈"就是表达己方的意愿和所要追求的目标；"判"就是对对方的意愿和目标作出分辨和断定，选择接受还是拒绝。显然，"谈"与"判"是两个可以拆分的不同概念，但两者是有联系的，"判"是根据"谈"作出的，"谈"的目的是要得到对方相应的"判"。

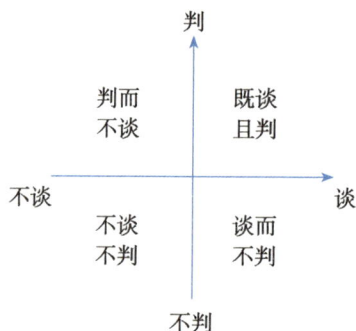

判

判而
不谈　　　既谈
且判

不谈 ——————————————— 谈

不谈
不判　　　谈而
不判

不判

图1-1 谈和判的不同组合

资料来源　作者自己设计绘制。

"谈"与"判"的两种不同状态组合成四种不同的结果：
❶ 不谈不判，不予讨论；
❷ 谈而不判，只能算作意向；
❸ 判而不谈，就是命令或强迫；
❹ 既谈且判，方为谈判。

意向只是双方对各自的利益需要以及与之有关的一些设想、实施步骤、方式和方法、前提条件、预期目的等作出系统的说明，其最重要的特征是没有作出任何实质性的承诺，与之对应的就是，也得不到任何实质性的权益。命令或强迫只有在一些特定的情况下才存在，这与商务谈判是无关的。既谈且判在生活中比比皆是，可以说，每个人每天的生活都离不开谈判。

谈判的本质在于任何谈判都是为了某种利益,而利益的满足往往受到谈判对方的制约,会与对方的利益相矛盾,对方也同样。在对立的同时,双方必须相互依赖才能得到利益。因此,双方只有协商沟通,达成一致,实现合作,才能获得利益。利益的部分对立、部分统一是谈判的条件;如果完全一致,就是一拍即合,无须协商、谈判。共同的利益是双方合作的基础,如果百分之百对立,双方就没有合作的基础,谈判是不可能的。这种既对立又统一的关系是普遍存在的,也是宇宙中万事万物的基本法则。基于对谈判本质的认识,我们给出如下定义:

❶ 谈判是当双方或多方的利益发生对立时,为了取得一致、达成协议、获得利益所进行的沟通行为。

❷ 商务谈判是双方或多方的商务利益发生对立时,为了达成协议、获得商务利益所进行的沟通行为。商务谈判最本质的属性就是经济利益的交换与合作,最具有代表性的特点就是以价格为谈判的核心。

❸ 国际商务谈判是当处于不同国家或地区的双方或多方商务利益发生对立时,为了达成协议、获得商务利益所进行的沟通行为。国际商务谈判的最大特点就是文化背景的差异。文化背景包括政治制度、法律体系、宗教信仰、民俗风情、生活习惯等。

1.1.2 谈判的属性

谈判的定义揭示了谈判的本质属性,定义中的本质属性可以派生出一些非本质但对谈判很重要的属性,认识和掌握这些属性对谈判实践是十分必要和有用的。

1.对立与合作的统一

只要是谈判,就一定是双方在某些问题上存在利益的对立,同时一定存在合作的基础;缺少其中之一,就不是谈判。两者相互对立又相互依赖,谈判其实就是对立与合作的统一过程。

合作是对立的基础,不能合作就无须对立了。买家之所以要和卖家激烈地讨价还价(与卖家对立),就是因为买家看好商品,希望成交(与卖家合作);如果买家没有购买意向,就没有与卖家争论的必要。促销的行话说得好:"真正的买家是那些说'不'的人。"合作是对立的归宿,对立是客观存在的,但只有合作,双方才能获得利益。讨价还价是对立的表现形式,也是实现合作目的的手段。

现实中有些谈判者不能正确认识这一基本原理，面对谈判中与对方的对立感到厌烦、焦虑、自卑、恐惧甚至逃避，这就难以实现理想的谈判结果。真正的高手会坦然从容地面对谈判，对立有时还能激发出谈判者的激情和创造力；经过强烈对立获得谈判结果，谈判者会有更强的成就感。

2.利益驱动

需要是人类行为最原始的动力，这是心理学关于人类行为的一条基本原理。此原理可以派生出如下命题：欲掌握他人的行为，必先掌握其需要；只有掌握了他人的需要，才能掌握其行为。

获得利益就是某种需要的满足，心理学的需要原理也适用于谈判行为。获得利益是所有谈判行为的原始动力。获得利益是目的，采用什么谈判方法和策略是手段；目的决定了手段，手段必须为目的服务。谈判者必须明确自己的谈判利益，也必须清楚对方的谈判利益所在。

3.双向沟通

谈判是谈和判的交替过程，是一个双向的信息沟通过程。谈判的策略和技巧在对话中酝酿、形成、变化；沟通不可避免地出现行为、意志、实力、情感等方面的对抗。

谈判的结果受到很多因素的影响，这些因素都通过沟通产生作用。沟通的学问涉及很多学科的知识，谈判高手应该对社会学、心理学、逻辑学、经济学、管理学、信息学、语言学、历史学等有较深的造诣，对当前的政治、经济、文化、法律及双方的背景信息有广泛的了解，同时须具备听、问、答、叙、看、辩、说服多方面的能力和技巧。

4.艺术性

艺术与科学具有明显的差异。从过程上看，科学依靠理性思辨、逻辑论证、客观事实；艺术则依靠亲身实践、非逻辑的思维、主观的感和悟。科学的结果是经得起实验检验的，是可以重复的、唯一的；艺术的结果则是多元的、不可重复的。

对于将带有电量（q）、质量（m）、速度（v）的质点水平射入场强为e的空间这个问题，一个中学生可以在教师的指导下，通过一张纸、一支笔，精确地计算出经过t秒钟后，该质点在垂直方向偏移了多少微米。对于这样的科学问题，这个学生靠的是理性思辨和逻辑论证，而不是亲身实践；他也无法实践。小提琴的发声原理是科学，琴弦与弓的摩擦产生振动，在空腔中共鸣，发出特有的琴音，左手手指按住不同的位置调节琴弦的振动长度，从而控制声音的频率。然而懂得这个原理与能够演奏旋律是没有关系的，因为小提琴演奏是艺术，要想拉得好，再怎么进行理性思辨和逻辑论证都没有用，必须亲身实践。

与其他的艺术行为相似，谈判的影响因素很多，甚至很多是不明因素，存在很大的不确定性，所以谈判的学问是一门理论，更是一门艺术。掌握艺术单靠理性思辨和逻辑论证是不够的，更多的是靠亲身实践，在实践中感和悟。学好谈判课程，必须理论联系实际，善于将理论与自己的生活广泛地联系起来，积极主动地感悟谈判的真谛。

小案例1-1

甲、乙两名探险者相约来到某孤岛，历经磨难终于发现宝藏。他们平分财宝之后，发现无法返回陆地了，因为食物耗尽，船也不见了。甲会制作独木舟，乙则善于徒手捕鱼。但是甲认为船最重要，应该得到报酬；乙则认为，没有食物什么事情都办不成，捕鱼不能白干。于是双方不欢而散，各自行动。多天后，他们精疲力竭，狼狈不堪。甲瘦得没有了人形，乙制作的独木舟下水后就会翻掉。二人终于认识到，此时他们必须合作才能达到目的，才能得到更多的利益。于是，基于平安回家的共同利益，二人达成都能接受的合作协议，最后顺利地返回陆地。

资料来源 作者自己编写。

思考：

（1）谈判必然有利益冲突吗？解决利益冲突的思路是什么？

（2）回顾分析你在现实中与周围人发生利益冲突的某一个具体事例。

1.2 谈判的基本要素

事物都是由若干相互制约又相互联系的因素构成的。在某一事物的诸多构成因素中，有些因素是这一事物的必要条件，有些则不是。要素是相对于某一事物而言的，谈判要素就是构成谈判的必要条件。任何一场谈判都不能缺少谈判的要素。

1.2.1　谈判主体

主体就是行为的执行者。谈判是一种沟通活动，谈判的参与者、当事人就是谈判主体。谈判主体可以是具体的个人，也可以是抽象的组织；可以是单一的个人，也可以是多人；可以是当事的双方，也可以是相关的多方。谈判主体对谈判结果有着重要的影响作用。在其他因素不变的情况下，不同的谈判主体会有不同的谈判结果，谈判结果在一定程度上取决于谈判主体。所以说，要想取得理想的谈判结果，选择合适的谈判人员是很重要的。参与谈判的人员可以分为前台人员和后台人员两类。

1.前台人员

前台人员是指出现在谈判桌上的、在谈判现场可以看到的谈判人员。

按照权力和责任，前台人员可分为负责人、主谈人、谈判助手。

❶ 负责人在谈判现场全面负责，是谈判桌上的组织者、指挥者、控制者、引导者，起着核心作用。

❷ 主谈人是谈判桌上的主要发言人，是谈判桌上的主攻手，是谈判目标和策略的主要实施者。

❸ 谈判助手负责辅助主谈人，如提供各类专业数据、辅助资料、咨询，记录谈判内容，进行语言翻译。

按照扮演角色，前台人员可分为领导、主谈人、商务人员、财会人员、技术人员、法律人员、翻译人员和记录人员。在有些谈判中，主谈人同时就是负责人，一人兼任多个角色。

2.后台人员

后台人员是指不在谈判桌前活动的、在谈判现场看不到的谈判人员。

后台人员虽然不上谈判桌，但对谈判也有重要影响，甚至会起决定性的作用。后台人员可以是总指挥，也可以是辅助人员。[①]

1972年，在举世瞩目的中美上海联合公报谈判中，毛主席处在"后台"，是整个谈判的总指挥，掌握着谈判的方向和目标；周总理是"前台"的负责人，负责原则性问题的谈判和谈判的进程；在具体的公报条款谈判中，外交部部长担任主谈人，其他人员负责辅助主谈人。

---

① 丁建忠，彭荷英.国际商业谈判的组织与谋略［M］.北京：中国商业出版社，1994：55.

对方的参谈人员也是谈判主体。有些教材把谈判对方说成谈判客体，这是不准确的。其实在很多情况下，谈判的对方与我方利益有一致的地方，是我方的合作者，是与我方一起面对问题的解决者。

1.2.2 谈判客体

客体是主体行为的对象。谈判客体是谈判议题，是谈判所要面对的问题，是所谈的内容。

显然，谈判议题是谈判的必要条件，无法想象一个没有议题的谈判。谈判议题的性质决定了谈判的性质，不同的谈判议题对应着不同的谈判策略和方法：可以双赢的合作性商务谈判需要友好融洽的气氛；国事谈判的氛围和进程都是庄严谨慎的；军事谈判则少不了威胁性话语，等等。谈判议题一定是与当事方的利益有关的事项，谈判双方在这些利益上一定存在某种对立性，也一定有某种一致性。完全对立或者完全一致的事项是不可能成为谈判议题的。

要想取得符合预期的谈判结果，必须事先深入研究谈判议题，明确我方和对方的利益，还要明确利益的反面，即我方和对方最担心、最害怕的是什么。此外，双方必须掌握大量与谈判议题有关的谈判信息，谁掌握的相关信息越多、越准确、越充分，谁的谈判实力就越强，谁就越能掌握谈判的主动权。

1.2.3 谈判目的与结果

目的是行为主体主观上想要达到的结果。人的行为都是为了达到某种目的的，这是心理学的一条基本规律。因此，任何谈判行为都是有目的的。谈判目的是谈判之前谈判主体主观上欲达到的谈判结果。目的决定手段，手段为目的服务。谈判的策略、方法、技巧等都属于谈判的手段，谈判的手段都是由谈判的目的决定的。己方谈判目的的设定和掌握对方的谈判目的，是取得理想谈判结果的重要影响因素。

结果是事物发展所达到的最后的客观状态。谈判结果就是谈判的最终状态。

结果和目的是两个不同的概念，结果是客观的、事后的，目的是主观的、事前的。但两者之间是有联系的，可以形象地比喻为两只拖动食物的蚂蚁，各自用力的方向相当于主观的目的，而合力的方向就是最终的结果（如图1-2所示）。虽然各自的用力都不能完全如愿，但各自的用力影响着合力，合力中含有个体的用力成分。目的与结果的关系是：主观的目的影响客观的结果，客观的结果反映主观的目的。

9

图1-2 蚂蚁用力示意图

资料来源 作者自己设计绘制。

　　双方达成的协议是谈判结果的形式，一个完整的谈判都有一份双方认可的协议。通过比较和抽象分析，我们会发现谈判协议的形式千差万别，但其核心内容都是由两个基本范畴构成的：权益（权力和利益）和义务（给对方的承诺或付出）。

　　范畴是客观事物普遍具有的最一般规定性在思维中的反映，是人们解释和把握客观世界辩证运动的重要思维形式[1]，是认识和掌握自然现象之网的网上纽结[2]。范畴可以帮助我们理清思路，更好地进行理性思辨和逻辑论证。谈判结果的优劣不在于谈判的过程，最重要的是协议中己方获得权益和向对方作出承诺的多少。一个好的谈判结果应该尽可能多地获得权益，尽可能少地作出承诺。

　　权益分为实的和虚的两个部分。虚和没有完全是两回事，虚不等于没有。虚是实的表现形式，实是虚的内容。虚在一定的条件下可能转换成实。这个道理如同人和影子，人是实的，影子是虚的；虚的影子不等于无意义，它是实在的人的反映。

　　由此，本书将权益分为物质利益和关系利益：

❶ 物质利益：当前的、显现的、实在的利益，如价格、支付方式、交货期限等。

❷ 关系利益：未来的、潜在的、虚的利益，如信用、双方合作的关系、未来获利的可能性等。

　　关系利益不等于物质利益，但可能在未来转换成物质利益。

　　很多人感到谈判很难，甚至惧怕谈判，就是因为谈判中含有比较虚的关系利益，物质利益与关系利益难以两全。

---

　　① 汪馥郁，郎好成. 实用逻辑学词典［M］. 北京：冶金工业出版社，1990：201.
　　② 列宁. 黑格尔《逻辑学》一书摘要（1914年9—12月）［M］//列宁全集（第55卷）. 中共中央马克思恩格斯列宁斯大林著作编译局，译. 2版. 北京：人民出版社，1990：78.

小案例 1-2

　　大一学生小毛暑假期间决定 DIY 一台电脑，与多个销售人员的接触咨询之后决定了适合自己的配置，并决定购买其中一个商店的配件。回到家后，他又是上网查询报价，又是对品牌、性能参数、价格、售后服务、信誉等项目进行比较评价，经过一番辛苦的折腾之后制订了一个讨价还价的谈判方案。翌日，小毛兴冲冲地来到这家商店，一进门就看到他同学的舅舅，虽然不是很熟悉，但彼此相互认识且经常见面。当得知他是此店的老板后，小毛所有准备好的方案都被打乱了，理不直气不壮了，吞吞吐吐，张口结舌，最后以高出预定目标 10% 的价格成交。

资料来源　作者自己编写。

　　思考：分析小毛谈判失败的原因，并帮助小毛构思应对的策略。

1.3　谈判结果的评价与谈判原则

1.3.1　谈判结果的评价

　　不同的谈判，其结果是千差万别的，但有所收获、有所付出，这是共有的、相同的，也是谈判可以进行比较、评价的基础。理想的谈判结果一方面应该收获大于付出，另一方面在收获中还要掌握好物质利益和关系利益的平衡，追求物质利益却损失关系利益也许得不偿失，特别是面对需要长期合作的谈判对方。谈判结果的评价因素见表 1-1。

表 1-1　　　　　　　　　　　　谈判结果的评价因素

收获	物质利益：价格、交货时间、对方的某种许诺
	关系利益：信用评价、良好口碑、形象、对方的感激
付出	向对方作出承诺
	谈判本身耗费的人力、财力、物力、时间等

资料来源　作者自己编写。

　　另外，谈判的最终结果是具有法律约束力的谈判协议，尽管具体的谈判协议千差万别，但它们共有的本质属性是一样的——权益与承诺。若是同一项内容，由不同的人分别去和不同的对象谈判，带回来不同版本的多份协议，如何评价呢？那就要看当这些协议获得的权益相同时，哪份协议对对方作出的承诺少，越少的就越好；在这些协议对对方作出的承诺相同时，获得权益越多的协议就越好。

1.3.2　谈判原则

1.平等自愿原则

谈判的实质是利益的交换，就是通过合作获得利益。交换、合作是出于内在的需要而进行的行为过程，也是以平等自愿为前提和基础的。人类满足需要、获得利益的途径大致有强迫、欺骗、乞讨、自给和交换等五种。

强迫是不可靠的，强中自有强中手，任何人都不能保证永远是最强的。

欺骗是不可持续的，骗得了一时骗不了一世。

尊重需要是人类的基本需要之一，乞讨在满足某一方面需要的同时却伤害了尊重的需要，因而乞讨也是不可行的。

自给在小农经济时代是生存的基本方式，随着生产力水平的提高，社会分工细化，满足需要完全靠自给，这样的效率是非常低下的，甚至是不可行的。

到了今天这样一个商品经济发达的时代，几乎所有的需要都是通过交换获得的。只有交换，成本才最低，需要满足才能最大化，而且获得的满足才是稳定的、可持续的。交换的前提是平等自愿。商务谈判的实质是合作和交换，因此，平等自愿是商务谈判的基本原则之一。

2.求同合作原则

由于社会分工的不同、资源占有量的差异、时间和空间的交错，个人和组织要想获得利益，仅凭自身的力量是不够的，一个人必须与他人合作，尤其是在当今商品经济的社会中。由于资源有限而欲望无限，人与人之间必然有矛盾，合作中必然会有对立，合作既是对立的基础，又是对立的归宿。因此，谈判中不能过于计较局部得失而失去谈判的整体利益，要善于权衡得失，顾全大局，在对立中寻求合作，追求稳定的、可持续的发展。社会性是人类的本质属性，这也决定了求同合作的必然性。

3.诚信守法原则

人是社会性的，是不能脱离社会孤立生存的，是需要相互依赖的。诚信是一种道德规范，人与动物的区别在于人的行为受到了道德的约束，道德的本质是对群体有用、有利、有益，任何道德规范都是符合这"三有"原则的。诚信作为一种道德规范也是如此，其是个人与社会联系的一种纽带。如果为了追求一时一事的利益而丧失诚信，就会丧失未来长远的利益，不能很好地生存和发展。

谈判的结果以双方达成的协议为准，协议是具有法律约束力的文本文件。谈判结果的好坏不在于谈，而在于最终形成的协议，因为谈是声音文件，没有痕迹，无法得到有效履约，而协议是具有痕迹的文本文件，可以查阅，受到法律的保护，具有约束力，但是其前提条件是必须合法。不合法的协议，即使内容再有利也不能得到法律的保护，也不能具有约束力。不合法的谈判不仅得不到应得利益，还会使自身形象和未来发展受到不利影响。

1.4 谈判与现代生活

人是社会性的，人必须依赖社会而生存，依赖的方式就是物质、利益的交换，而交换是离不开信息沟通的。谈判就是人与人的信息沟通。谈判与人的生活密切相关，每个人的生活都离不开谈判。谈判的能力在一定程度上决定了一个人的生活水平和生活质量。本书从以下几个方面说明现代生活离不开谈判：

1. 社会发展的趋势

人类社会的生产方式经历了游牧社会→农耕社会→手工业社会→工业社会→商品经济社会的过程。生产方式决定了生活方式。在人类生产方式的演变中，人与人的沟通谈判的广度和深度是递进的。游牧社会的人以部族为单位，几乎与外界没有交换，今天的商品社会则是没有交换就不能生存。随着生产力水平的不断提高，社会分工越来越细，人们交换的广度和深度越来越大，几乎所有的事物都可以并且需要交换了。交换是商品社会的核心概念，是商品社会的重要行为。有交换就一定伴随着谈判，交换其实就是人们之间的利益交换。5 000年前，生活质量可能主要取决于身体是否强壮；如今，是否善于谈判、是否善于与人合作成了影响生活质量的最为重要的因素之一。

2. 经济活动的普遍规律

任何一个经济实体的运作模式的本质几乎都相同，不外乎如下过程：了解顾客的需求并设计相应的适销对路的产品；采购原材料或吸纳业务所需资源，加工生产产品；将产品以恰当的形式销售给顾客，并得到顾客的信息反馈。其中的采购和销售过程是企业运作过程中最重要的两头，而这两头都和谈判关系非常密切，都可以看作谈判的过程。在竞争激烈的市场环境下，这种谈判及其结果直接关系到利润的多少，直接关系到经济实体的生存和发展。

3. 每个人都生活在谈判桌旁

每个人都生活在一张巨大的谈判桌旁，无论你是否喜欢，都需要与他人进行谈判[①]，谈判方法和技巧在一定程度上决定了一个人的生活质量。商品社会中的人们离不开相互交往和交换。交换的内容非常广泛，不仅是商品，价值观念、价值取向、思想、观点等都需要交换。交换就涉及利益的对立，就需要达成一致，就需要谈判。例如招聘和应聘，双方在工作报酬、工作时间、学历、履历等方面存在对立，同时都有求于对方。招聘方希望借助应聘方的人力资源为自己创造价值，应聘方希望对方能够提供施展自己才华从而实现人生价值的平台。双方既对立又合作，所以招聘和应聘的过程就是谈判的过程。同理，管理、购物、家庭生活的安排以及人际关系纠纷的处理等都是谈判的过程。

由此可见，每个人、每个组织都需要谈判，在现代商品社会，掌握谈判的知识和技能是十分必要的，谈判能力和水平直接关系到每个人的生活质量。

思政园地

中国加速培养国际商务谈判人才

中国正加速培养国际商务谈判人才，以便在日益激烈的竞争中更好地维护自身权益。

首届全国 MIB 国际商务谈判邀请赛于 2019 年 12 月在北京落下帷幕。该大赛由全国国际商务专业学位研究生教育指导委员会、中国国际贸易促进会法律事务部和中国政法大学联合主办，来自全国各地的 12 个高校代表队参赛。经过两天比赛，中国政法大学获得第一名，山东财经大学、中国人民大学、天津财经大学并列获得一等奖。

举办这一大赛对培养国际商务谈判精英复合型人才具有重要意义，对国际商务专业学位的水平评估等具有显著促进作用。

---

① 科恩. 人生与谈判 [M]. 王佩玺，译. 北京：旅游教育出版社，1989：8.

中国现已成为全球120多个国家和地区最大的贸易伙伴。今后，中国希望从贸易大国走向贸易强国，打造更高水平的开放型经济新体制，进一步融入世界经济。分析人士认为，要达到这一目标，大量国际商务谈判人才不可或缺。

时代在发展，中国在崛起。改革开放到了今天，我国向世界敞开大门和走向世界的程度比以往任何时候都更加宽广、更加深入。国际交往已经不再限于商贸领域了，在社会生活的各个方面都有了前所未有的发展。"一带一路"倡议、世界命运共同体等思想的提出和执行，使得商务谈判有了广阔的应用，也给中国的经济发展带来了更多的机会。

资料来源　李晓喻. 中国加速培养国际商务谈判人才［EB/OL］.（2019-12-12）［2022-02-22］. https://rmh.pdnews.cn/Pc/ArtInfoApi/article?id=10090838.

关键词

谈判　商务谈判　国际商务谈判　谈判的要素　物质利益　关系利益

复习与思考

第1章即测即评

一、简答题

1. 谈判中的对立与合作是什么关系？
2. 谈判要素是如何影响谈判进程和谈判结果的？
3. 人人都需要谈判吗？

4. 回忆自己的一次谈判经历，结合课程所学，总结从中所悟到的内容。

5. 既有对立又有统一的沟通才是谈判，那么没有对立或者完全无法合作的沟通是什么样的？

6. 谈判的目的与谈判的结果有何关系？

7. 谈判能力与生活质量真的有关系吗？

8. 你是一个善于谈判的人吗？如果不是，你将如何成为谈判高手？

二、案例分析题

案例1　　　　　善解人意的应聘者

某公司招聘营销人才，众多本科生趋之若鹜，但公司都觉得不满意，迟迟没有决定录取名单。某日，大专生龚毅很早就来到该公司办公室门前，他想直接和人事经理面谈，以增加被聘用的机会。

见到人事经理后，龚毅简短地说明来意后恭敬地递上自己的简历。人事经理接过简历冷冷地说："简历就留在这里，我现在没有时间看，你回去等候我们的通知吧。"说完就转过身，进了办公室。

龚毅知道"等候通知"就是委婉地拒绝，通知会杳无音信的。面对如此局面，他并没有泄气，显得很从容，因为他知道这个公司还空缺若干营销业务员的岗位，他对自己的能力和素质也充满自信。此时，人事经理拿着纸篓从办公室走出来，准备去倒垃圾。龚毅微笑着走上前去说："经理，您时间宝贵，这个垃圾我去倒，您省下的3分钟时间帮我看看简历，这样省得我在家苦苦等候通知，这样我们各取所需了。不录用没关系，认识您并接受您的考核，我很高兴。您看如何？"

人事经理觉得小伙子很乐观、阳光、有亲和力，而且说得很有道理，于是欣然同意。

龚毅倒完垃圾回来，人事经理问道："你认为一个搞业务的人员需要具备哪些重要的能力和素质？"

龚毅略作思考后，很流畅地答道："就是善解人意、善于表达、善于与人合作。"

人事经理听后，满意地点头并说："说得很好，目前我们公司的团队正需要补充像你这样的人，我决定录用你了。明天你来人事部门办手续，如果没有什么困难的话，后天就来公司上班吧！在我们公司你一定会有很好的发展。"

资料来源 作者自己编写。

问题：

1. 龚毅的应聘经历是一个谈判过程吗？你是如何理解的？

2. 联系自己的实际生活，寻找一个亲身的谈判经历并进行分析。

（分析提示：谈判的定义、属性、要素、原则）

案例2 **谈恋爱VS谈判**

"我既不会做饭，又不会洗衣服，家务活能由你来做吗？""我不会离开这个城市，你会过来吗？""咱俩都是学会计的，将来谁管钱？""如果前女友来找你，你会怎么办？"以上问题基本是男士在相亲过程中的"必答题"。

"你是否介意和公婆同住？""你对奢侈品怎么看？"女士在相亲时会被问到以上类似问题。

谈恋爱越来越像谈判，相亲过程中的男女双方，手中握有的筹码决定了自己的谈判地位。相亲过程就像一场恋爱谈判。相亲为"恋爱"设立了准入机制，经过一轮一轮提问，也就是谈判，在谈判过程中甚至连家务活都先放到桌上谈清楚。

如果谈恋爱是一场谈判，那么婚姻是否是一项交易？事实上，在包办婚姻的时代，父母之命，媒妁之言，那时候令双方家庭都满意的婚姻，一般多是"公平交易"——媒人在其中起着不可忽视的作用，相当于谈判专家。男方给女方多少聘礼，女方给男方多少陪嫁，都谈妥了，才能交易。

现代人的婚姻和封建婚姻的区别是什么？首先，我们有"退货"服务，甚至是无条件"退货"；其次，我们在正式交易之前，原本由父母和媒人充当的谈判专家，大多数由我们亲自担任。这样如果我们将来婚姻不幸，就不能再怨别人，只能怨自己看走了眼。也许正因为如此，我们才要更加慎重地对待我

17

们的终身大事。

资料来源　陈彤. 谈恋爱不是谈判 [N]. 中国青年报，2011-08-08（12）.

问题：

1. 把恋爱看成一种谈判，你同意吗？为什么？

2. 生活中可以看成谈判的还有哪些？请举例说明。

第2章

商务谈判基本原理

内容体系

学习目标

点睛之笔

2.1 商务谈判理论的三大基石

2.2 商务谈判实力及其影响因素

2.3 商务谈判中的思维

2.4 商务谈判的伦理道德

2.5 商务谈判的基本形态与方法

关键词

复习与思考

商务谈判

● 内容体系

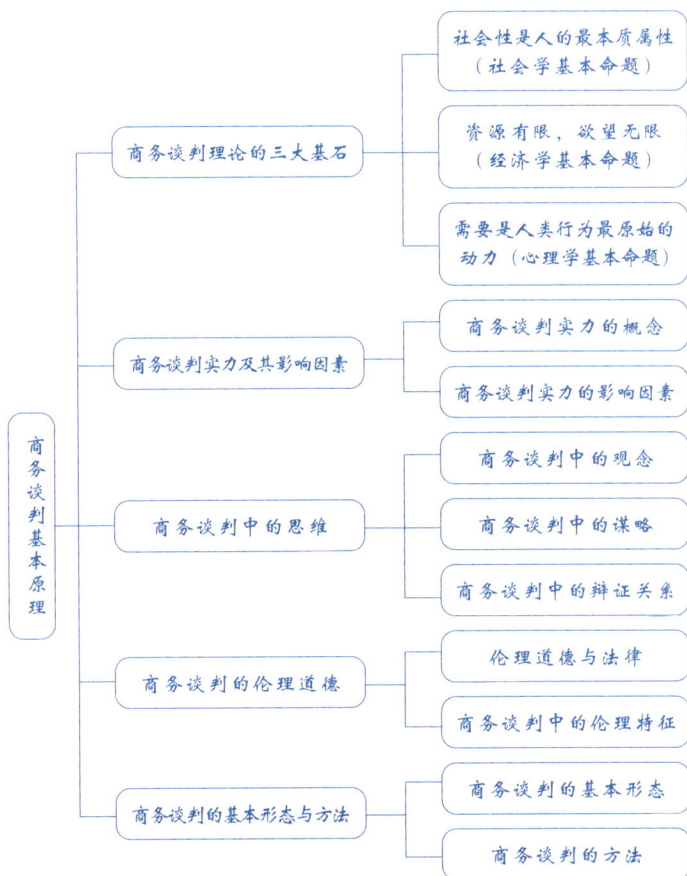

● 学习目标

　　• 重点掌握原则谈判法

　　• 掌握商务谈判理论的三大基石，并能指导理论学习和实践操作；理解商务谈判实力的概念和影响因素，并能在实践中加以运用；掌握正确的商务谈判思维和伦理道德

　　• 熟悉常见的商务谈判的基本形态与方法

● 点睛之笔

　　人是一切社会关系的总和。

——马克思

商道即人道。谈判之道在于精通和运用人道。精通人道表现为：善解人意，善于表达，善于与人合作。

2.1 商务谈判理论的三大基石

理论是在基石的基础上将实践中大量的个别经验抽象概括，形成具有一般性的知识体系。

商务谈判理论是建立在三个基石之上的：

社会学基本命题——社会性是人的最本质属性。

经济学基本命题——资源有限，欲望无限。

心理学基本命题——需要是人类行为最原始的动力。

这三个基石由其他成熟学科的基本命题构成，可以很好地解释谈判的现象，也可以很好地指导谈判实践。这些命题在商务谈判理论中，时时处处都得到体现和运用，很多谈判的原理、方法、技巧都是它们演绎的结果和派生的产物。要想学好商务谈判课程，必须首先熟悉和掌握这些理论基础。

2.1.1 社会性是人的最本质属性（社会学基本命题）

属性就是事物的性质以及一事物与他事物之间的关系。[①]属性分为本质属性和一般属性。人有很多属性，有些属性其他动物也具有，被称为一般属性；有些属性只有人才有，其他动物则没有，被称为本质属性。本质属性是事物独有的属性，可以用来区别于其他事物。人的本质是"一切社会关系的总和"[②]。

社会是指由于共同物质条件而互相联系起来的人群。社会性是人不能脱离社会群体而孤立生存的属性。通常我们将思维、语言、劳动、工具作为人的本质属性，并以此将人和动物区分开来；但是深入分析后，我们得知，社会性才是人的最本质的属性。这也正是马克思的伟大之处。一只小鸡或者小猫，只要有充足的食物和适宜的温度，就可以在脱离了鸡群或猫群的环境中健康茁壮成长。而人脱离了社会，思维、语言、劳动、工具这些本质属性就都不具备了。社会性决定了人的行为方向和行为特征。每个人都希望自己的存在被社会承认，希望自己有尊

---

① 汪馥郁，郎好成. 实用逻辑学词典［M］. 北京：冶金工业出版社，1990：13.
② 马克思，恩格斯. 马克思恩格斯选集［M］. 中共中央马克思恩格斯列宁斯大林著作编译局，译. 北京：人民出版社，1966：18.

严，希望自己是有价值的，希望自己的人生有意义。即使是社会地位、经济收入、受教育程度有差异，这种社会需求也是相同的。人们在社会生活中产生社会需求，又带着这些社会需求参与社会活动。社会犹如一面镜子，尊严、价值、幸福、人生意义，都必须在镜子的反观中得到印证；脱离了社会，尊严、价值、幸福、人生意义都是空中楼阁，都是毫无意义的。

谈判的实质是改变他人的观念和行为，是与他人的沟通与合作。这样的社会活动过程一定要受到人的行为规律的制约。谈判是一种社会活动，谈判主体除了追逐谈判利益之外，也必然遵循社会性派生出来的种种行为规律。认识和运用社会规律，可以提高谈判效率，有助于谈判目标的实现；反之，违反了社会规律，不仅有可能使谈判破裂，而且会影响双方的关系。谈判的实质是通过合作获得利益。为什么要尊重对方，考虑对方的颜面；恪守谈判的伦理道德的本质是什么；礼节、礼仪和风俗的功能是什么；什么话应该说，什么话不宜说；遇到什么情况对方一定会这么做，对方为什么一定会这样做，等等，这些都是人的社会性体现。认识、掌握、运用人的社会性原理，对增强谈判能力、获得好的谈判结果是非常必要的。谈判高手一定谙熟社会性这一人类本质属性，并且善于运用这一原理。

小案例 2-1

参加某公司培训的学员小王，通过微信与某高校的培训教师聊天。小王向教师推荐服装零售企业内训经常使用的一种教学方法——FAB，这位教师很有兴趣、虚心请教，于是热心的小王将一份 FAB 的教学课件发送给了该教师。

资料来源　作者自己编写。

思考：请用社会性的视角分析下列问题：

（1）小王发送课件的动机是什么？

（2）如果你是那位教师，你应该怎么做？

社会性原理规定人们的行为方向和行为特征，因此对每一个人的生活质量起着至关重要的影响作用。商品社会的核心是交换，而交换的本质就是人与人的合作，就是人与人的谈判。生产力低下的原始社会和封建社会，个人和家庭的生活质量主要取决于劳动力的数量和质量，而商品社会很大程度上取决于与他人的合作，取决于人际关系。今天的社会更加离不开人的群体，人的社会性更强。个人能力再强，单枪匹马也很难成功；要想取得事业的成功，必须善于与人合作。然而，人无完人，所以求同存异、宽容大度是必需的。

社会性是人的最本质属性，该原理在商务谈判活动中的实践意义是：

❶ 每个人都有尊严，都希望价值被承认，这一点必定在谈判中表现出来，也必须得到尊重和维护；

❷ 每一笔生意的完成都离不开与他人的合作，谈判中的每一种对立都是因为有合作的基础；没有合作，对立也就不存在了。

2.1.2 资源有限，欲望无限（经济学基本命题）

人都是有欲望的，欲望的实现必须耗费资源。人的一生就是不断满足欲望的过程，也就是不断消耗资源的过程。人的欲望是无限的，而资源是有限的，这种无限与有限的矛盾导致个人必然与他人和社会有矛盾。很多人都希望进入名牌大学，但名牌大学的资源有限，只有极少数人才能进入；大家都想找一份有成就感、工资高的轻松工作，但这种岗位的资源是稀缺的；人们都想晋升职位，但更高级的职位空缺数量永远小于有意者数量。

资源有限与欲望无限这一对普遍存在的矛盾是人类社会众多矛盾的根源，换句话说，世界上的很多矛盾都是由此派生出来的。有矛盾存在，谈判才应运而生；有商务利益的矛盾，商务谈判才应运而生；有国家之间的商务矛盾，国际商务谈判才应运而生。在面对商务活动中的矛盾时，抱怨、烦恼、愤怒等情绪化的行为都是多余的，都是有害无益的。情绪和理性是对立的，谈判需要的是理性，情绪化只能使问题更加复杂。

2.1.3 需要是人类行为最原始的动力（心理学基本命题）

需要是有机体由于缺乏某种生理或心理因素而产生的与周围环境的某种不平衡状态。[①]心理学的研究证明了人类的行为都由需要驱动。需要、行为与幸福三者的关系如图 2-1 所示。

机械钟表的指针能运动，是因为绷紧了的发条释放势能。如果把人比作机械钟表，那么需要相当于绷紧了的发条，行为的动力都来自需要；但需要只是行为的必要条件，而非充分条件。需要原理也是人类的行为规律，是人性的表现。谈判的过程是改变对方观念和行为的过程，改变对方行为必须满足其需要，满足其需要就必须先了解对方的需要，必须从对方的需要入手。谈判的准备工作十分重要。准备的内容主要是掌握对方的谈判信息，其核心就是要掌握对方的需要，从而根据其需要制定相应的谈判战略和战术。所以说，谈判的过程就是洞察对方需

---

① 宋书文，孙汝亭，任平安. 心理学词典［M］. 南宁：广西人民出版社，1984：282.

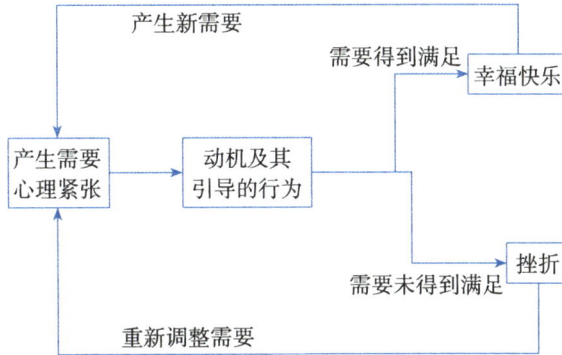

图2-1　需要、行为与幸福的关系

资料来源　作者自己设计绘制。

要的过程，就是明确和满足己方需要的过程，就是运用需要原理的过程。所有的谈判方法、技巧都是围绕着需要这一核心问题的。获取利益就是满足需要。商务谈判就是获得商务利益、满足商务需要。

上述三原理反映了人的行为规律，体现了人性和人道。它们既是商务谈判理论的基石，又是人道在商务活动中的体现（如图2-2所示）。商道即人道。欲掌握经商的规律，需先掌握做人的规律，先掌握人性。商业活动的实质是资源的重新组合，是各方利益的重新组合，也是利益的交换，说到底是人与人之间的相互作用。既然人与人之间的相互作用才是商业活动的实质，那么商道即人道也就是顺理成章的了。明白这一道理，对于学习商务谈判理论、增强商务谈判能力和提高商务谈判水平，都是十分必要的。

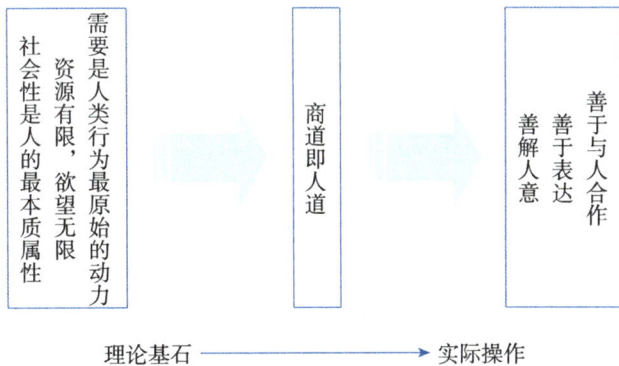

理论基石　————————▶　实际操作

图2-2　理论基石与实际操作

资料来源　作者自己设计绘制。

社会学原理告诉我们，每个人都需要和他人发生联系，需要相互合作，需要在社会活动中得到尊重，体现自身价值；经济学原理告诉我们，有人的地方就有利益的对立，人与人的矛盾是不可避免的，不要奢望没有矛盾地与人合作；心理学原理告诉我们，改变他人的观点和行为必先了解掌握其需要。三大原理其实就是人的行为规律，体现在商务活动中就是一句话——商道即人道。

在商务谈判的实践中，商道即人道可以从如下三方面践行：

1. 善解人意

这是指在谈判中能够敏锐迅速地洞察对方的利益所在，从而设计出双赢的谈判方案。

2. 善于表达

这是指能够准确清晰地阐述己方的观点，有效地说服对方。

3. 善于与人合作

这是指能够审时度势、正确取舍，兼顾当前和长远利益，正确处理物质利益和关系利益的关系，从而实现双赢和稳定、可持续发展。

商务谈判的所有原理、方法、技巧其实都是围绕这三方面展开的。

2.2 商务谈判实力及其影响因素

2.2.1 商务谈判实力的概念

商务谈判实力是指能够影响和控制谈判进程和结果的实在力量。换句话说，谈判的进程和结果是不是合目的，主要取决于商务谈判实力。因此，商务谈判实力是商务谈判理论和实践中最为重要的问题之一。商务谈判实力越强，在谈判的进程中就越主动，谈判的结果就越符合谈判的目的。

商务谈判实力是一个抽象的概念，其外延是其诸多影响因素的综合表现，或者说是这些影响因素的总和。这在后面将会有详细的论述。

世界上万事万物存在普遍的联系，任何事物都是由若干相互制约、相互依赖的因素按照一定的内在规律构成的。正如研究函数必先弄清自变量与函数的影响关系一样，研究商务谈判实力必须搞清楚哪些是谈判的影响因素，它们是如何影响谈判的，掌握其中的规律，从而增强谈判实力，更好地实现谈判目的。

2.2.2　商务谈判实力的影响因素

1. 参谈人数

在其他因素都不变的情况下，谈判一方的人数越多，其谈判实力就越强。人多势众，人多思路多，人多点子多，人多攻势强大。在生活中有很多这样的例子，为了更加便宜地买到商品，为了获得领导的批准，为了在纠纷中获得更多的利益，人们常常会多叫上几个同伴陪同，目的就是通过较多的参谈人员，加强谈判的实力。

2. 谈判场所

谈判通常发生在一定的场所，从操作的角度可以将谈判场所分为主场、客场、中场三种。不同的场所对谈判的掌握控制程度和效果是不同的，一般都认为主场是最有利的。

场所对谈判的影响是通过物理环境和心理环境产生作用的。物理环境是指位置、气温、湿度、光照、桌椅及其摆放、音响效果等客观条件的总和。心理环境是指气氛、人员之间的关系、接待的分寸等主观上的感受的总和。作为主场的一方，比较容易适应和控制谈判场所的物理和心理环境，处于比较主动的地位。在其他因素相同的情况下，主场一方谈判实力较强。

小案例 2-2

鉴于大功率电器屡禁不止，寝室的空气开关时常跳闸，某高校宿管部门制定了新的规定：每个寝室每人开学初缴纳 50 元，作为安全用电保证金，如一学期没有违规用电且没发生过跳闸现象，期末保证金退还；否则，每跳闸一次，从保证金中扣除 100 元。

班主任姚老师在班上宣布后，全班就炸开了，个个都非常不情愿，有的还有些激动。这时姚老师有些招架不住，于是说道："这样吧，声音太嘈杂听不清楚，你们选两个代表，下课后到我的办公室来。"

下午，全班推举了两位号称辩论高手的代表。不料，他们一进办公室就锐气大减了，因为正副院长、书记、学生科长和干事、班主任等人已经坐在办公室里了，两位学生显得势单力薄。在领导语重心长的说服下，在之前某宿舍违规使用大功率电器险些造成重大事故的事实面前，学生代表善辩的才

能失灵了，事先准备好的各种不交保证金的理由和根据都不能顺畅地表达了，最后答应回去努力劝说班里其他同学，配合学校的安全管理工作。

资料来源　作者自己编写。

思考：

（1）什么原因使得谈判的一方发挥失常了？

（2）谈判场所与谈判实力有何关系？为什么？

3. 可用的谈判时间

可用的谈判时间本身就是谈判中讨价还价的筹码，其实质是需求的迫切性。需求越迫切，可用的时间越少，可回旋的余地越小，谈判的实力就越弱。在时间的压力下，有些谈判被迫作出让步。正是掌握了这一规律，谈判高手往往会利用时间压力迫使对方就范，或者利用技巧，隐藏自己的真实需求。

小案例2-3

李想和于希都是国际经济与贸易专业的应届毕业生。一天，他们分别收到了两家著名外贸公司的应聘复试通知，李想的复试时间是次日上午，于希则是一周后。为了给面试官留下良好的第一印象，两人分别上街去购买正装。

李想因为急需，没有时间与卖家周旋，几番还价不成就草草收兵，以较高的价格买下。

于希并非当天必须购买，态度比较强硬，还价很低，不成后扭头就走。卖家追出说价格好商量，于希干脆说我不买了。卖家最后一狠心就按照于希开出的很低的价格卖了。同样的正装，于希的购入价只有李想的一半。

资料来源　作者自己编写。

思考：两位大学生购买正装的谈判结果为什么会有差异？

类似的影响因素还有很多，如口才、外貌、财力等，这里不一一列举。在其他因素不变的情况下，善于表达的人，五官端正、身材健美、举止优雅的人，财力雄厚的人，自然更具有较强的谈判实力。但是，仔细分析，上述这些因素并不是谈判实力的决定因素，起主要作用的是成交弹性和信息优势。

4. 成交弹性

成交弹性是指谈判的一方对谈判破裂的承受程度。对谈判破裂的承受程度越高，成交弹性就越大，继而谈判的实力就越强；反之，亦然。

弹性是物理学中的概念，是材料受外力影响而发生形变，当外力撤销后，材料能恢复原有形状的属性。若外力撤销后材料能恢复原状，这种形变被称为弹性形变；若外力撤销后，发生形变的材料不能恢复原状，这种形变被称为塑性形变。在弹性形变的范围内，材料不会受到损伤。刚性材料的弹性非常小，外力一旦超过了临界点，就会断裂。谈判中弹性大意味着不成交也无伤大雅，可以恢复到原来的正常状态；弹性小就意味着承受不了谈判破裂的结果，不成交就会有较大的损失，有必须成交的倾向，因而谈判的实力就弱了。

在小案例 2-3 中，李想为了保证应聘成功，只能降低谈判破裂的承受程度，屈服于卖家的条件，以获得谈判的成功，因为他的成交弹性较小。而于希能在很大程度上接受谈判破裂的结果，谈不成没关系，这家不合适就去另外一家，今天不行就明天再来。于希对谈判破裂的承受程度较高，成交弹性大于李想，所以在谈判中更加主动，结果也更加合乎目的。

成交弹性可以分为客观的成交弹性和主观的成交弹性。李想次日必须身着正装去复试，他承受不了谈判破裂，这是客观的事实，这时他的客观成交弹性很小。设想一下，如果李想运用了谈判技巧，做出一副漫不经心的姿态，让老板误以为他并不急需，也许结果会不一样。这种让对方误以为可以承受谈判破裂的判断就是主观成交弹性。客观成交弹性是不可以改变的，但可以隐藏；主观成交弹性却是可以改变的。

在谈判实践中，高手常常运用技巧掌握控制主观成交弹性的战术，实现自己的谈判目标。很多谈判技巧都是谈判成交弹性原理的具体运用，如吹毛求疵策略、声东击西策略、红白脸策略等。这些策略的共同点在于向对方展示自己的成交弹性很大（实际可能很小），即自己的客观成交弹性很小，通过这些技巧让对方错误地判断己方的弹性很大。对方的让步程度往往取决于其对我方成交弹性的主观判断。

小案例 2-4

文悦是个大一的女生，性格内向，以前买衣服都是母亲包办。她现在远离父母，一切都得靠自己了。她在经过了几次挨宰的经历后悟出了一些道理，比以前更加能说会道、开朗，更加注重了解市场行情，更加会利用卖方的竞争对手，更会装出一副不是很想购买的姿态……有了这些变化之后，她的谈判能力大大增强了。

资料来源　作者自己编写。

思考：谈判业绩优秀的人并非都是伶牙俐齿、口若悬河的人，有时这些人看上去十分憨厚，甚至有点笨嘴拙舌。你认为文悦谈判能力增强的主要因素是什么？

---

5. 信息的占有和运用

信息是事物运动的状态与方式的反映。在这里，"事物"泛指一切可能的研究对象，包括外部世界的物质客体，也包括主观世界的精神现象；"运动"泛指一切意义上的变化，包括机械运动、化学运动、思维运动和社会运动；"运动状态"则是事物运动在空间上所展示的"形状与态势"；"运动方式"是指事物运动在时间上所呈现的过程和规律。

谈判的目的是获得谈判利益，凡是与谈判利益有关的事物的运动状态与方式都会影响谈判利益的获得。所以，掌握信息并有效运用是至关重要的。人们经常把商场比作战场，所谓"知己知彼，百战不殆"，在商务谈判中亦是如此。掌握了充分、准确、及时的相关信息的人们，就能够准确地预判对方的行为，就可以有针对性地准备好应对的方案，做到成竹在胸、随机应变，就能够有效地攻击或者说服对方。在其他因素都相同的情况下，谈判的双方谁占有信息优势，并有效地运用信息，谁的谈判实力就更强，在谈判中就更主动。

小案例 2-5

邢熙的家乡在福建，有很多亲戚朋友都开设了制鞋厂。他是一个比较内向、不善表达的男孩。室友崔柳能言善辩，一日以 50 元买回一双运动鞋，大家非常佩服和羡慕，因为那款鞋开价 200 元。次日好友郑成约邢熙一同上街购物，看上同样的运动鞋，经过讨价还价，卖家死守 70 元。郑成急需此鞋，不得已准备掏钱。此时，木讷的邢熙上前低沉缓慢地说道："老板，你这鞋是从××省××县××厂进的货吧？你的进价只有 28 元 5 角钱，70 元赚得也太多了吧！"老板闻言立即转向邢熙，不悦地说道："小伙子别乱说，我的进价要 58 元。"邢熙并不着急，说道："我家就在该厂隔壁，我还在那里的销售科实习过，张科长是我师傅。"老板立即轻声地说："那好，我 32 元卖你，你别声张，下次帮我多带点客人。"回到学校后，有些人对此事感到很意外，有些人不相信，有些人认为仅是特例，不具有普遍性，说明不了什么问题。

资料来源　作者自己编写。

思考：如果你是教师，你准备利用这个故事向学生传递什么谈判原理和知识？

以上因素对谈判的影响权重是不一样的，谈判信息和成交弹性是谈判实力的最重要的影响因素。这一判断构成了谈判理论的基本命题和基本原理，是后面的谈判策略、谈判方法、谈判技巧的基础。

2.3　商务谈判中的思维

思维是在感觉、知觉、表象基础上进行分析、综合、判断、推理等认识活动的过程。思维在谈判过程中起着核心的作用，谈判中的阐述、询问、回答、辩论、论证都要经过思考的过程，都是思维的结果。思维的正确与否直接关系到谈判的结果。

2.3.1　商务谈判中的观念

如图2-3所示，观念是人们支配行为的主观意识。行为的主体都希望行为正确、成功，正确、成功就是与环境吻合。行为不会自动进行，都是由人执行的，都是由人的主观意识支配的。有什么样的观念就会有什么样的行为和结果，观念正确与否影响着行为结果。正确的观念来自对客观环境的正确反映。对客观环境的错误反映就是错误的观念，正确行为的必要条件是正确的观念。人们常说"观念先行"就是这个道理。商务谈判作为一个行为过程，也必然受到主体的观念支配；若要获得成功，也必须先树立正确的商务谈判观念。

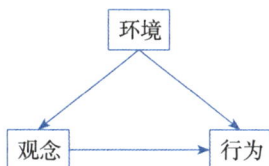

图2-3　环境、观念与行为关系示意图

资料来源　作者自己设计绘制。

1.广义的谈判

社会性是人的本质属性，人是不能脱离社会的，个人与社会联系的基本方式就是广义的交换。交换的内容可以是物质的，也可以是精神的；可以是具体形象的，也可以是抽象的。人的一生都在不断地与社会交换，交换就必须谈判，商务谈判只是其中的一部分。"世界是张谈判桌，人人都是谈判者。"购物、找工作、事情协商、度假安排、消除分歧、取得一致、探讨问题、教育子女、谈恋爱等无一不是在沟通和交换。个人一生的需要都要依靠与社会的交换才能得到满足，若要获得别人的承诺，自己就要努力地谈判。谈判可以提高生活的质量。今天的社会是商品的社会，其核心就是交换，与他人合作的效率和效益决定了个人生存的质量，而在农耕时代更多的是依靠个人自身的条件。在商务领域更是如此，你可以没有什么资源的优势，但你一定有比较优势，必须善于与人沟通、交换，必须善于与人合作、谈判，在合作中使你的资源得到最佳整合。学好、用好谈判就必须树立广义谈判的观念。

2. 人性的谈判

人性是人的本性。人性具有普遍适用性，并在深层制约着人类行为，也可以认为人性就是人的思维和行为的规律。

人性概念的外延很广，善恶是其中的一对基本范畴。善恶的定义及区别就在于对群体生存和发展是否具有功利性。凡是对社会有利、有用、有益的就是善；反之就是恶。人性是本善还是本恶，似乎是一个千古之谜。中国古代的思想家和哲学家对此有着截然不同的观点。儒家认为"人之初，性本善"；法家则认为人性本恶，必须制定严厉的制度加以管制。其实，人性中善和恶是兼而有之的。在善的环境中，善的本性被激活，就表现为善；反之，则表现为恶。不道德乃至违法犯罪是因为在恶的环境下，自身中恶的本性被激活的缘故；回到善的环境中后，罪犯也会深深后悔。"不好的制度是犯罪的温床"就是这个道理。谈判高手的高，就在于善于营造一个善的环境，善于遏制人性中的恶、激活人性中的善。

追求实现人生价值也是人性的一个基本范畴。不论社会地位、经济收入、文化教育程度、家庭背景、性别、职业等有多大差异，追求人生价值实现的最大化这一点每个人都是共同的，即每个人都希望自己是有价值的，都希望自己对他人是有用的，自己还能做得更好。这是人性的体现，也是人的思维和行为的规律。这一范畴既可以解释现实生活中的现象，又可以指导现实生活中的实践。谈判中的礼仪和礼节、平等和尊重、维护颜面、保护隐私、表现自我、追求成就感等都是人性的体现和运用。

人的行为都是为了满足某种需要的，需要是人类行为最原始的动力。利益就是需要的满足，在商务领域，任何一项商务活动都是为了商业利益。这也是人性的体现，商务谈判是人性的谈判，必然受到人性的制约。

综上所述，善恶两重性、追求人生价值、需要驱动是商务谈判中人性的具体体现，商务谈判是人性的全面体现，也是人性的全面施展，欲成为商务谈判高手，必先把握和运用人性规律。

小案例2-6

　　大学生童清身材瘦长，经常买不到合适的衣服。某日他来到一家服装店，店老板是一位中年妇女，可能有不愉快的心事，表情有点不耐烦，态度和语言都比较生硬。一番讨价还价后，童清很礼貌地说："阿姨，我钱不够，算了吧，麻烦您了。"妇女一愣，没想到小伙子会这么称呼她，就问道："你多大了？"在得知和她在上海读大学的儿子同年后，不禁联想到儿子独自在外生活的艰难，恻隐之心油然而生，于是和颜悦色地攀谈起来。最后，那件童清看中的衣服，以很低的价格就成交了。

　　资料来源　作者自己编写。

　思考：

　　（1）这个小案例与人性的谈判有何联系？

　　（2）这个小案例对谈判实践有何启发？

3. 理性的谈判

　　谈判的定义决定了谈判是明确分歧、探索共同利益、实现合作、获得利益的过程。显然，谈判是理性的过程。这种理性具体体现为：

（1）谈判是解决问题，而不是发泄情绪

　　情绪与理性是对立的，在有情绪的状态下，人是不理智的，难以产生富有创造性的双赢的解决方案。情绪还会增加更多的敌意和谈判障碍。

（2）谈判的目的是获得更多的利益，而不是战胜对方

　　商务谈判不是战争，不需要也不能置对方于死地，商务谈判需要通过合作而获得利益。获得利益是目的，战胜对方只是手段。

（3）客观标准是最有力的说服依据

　　谈判的双方一定存在利益对立，达成一致需要说服对方，最有利的说服途径就是超脱于当事方利害关系的客观标准。主观的判断推理、情绪化的语言、威胁恐吓都不是稳定、有效、可持续的谈判方法。

4. 利益的谈判

　　谈判的目的是获得利益，而谈判双方的利益是对立的，因此，商务谈判是有条件和范围的（如图2-4所示）。

　　以价格谈判为例，一般而言，卖方的首次报价是最高价，也是卖方最理想和力争的价格，该报价是公开的。卖方的底价是价格的下限，低于此价，卖方无利

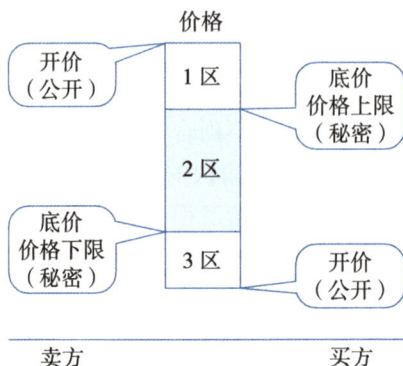

图2-4　谈判的价格区间

资料来源　作者自己设计绘制。

可图，谈判对卖方无意义，卖方会退出谈判。卖方可接受的谈判区间是1区和2区。同理，买方的首次报价一般是最低价，也是买方最理想和力争的价格。买方的底价是价格的上限，高于此价买方无利可图，谈判对买方无意义，买方会退出谈判。和卖方一样，买方的底价是秘密的。买方可接受的谈判区间是2区和3区；但也有极少数特殊情况，双方的价格区间不是这样分布的。

由此可见，1区和3区实际上是谈判的死角。对于卖方而言，在3区成交是不可能的；对于买方而言，在1区成交也只是卖方的一厢情愿。限于信息的不对称，谈判中往往不知对方的底价，而在死角区域浪费很多时间和精力。任何奢望对方接受对其无意义的谈判协议的企图都是徒劳的。谈判的实质就是在双方可接受的利益区间（2区）达成协议，谈判结果的好坏就在于达成的协议处在2区的什么位置，卖方希望越高越好，买方则相反。

5.实力的谈判

谈判是利益的分割，谈判结果的好坏在于利益的多少。利益是对立的，要想获得更多的利益只有依靠谈判的实力，谈判的过程也是谈判实力较量的过程。谈判实力不等于经济实力，一个经济实力强大的企业，在一场商务谈判中的谈判实力也可能弱于经济实力弱小的对手。谈判实力取决于谈判信息占有的相对量和成交弹性的大小。商务谈判的方法和技巧都是围绕着谈判实力展开的。理想的谈判结果源自强大的谈判实力，源自能够增强谈判实力的方法和技巧。谈判实力决定谈判结果。

2.3.2 商务谈判中的谋略

谋略就是创造制胜条件的系列谋划。其包括决策、制定策略、预测和判断、信息搜集和处理等。

1.决策

决策是在若干可行方案中选择最佳方案的过程。策略是可以实现目标的方式和方法、措施和手段、经验和技巧、战术安排等解决方案的集合，简称能够达到目标的方案集合。人们做任何事情都希望成功，而在行为的过程中情况会发生变化，这些变化会影响到行为的结果。为使行为达到预期目的，须事先谋划一番，制订一些应变的实施方案。有方案，就不会措手不及、惊慌失措，就能够胸有成竹、沉着应对、正确决策；没有策略，就不能灵活变通。行为的过程也是决策的过程，成功的伟人往往是因为在某些重大的事件上作出了正确的决策。正确决策的前提是正确完备的策略，如果没有可选择的行动方案，就无从决策了。邓小平的伟大在于"改革开放"的正确决策，在于"一国两制"的正确决策，而这些决策的前提是有"改革开放""一国两制"的设想和方案；否则，正确决策只是空中楼阁。

2.制定策略

《三国演义》中的诸葛亮在分派任务时，常常会准备若干锦囊，告知将领在什么情况下打开什么颜色的锦囊，里面装有相应的行动指令，锦囊就是策略。正因为诸葛亮富有策略，所以决策起来得心应手，每每获胜。策略的产生来自正确的预测和判断。《三国演义》中，诸葛亮的才能集中地体现在善于预测上，即"会算"。正确预测和判断影响因素的变化，才能制订相应的行动方案，才能有策略。

3.预测和判断

正确预测和判断的前提是拥有准确、及时、充分的信息。在战国时期田忌赛马的故事中，很多人都简单地认为田忌的胜利是因为孙膑的聪明，其实最直接的原因是孙膑准确地掌握了齐王的信息，齐王却不知田忌的信息，因此孙膑才有正确的决策和适宜的策略。如果没有齐王的出马信息，孙膑再聪明也只能是输多赢少的结果。信息是对能反映事物存在和运动差异的，对解决问题、完成任务有用的，可以被接收、被处理的新的消息、数据、情报和资料的统称。谈判信息就是影响谈判进程和结果的因素的状态和变化的反映，掌握了谈判信息就掌握了谈判的进程和结果的主动权。掌握谈判信息是商务谈判谋略的根本和基础。在2.2部分商务谈判实力的讨论中，我们曾经分析过信息是实力的最重要的影响因素，这与商务谈判谋略的论述是一脉相通的。商务谋略及其组成因素的关系可以用图2-5来表示。

决策 ⇄ 策略 ⇄ 预测和判断 ⇄ 信息

图2-5　商务谋略的结构示意图

资料来源　作者自己设计绘制。

4.信息搜集和处理

商务谈判的谋略和所有的谋略一样，始于信息搜集，根据信息作出正确的预测和判断，针对可能出现的情况设计相应的应对方案，从而做到临危不乱、从容面对、正确决策。

2.3.3　商务谈判中的辩证关系[①]

辩证就是辨析考证，商务谈判中的辩证就是运用辩证的方法辨析考证影响谈判的因素，对之进行思维活动。影响谈判的很多因素具有辩证的关系，掌握了这些因素的辩证关系才能正确地对待和处理，才能使谈判顺利进行，并达到预期目的。以下是一些常见的具有辩证关系的商务谈判的影响因素：

1.权益与承诺

权益与承诺是谈判中最基本的一对范畴，谈判各方就各自的权益与承诺达成协议，这是所有商务谈判共有的本质属性之一。所有谈判的最终结果都是一份具有法律约束力的文本文件，其中最重要的内容就是双方各自的权益与承诺。己方的权益往往就是对方的承诺，己方的承诺就是对方的权益。获得权益须作出承诺，作出承诺是为了获得更多的权益。谈判结果的评价在于权益与承诺的对比。

2.物质利益与关系利益

优惠的价格、方便的交货条件、有利的支付结算形式等属于物质利益；取得对方的信任、树立良好的形象、让对方感到有愧于我方或欠着我方一份人情、未来（与对方合作中）盈利的可能性等属于关系利益。关系利益虽然是虚的，但在

<hr />

①　[1]刘阳.商务谈判手册[M].北京：企业管理出版社，1995：368-369，379，390.[2]樊建廷.商务谈判[M].大连：东北财经大学出版社，2001：67-69.

一定的条件下可以转化为实在的；物质利益虽然是实在的，但以损伤关系利益获得的物质利益是暂时的、不稳定的、不可持续的。人们常说"谈判难"，难就难在二者须兼顾。有时，我们在短期物质利益上作出一些让步是为了获得长远稳定的合作，是为了长远的物质利益。

3. 丑话与好话

谈判中的利益对立必然以"丑话"的形式表现出来，如违约的惩罚条款、利益的争夺、讨价还价、张扬自己已经作出了巨大的退让、吃亏吃在明处、不顾对方死活"残忍"地进一步索取（稍后再作出退让）等。需要强调的是，讲丑话并非简单地陈述难听的话，而是以一种适当的形式要对方对可能的不利作出承诺。以开玩笑的口吻讲丑话是最常见也是最有效的。谈判是讲丑话的过程，谈判高手一定是善于讲丑话的高手；不敢讲丑话是谈判的大忌之一。谈判既是利益的对立过程，也是利益合作的过程，既要有丑话，也要有好话，善于讲好话的本质就是善于挖掘双方的共同利益，善于寻找双方合作的基础，善于说服双方实施共赢的方案。只讲丑话不善于讲好话，难以合作；不敢讲丑话只讲好话，合作不到位，存在隐患，届时会很被动。

> **小案例2-7**
>
> 　　小赵和小杨是新认识的球友，关系不错，很谈得来。小杨有自己的店铺，他热情招呼小赵照顾生意，承诺给予优惠。小赵恰好需要一副球拍，兴冲冲地跑去，相中一款。小杨热情大方地给予了六折优惠，小赵觉得这个价格即使不是最低价也不会出入太大，于是爽快地付款，心怀感激之情地离开了商店。小赵回家后上网查阅，发现淘宝上同样的东西价格更低，四五折的价格即可搞定，于是心情不爽。后来，他们之间的关系也因此疏远了。
>
> 　　资料来源　作者自己编写。
>
> 　　思考：小赵是不善于讲丑话的典型，其结果是物质利益和关系利益都受到损害。如果是你，你将如何应对同样的情景？

4. 说理与挖理

利益分为显性利益和隐性利益。说理是阐述显性利益的过程；有些谈判利益是隐性的，需要挖掘开发出来。谈判双方既对立又有共同利益，谈判的过程就是说服对方接受己方方案的过程，说服是平等地阐述共同利益的过程。谈判的上乘功夫在于通过主观的努力，挖掘出不明显的、潜在的道理、逻辑关系和利害得失。谈判高手都善于挖掘开发那些隐性利益。行为是为了满足需要的，商务行为一定是有利益的，只有让对方充分认识到可以获得足够的利益，合作才能实现。

所以，谈判中要说理，更要挖理。

> **小案例2-8**
>
> 　　某外贸公司与外商谈妥一笔生意，为外商加工2万件童装。本地有甲、乙两家服装加工厂，前者加工能力为16 000件，后者为10 000件。任何一家工厂都不能独立完成，必须合作完成。外贸公司为使合作顺利，提出甲、乙两家协商，根据达成的协议分配数量。甲、乙双方都希望尽可能多地争取加工数量，数量就意味着利润。甲方提出应该按照生产能力的比例分配，乙方则认为必须公平，各得一半。双方各不相让，但最后必须达成协议，否则双方都不能得到利益。
>
> 　　资料来源　雷鸣. 谈判与推销［M］. 北京：机械工业出版社，1990：10-11.
>
> 　　**思考**：若你是其中一方，你如何运用挖理的方法说服对方，从而获得最有利的协议？

5.舌头与耳朵

　　说与听是不同的概念，但有着密切联系：听是说的基础，说是听的继续。不能读懂对方，就不能说服对方；只有善解人意，才能善于表达。一个善于表达的人必先是一个善于倾听的人；不倾听，说就难以到位。听和说都是思维冰山的组成部分，说是冰山的尖端，听比说更重要。所以，人类只有一张嘴，却有两只耳朵。

6.严谨庄重与轻松幽默

　　谈判关系到利益，一般都比较严谨庄重，重大利益的谈判更是如此。谈判也是合作，需要友好融洽的气氛。当利益对立时，紧张的气氛会影响谈判的进程，轻松幽默的对话往往是化解尴尬和僵局的良药。

> **小案例2-9**
>
> 　　20世纪20年代，柯伦泰作为苏联的贸易谈判代表与挪威商人洽谈购买鲱鱼。挪威商人很清楚苏联急需食品的情况，苏联的成交弹性很小，所以开价很高，双方的价格差距太大，谈判陷入僵局。面对尴尬不利的局面，柯伦泰知道，低三下四地哀求是无用的，态度强硬又会使谈判破裂。于是，她另辟蹊径，十分慷慨地说道："好吧，我同意你们的报价，如果我们政府不批准这个价格，我愿意用自己的薪水来支付差额。"在挪威商人的惊异眼光中，她继续说道："不过，我的工资有限，这笔差额要分期支付，可能要一辈子。如果你们同意，咱们就签字吧！"挪威商人被她的幽默震撼了，紧张尴尬立即化作

轻松融洽。挪威商人放弃了大捞一把的心理，最后取得了双赢的结果。

资料来源　明德林. 苏联第一个女大使柯伦泰 [M]. 赫崇骧，胡汉英，译. 北京：新华出版社，1984：379-380.

思考：

（1）为什么用轻松幽默的表达方式所达到的效果，有时远远胜过用严谨庄重的表达方式所达到的效果？

（2）在什么样的场合，轻松幽默的表达效果比严谨庄重的表达效果更好？

7.重复与啰唆

重复与啰唆是不同的概念，但又是相互联系的，两者都是将同样的话多次陈述，但重复是对重要的内容多次陈述，而啰唆是对无关紧要的内容多次陈述。重复与啰唆的关系实际上也是主要矛盾和次要矛盾的关系。主要矛盾解决了，次要矛盾就会迎刃而解，过于纠缠次要矛盾反而影响了主要矛盾的解决，最终什么问题都解决不了。

2.4　商务谈判的伦理道德

2.4.1　伦理道德与法律

伦理者，人与人相处的各种道德准则也。道德者，人们共同的生活及其行为规范也。道德包含了伦理，伦理属于道德。违反了伦理，一定也违反了道德；违反了道德，不一定违反了伦理。人们常常把伦理道德合在一起使用。

伦理道德的核心概念是善，善的核心是群体的功利。凡是善的，一定是对群体有利、有用、有益的。不道德的、不符合伦理的，一定是对群体的生存和发展有害的。在不同的领域，伦理道德的标准是有差异的：在利益一致或较多一致的领域，标准要求较高；在利益对立或部分对立的领域，标准要求较低。例如，在家庭成员之间，利益比较一致，谦让、真诚是大家认同的行为规范；商务谈判中，买卖双方利益比较对立，讨价还价、斤斤计较、不说实话是常见的，并非不符合伦理、不道德。法律是强制的行为规范，与伦理道德的本质区别在于强制性。违反法律必然遭到制裁，违反伦理道德则是受到舆论的谴责。

伦理道德和法律都是行为的规范，但对行为的影响程度不同。生活的伦理道德对行为的要求最高，但强制程度最弱；法律对行为的要求最低，但强制程度最强。商务的伦理道德介于生活和法律之间。三者的关系和比较见表2-1。法律的下限是绝对不能逾越的，这也是企业生存的下限。遵守法律而不遵守商务伦理道德，只能一时或侥幸得逞，长而久之必然自毁。遵守商务伦理道德是企业生存和发展最基本的守则，也是最低的客观要求，大多数企业都运行于此区间。既遵守商务伦理道德又遵守生活伦理道德是企业生存和发展的最高伦理境界，这样的企业在具有良好的经济效益的同时还具有良好的社会形象和社会效益，进入经济效益与社会效益的良性循环之中；但对大多数企业而言，这是可望而不可即的。

表2-1 伦理道德、法律和行为的关系

行为的界定	行为的内容
不违反生活伦理道德	助人为乐、见义忘利、真诚、善良、博爱
生活伦理道德下限	
不违反商务伦理道德，但违反生活伦理道德 在商务活动中可以接受且存在于现实之中	斤斤计较，见义不忘利，有利必图 在商言商，追逐利润，不全讲真话
商务伦理道德下限	
不违反法律，但违反商务伦理道德	不讲信用，见利忘义，背信弃义
法律下限	
违反法律，更违反商务和生活伦理道德	杀人越货，危害社会

资料来源 作者自己编写。

伦理道德是行为规范，谈判行为一定会受到伦理道德的影响和制约，商务伦理道德就成为商务谈判的影响因素之一，谈判主体必须掌握和运用好其规律。

2.4.2 商务谈判中的伦理特征[①]

利益的对立是谈判的前提，争取尽可能利己的收益是每一个谈判者的目标之一。由于利益对立，讨价还价成为谈判的常态，争取的目标往往是不公开的，不

---

① 本部分段落内容为作者原创，标题引自：樊建廷. 商务谈判 [M]. 3版. 大连：东北财经大学出版社，2011：62.

完全说真话是正常的，也是一种惯例。由于利益的对立，谈判是一种利益的博弈。为争取更大的利益，双方都想增强己方的谈判实力，都围绕着各种影响谈判实力的因素做文章。例如，透露不真实的信息干扰对方的判断决策从而有利于己方，透露不真实的信息影响对方对己方成交弹性的判断。从理论上讲，这些谈判方法和技巧的实施运用都是有相应的伦理理论作为基础的，有了理论的支持，实践中方能名正言顺、自圆其说、充分发挥、游刃有余。

1.争吵挤压

生活中面对利益，提倡谦让，民间有"再让三尺又何妨"的"六尺巷"美谈。比较而言，行为规范标准在商务场合要低于生活场合，争吵挤压是商务谈判氛围下的特征。面对商务利益，要敢于争取，争取时得寸进尺、斤斤计较；防守时步步为营、精打细算。这在商场上是正常的现象，不违反商务伦理道德，当然这种争取是在双方可接受的利益区间之内。

2.苦相祈语

苦相祈语是指通过表情和语言向他人显示自己的困难、倒霉、可怜，希望得到怜悯和帮助。生活伦理道德提倡自尊、自爱、自强，商务领域的行为规范标准较低。苦相祈语并非不自尊、不自爱，对方也不会当真，这是商务交际中的常用语言，有时通过贬低自己、恭维对方，满足对方的尊重需要，以期获得更好的合作。这种方法在谈判陷入僵局时不失为一种有效的方法。

3.虚拟影子

影子是虚的，虚的不等于没有，虚是有作用的。虚拟影子就是利用虚的因素表达己方的观点，获取有效信息，拒绝对方的要求，影响对方的判断和决策。例如："我的权限只能在这个范围内，如果你一定要坚持的话，我是无能为力了。"这是利用了虚拟的客观标准，有时可以有效地阻止对方的进攻。"这个价格太高了，如果我买两件是什么价格？3件呢？100件呢？"利用虚拟的假设获取更多的有用信息，从而增强己方的谈判实力。

4.破裂威胁

谈判既是利益的划分，更是利益的合作。谈判的任何一方都希望达成协议；但是由于成交弹性的差异，谈判双方对谈判破裂的恐惧程度不同。成交弹性大的一方也惧怕谈判破裂，但他可以利用对方更惧怕破裂的心理，所以经常可以看到一方利用谈判破裂威胁对方。现实生活中，大卡车在通过狭窄通道时不惧怕小轿车，虽然自己也怕碰撞，但大卡车司机相信小轿车更怕碰撞，他断定小轿车会避让自己。但在一种情况下，大卡车也惧怕小轿车，就是小轿车司机根本没有看到大卡车。这就有点像"麻秆打狼——两头怕"，也含有孙子的"不战而屈人之兵"之理。因此，威胁是有条件的，就是要让对方感受到损失的后果；否则，威胁是无效的。

2.5 商务谈判的基本形态与方法

2.5.1 商务谈判的基本形态①

根据谈判的结果，商务谈判可分为 3 种基本的形态：输赢型谈判、双赢型谈判、双输型谈判。在前文的小案例 2-8 中，甲方因为指导思想和方法的不同，会有 3 种不同的谈判形态。

1.输赢型谈判

输赢型谈判就是一方赢了、另一方输了的谈判。甲方的加工能力是 16 000 件，所以认定 16 000 件是输赢的标准，乙方则认定 10 000 件是输赢的标准。在总量 2 万件不变的情况下，不论是什么合作方案，必定是一方赢、另一方输，谈判很容易形成僵局，或者一方"忍辱负重"、耿耿于怀地签字。这样的谈判虽然有结果，但履约起来是不爽的，不是理想的谈判。

2.双赢型谈判

谈判双方利益对立是必然的，但是合作是必需的，否则就没有利益了；对立是在有了合作利益基础之上的对立，没有合作也就不会有这种对立了。面对激烈的对立，谈判高手善于挖掘潜在的合作利益，善于在分饼之前把饼做大。输赢型谈判最终难使双方都满意，而双赢型谈判能使双方心悦诚服、愉快合作。然而要想把饼做大也非易事，因为谈判中实的利益是固定的。双赢型谈判就是要挖掘虚的利益，即潜在的、未来的关系利益（如图 2-6 中的圆环部分所示）。要想说服对方接受己方方案，仅凭说服和口才是不行的，要依靠客观的事实和严谨缜密的逻辑推理。双赢型谈判的实现基础在于潜在的、未来的关系利益的存在，关系利益是隐性的，需要运用智慧去挖掘，要善于搜集对双方都有利的同时能够支持己方方案的客观事实。谈判水平的高低在很大程度上取决于这种关

---

① 雷鸣. 谈判与推销 [M]. 北京：机械工业出版社，1990：10-13.

系利益的挖掘能力。

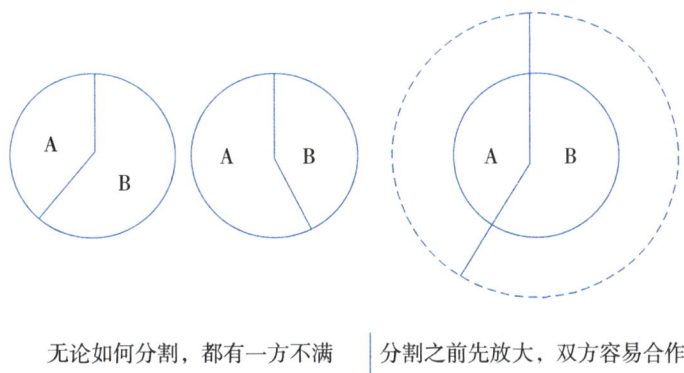

无论如何分割，都有一方不满 ｜ 分割之前先放大，双方容易合作

图2-6　谈判形态示意

资料来源　雷鸣. 谈判与推销［M］. 北京：机械工业出版社，1990：11.

　　为了便于说明上述原理，假设你是甲服装厂的谈判代表，和乙服装厂进行谈判，乙方坚持各方10 000件，那么你可以事先充分地搜集能够有力支持己方16 000件方案的客观事实，这些事实同时对双方都有利。然后你进行如下阐述：根据掌握的情况，外商这次定制2万件服装只是一次试探，是在考察我市的加工能力；若满意，今后将会有大量的订单。另外，这次外商定制的是童装，我厂是传统的童装厂，做童装是我们的强项，贵厂的强项是牛仔服。所以，这次让我方完成16 000件，表面上看贵厂是有点吃亏，但是这样能够让客户满意达到最大化，今后能够得到更多的订单，更有利于我们双方今后的共同发展。实际上也会有一些有利于乙方的客观依据，甲方就不必拿出来了。这里，我们又进一步加深了对"信息占有的相对多少是谈判实力的最重要因素之一"这一原理的理解。

　　由此总结一下，实现双赢型谈判的方法是：谈判的方案必须考虑对方的利益；努力挖掘和寻找潜在的、未来的关系利益，并将其适当强化；充分利用能够支持己方方案，同时对双方都有利的客观事实。

3.双输型谈判

　　这是最糟糕的谈判，引用上面的例子就是甲、乙双方最后谈判破裂，没有达成任何协议，这笔外贸业务告吹，外商到其他城市寻找合作伙伴。两家服装厂与外贸公司都没有盈利，它们之间的关系也多少受到一些负面影响。

2.5.2　商务谈判的方法[①]

商务谈判的方法是一个很宽泛的概念，从不同的层面入手会有很多不同的分类。从心理的方面入手，有威胁恐吓、个人魅力影响、信心激励、劝说诱导等方法；从经济的方面入手，有财务算账、利益比较、风险收益分析等方法。商务谈判的过程可以看作一个说服对方接受己方方案的过程，说服是需要根据的。在这里我们从说服的根据入手，将谈判的方法分为硬式、软式、原则式三种。这样研究谈判方法更具有普适性。其中原则谈判法是核心方法，在以后各章中所涉及的方法、技巧都是以原则谈判法为核心来展开和运用的。

1.硬式谈判法

硬式谈判法又称立场式谈判法。所谓立场就是利益的表现形式，利益就是立场的内容。用哲学范畴的概念来讲，利益是内容，立场（报价、观点、方案等）是形式。在生活中，陌生的买卖双方的讨价还价，通常就是比较典型的硬式谈判。买卖双方各自首先提出一个立场，再阐述这个立场的合理性，之后各自作出一些退让，最终或者达成协议，或者谈判破裂。

硬式谈判法的特点是：注重当前的、实在的物质利益，忽视未来的、潜在的关系利益。因此，硬式谈判法适用于临时性的合作伙伴、一次性的交易。

2.软式谈判法

软式谈判法也称温和式谈判法，是指买卖双方各自首先明确自己的利益所在，再探寻对方的利益所在，根据双方的利益不断地构思皆大欢喜的解决方案，最终或者达成协议，或者谈判破裂。

软式谈判法的特点是：注重未来的、潜在的关系利益，忽视当前的、实在的物质利益。因此，软式谈判法适用于长期合作的伙伴，多次重复的、依赖性较强的交易。

硬式和软式谈判法很难给出简明准确的文字定义，只能暂时用图示的方法加以说明（如图2-7所示）。

3.原则谈判法

原则谈判法起源于美国哈佛大学，目前被认为是一种最有效、最完美的谈判

---

① 李毓峰. 外贸谈策略与方法［M］. 北京：煤炭工业出版社，1988：189-194.

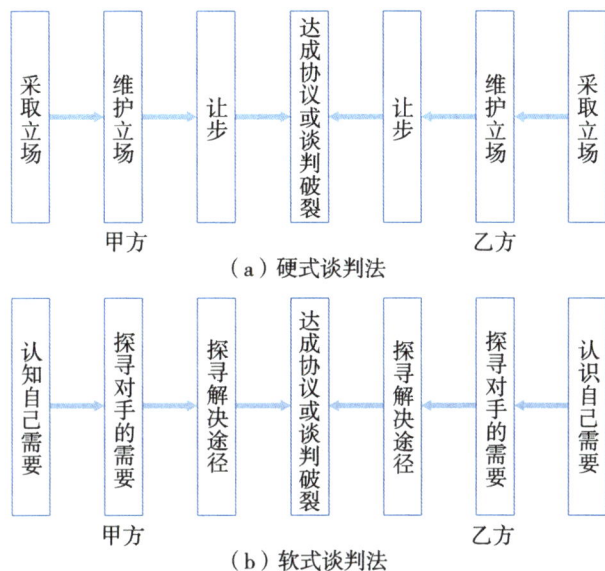

图2-7 硬式和软式谈判法示意图

资料来源 雷鸣. 谈判与推销［M］. 北京：机械工业出版社，1990：14，16.

理论。该谈判法也很难给出简明准确的定义，通常用四个要点加以描述：①

（1）把人与问题分开

谈判的对方不是抽象的代表，而是具体的人。凡是人都有情绪，情绪与理性是对立的，谈判是理性的，同时是寻求合作的活动。谈判面对的问题也许是对立的，甚至是严重对立的，在原则问题上必须是严肃的、慎重的、毫不妥协的，但是谈判的对方代表是合作者，是可以合作的，应该热情、友好地对待。正如俗话所说的，要"对事不对人"。

把人与问题分开，说起来容易做起来难。通常人们会将主观的"看法"等同于客观的"现实"，表现为这样的陈述："如果你们不及时按我方报价出售，就会出现霉烂的后果。"其中的"就会"和"后果"都带有强烈的主观感情色彩和对对方谈判代表的不满，这样就把问题与人混淆了，引起对方的反感，既不能解决问题，又不利于合作。改成客观中性一点的"如果不及时按这个报价出售，可能出现霉烂的结果"的陈述，效果就会好得多。谈判中，对方的"无理""狡猾""贪婪"不过是问题对立的体现，不要认为对方人品低劣而加以攻击，即便有这样的成分，也该运用"把人与问题分开"的原理对待。你可以谈论你的个人感受，而不要攻击对方。攻击对方必然招致对方的反击，就会将人和事混淆，使问

---

① 费雪，尤瑞. 哈佛谈判技巧［M］. 黄宏义，译. 兰州：甘肃人民出版社，1987：31-150.

题复杂化。一段有关你自己本身的感受的陈词，就很难被驳斥了。说"我们感到很失望"，远比说"你们不信守诺言"的效果好；同理，"我感到我受到歧视"，比"你这是种族歧视"好。你在未惹起情绪性反应的情况下，传达了同样的信息，沟通效果要好得多。

（2）重点在利益而非立场上

获得利益是谈判的目的，采取什么立场只是手段。重点放在立场上是舍本求末，捡了芝麻丢了西瓜。谈判中立场是明摆着的，是显现的；利益是立场背后的，有时是隐藏着的。一种利益通常都有多种使之满足的形式，人们常常不假思索地采取最为明显的立场形式。立场形式千变万化，都不离利益之宗。欲掌握对方的行为必先掌握对方的利益。现实中有很多貌似严重的对立其实并非利益的对立，只不过是立场严重对立罢了，仔细深入地分析后，就会发现这种对立是很容易解决的。所以说，谈判高手高在"善于透过立场探寻利益"。

明确利益是谈判策略的前提，对方的利益有时是公开的，有时是隐蔽机密的。问"为什么"是探寻对方利益的常用方法，"为什么"的答案往往就是利益所在。利益的实质是需要的满足，有时我们无法确定对方利益，恪守人类需要的底线乃是所有谈判人员的谈判行为规律。换句话说，不管怎样，都不要违背人类需要的规律，既不要让对方感到生存、安全受到威胁，也不要让对方自尊受到严重伤害。因为人会宁愿放弃谈判利益，也要确保需要的底线。有些谈判，对方也许不十分清楚双方的利益，这就需要一起讨论利益。在讨论中应该做到，你的利益生动化（形象具体），尊重和承认对方的利益，把问题放在你的方案之前，对问题硬，对人温和。

小案例2-10

阅览室中有甲、乙两人，甲要关上窗户，乙坚持要打开。他们互不相让，讨价还价：一条缝？半开？四分之三？没有一个方案能使双方满意。管理员比较有谈判头脑，过来后并没有急于调和，而是分别询问两人各自的目的。甲说外面噪声太大，影响看书；乙说房内空气不好，有股霉味，开窗可以通风换气。在了解了双方各自真实的目的之后，管理员让甲关上窗户，自己打开了隔壁的窗户。这样既可以满足甲的需要，又可以满足乙的需要，结果甲、乙两人皆大欢喜。

资料来源　费雪，尤瑞. 哈佛谈判技巧［M］. 黄宏义，译. 兰州：甘肃人民出版社，1987：68.

思考：利益决定立场，立场为利益服务。如果进一步抽象地概括，谈判的立场相当于方法和手段；谈判的利益相当于行为的目的。用自己的实际生活去检验和运用这一逻辑原理。

（3）构思互有收获的解决方法

谈判的艰难常常表现在缺乏双赢的解决方法（双方都能够接受的协议）。在默认的状态下，人们都把谈判看成一场输赢是唯一结果的对抗性游戏。实际上，很多谈判的结果可以是双赢的，由于双赢方案产生困难，所以谈判就成了艰难的过程。

一个富有创意的方案绝不会一帆风顺，可能在初期是很幼稚的，甚至看上去是荒唐的，而人们都习惯于边构思边作决定，人们根据常识和经验会轻易地否定掉所有不够成熟的方案，这就使绝大多数伟大的创意被扼杀在萌芽状态。所以，要想产生好的方案，必须将构思的过程和判断决定取舍的过程分离开来。一个人的智慧是有限的，但多人的智慧并不能简单地相加。人是复杂动物，由于价值观念、个性特征、人际关系等因素的作用，多人的智慧难以有效地汇集整合。对此，头脑风暴法和德尔菲法可以帮助谈判人员发现和制订双赢的解决方案。在双方的利益对立中，对立的点可能不止一个，这些对立点对双方的影响程度并不是一样的，有的对立点对己方并非实质性的，是可以退让的，而有些对立点是原则性的，是不能退让的。对这些对立点进行分析评估，可以构思组合出众多的解决方案；有了方案，就有了选择的余地，合作的可能性就得到了增强。谈判中会有很多细节问题，这些细节问题对己方来说是举手之劳，但对对方来说可能就是决定性的影响因素，所以，要创造"让对方容易决定"的谈判环境。俗语说得好："与人方便，与己方便。"

（4）坚持客观标准

现实中，有的谈判即使做到上述的要点，仍然无法达成协议，这是因为双方在利益上有着比较多的对立之处，而客观标准是解决问题最后的也是最有效的办法，除非双方已经没有了合作的基础。谈判的客观标准就是独立于谈判当事方且与谈判当事方无利害关系的客观事实或可供参考的解决方案，如市场行情、先例或传统惯例、科学鉴定、专业（行业）标准、成本、法院判决的可能性、道德、同等待遇、互惠原则、公平的程序等。显然，这些客观事实都不是谈判当事方可以控制的，也与谈判当事方没有利害关系，因此以这些为参照就比较公平、公开、公正。谈判就是利益的分割，双方都力争尽可能多地获得利益，任何具有主观倾向的理由、根据都是难以令对方接受的。不达成协议就不能获得谈判利益，要达成协议又必须说服对方，说服对方必须符合平等自愿原则，因此，只有客观标准才能真正解决问题。此部分可参考9.2.3部分的自来水谈判案例来学习。

对一方有利的客观标准的多少，决定了这一方谈判实力的强弱，而有利的客观标准并不都是显而易见的，需要用智慧去挖掘，占有和运用充分、准确、及时的相关信息，掌握比对手更多的信息，且可以涵盖对手掌握了的信息，知己知彼，方能百战不殆。在讨价还价中，你的声音再响亮，你的人数再多，都不及你掌握了对你有利的市场上的平均成交价；"大家以前都是这么做的"这种客观事实胜过你的千言万语；产品质量（如果有标准）的争议意义不大，政府权威机构的鉴定才是最终结果。有些情况是无法用客观事实解决的，如球赛中的场地之争，可以通过掷硬币这种公平的程序予以解决。绝对公平难以实现，需要依靠未知的客观规律，这些规律独立于双方意志，是与双方没有利害关系的，因而也是公平的、最具有说服力的。

为了更好地理解原则谈判法，我们通过表2-2将硬式、软式、原则谈判法作比较。

表2-2　　　　　　　　　　三种谈判方法的比较

硬式谈判法	软式谈判法	原则谈判法
谈判的对方是敌人	谈判的对方是朋友	谈判的对方是问题解决者
不相信对方	相信对方	相信与否与谈判无关
谈判的目标是取得胜利	谈判的目标是达成协议	谈判的目标是圆满的、明智的结果
对人、对事采取硬的态度	对人、对事采取软的态度	对人温和，对事强硬
把对方的让步作为保持关系的条件	通过让步搞好与对方的关系	把人与问题分开
坚持自己的立场	轻易改变自己的立场	重点在利益而非立场
发出威胁	提出建议	探求利益
谎报自己最低限度的要求	提出自己最低限度的要求	避免有某一底价
寻找一种自己可以接受的方案	寻找对方一定可以接受的方案	制订各种方案，然后作决定
努力达成协议	坚持自己的要求	坚持客观标准
努力赢得一场意志的竞争	努力避免一场意志的竞争	根据客观标准达成协议

资料来源　[1] 费雪，尤瑞. 哈佛谈判技巧 [M]. 黄宏义，译. 兰州：甘肃人民出版社，1987. [2] 李毓峰. 外贸谈策略与方法 [M]. 北京：煤炭工业出版社，1988：189-194.

关键词

社会性　需要　谈判实力　成交弹性　客观标准

复习与思考

第2章即测即评

一、简答题

1. 你如何理解本书中商务谈判理论的三大基石？

2. 要想获得好的谈判结果，就需要增强谈判实力。如何增强商务谈判实力？

3. 举例说明如何挖掘潜在的共同利益而实现双赢型谈判。

4. 关于社会学的思考：我的人际关系怎么样？我是一个善于合作的人吗？我应该如何更好地改善人际关系？

5. 关于心理学的思考：张三刚才行为的真实需要是什么？李四有某种需要，他即将有哪种行为？如何从王五的需要入手改变他的某种行为？

6. 为什么说社会性是人的最本质属性？

7. 如何理解掌握了需要就掌握了行为？

8. 商道与人道有什么关系？

9. 列举自己的亲身经历，论证信息是商务谈判实力的重要因素。

10. 举例（亲身经历）说明信息和弹性是谈判实力的决定性因素。

11. 为什么处理问题时要把人与问题分开？

12. 谈判的立场和利益的定义分别是什么？举例说明如何区分二者。

13.构思互有收获的解决方案的方法有哪些？

14.为什么客观标准具有说服力？客观标准有哪些？

15.影响因素与数学函数有何关系？举例说明。

二、案例分析题

案例1 **讨价还价的实力**

某大学的新生鲁珊，刚办理完新生报到手续，就利用空闲的时间去庐山游玩。在仙人洞景点，她被小贩叫卖的庐山特产云雾茶吸引，想到应该买一些孝敬一下父母。卖家看出她是外地游客，所以就不降价，她没有那么多时间讨价还价，就只买了一盒，价格是28元。回到学校后，她经过品尝，感觉茶叶不错，后悔当初买少了；但本地的同学告诉她，一半的价格也可以买到。

国庆节到了，同寝室的同学相约爬好汉坡上庐山，她欣然应允一同行动。有了上次的经历和本地同学的介绍，她决定以更便宜的价格买3盒。

在上次的景点，她们与小贩相遇了，几个人七嘴八舌地讨价还价，其中一个同学使用的是本地方言。有的同学说这个价格太贵，五老峰和含鄱口可以买到更便宜的；有的同学则说10元的价格才会考虑；有的同学则坐到一旁提议别买了，咱们一边斗地主一边休息休息。小贩一再降价，同学们竟然打起了扑克，不怎么搭理小贩了。结果小贩缠着他们，不断降价，近乎央求她们购买了。这时同学们表现得很友善，说："哎呀，你也不容易啊，我们其实也并不是太想要这茶叶，你这么热情和诚恳，天气又这么热，我们就意思一下吧，买3盒，35元怎么样？"小贩虽然不是很情愿，但还是同意了。最后鲁珊用35元购买了3盒与第一次相同的庐山云雾茶，远远低于第一次的价格。

资料来源 作者自己编写。

问题：

1.请从谈判的原理上分析鲁珊的谈判经历。

2.寻找一个与鲁珊类似的亲身经历，联系商务谈判实力的原理加以分析。

（分析提示：什么是商务谈判实力？商务谈判实力的影响因素有哪些？）

案例2　　　　变势不两立为皆大欢喜

20世纪40年代，美国电影明星珍·拉塞尔与制片商休斯签订了一份每年100万美元的雇佣合同。12个月后，拉塞尔找到休斯："我想要我合同上规定的钱。"休斯声明说，他现在没有现金，但有许多不动产。女明星不听这些辩词，她的要求合理合法，她不要别的，只要她的钱。休斯继续向她说明他现在资金周转不灵，要她等一等，而拉塞尔指出合同的法律性，上面清楚说明年底付款。双方的争执越来越严重，看来只有诉诸公堂才能解决问题。

但是后来，拉塞尔突然改变主意，她很聪明地对休斯说："啊，你我是不同的人，有不同的奋斗目标，让我们看看我们能不能在互相信任的气氛下分享信息、感觉和需要呢？"休斯表示同意这一提议，彼此合作，创造性地提出了一个能满足双方需要的方案。修改后的合同改为每年付5万美元，分20年付清。合同上的总金额不变，但时间变了。结果，休斯解决了资金周转困难的问题，并获得本金的利息，而拉塞尔的所得税逐年分期缴纳，并且会有所降低。演员的职业不是很保险的，有了20年的年金收入，她就不必为每日的财务问题操心了。她既保住了面子，又摆脱了与休斯的诉讼纠纷。休斯可是个宁愿花上百万美元打官司的人，跟这样的怪人打交道，即使你对，也胜不了；只有双方合作才能满足双方不同利益的需要。

资料来源　科恩. 人生与谈判［M］. 王佩玺，译. 北京：旅游教育出版社，1989：134-135.

问题：

1. 演员和制片商的纠纷最终圆满地解决了，这个案例体现了什么谈判原理？

2. 联系自己的生活，谈谈阅读此案例后的体会。

第3章

商务谈判的准备

内容体系

学习目标

点睛之笔

3.1　信息的准备

3.2　人员的准备

3.3　谈判方案的准备

关键词

复习与思考

商务

务谈判

●内容体系

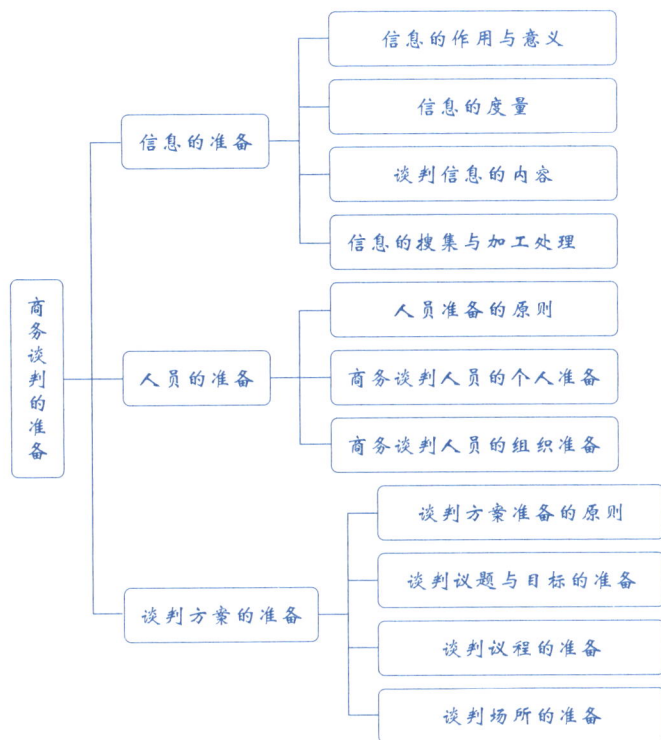

●学习目标

- 重点掌握谈判信息的原理以及主动搜集信息的方法
- 掌握商务谈判准备的内容和基本方法
- 了解谈判人员应具备的知识、能力和素质，理解信息的度量和评价原理，尝试将主动收集搜息的方法和个性原理应用于现实生活中

●点睛之笔

知己知彼，百战不殆。

——《孙子兵法·谋攻篇》

运筹帷幄之中，决胜千里之外。

——《史记·高祖本纪》

越是重大的事件，越是需要事先计划。

3.1 信息的准备

通过前面的学习，我们已经充分认识到信息在谈判中的重要性，谈判人员、谈判议题、谈判方案的准备都需要根据掌握的信息来进行。只要信息掌握得准确、充分、及时，谈判的其他工作就容易准备。所以，谈判前的准备其实主要是信息的准备。

3.1.1 信息的作用与意义

在第2章有关商务谈判实力和谋略的介绍中，我们知道了信息是商务谈判实力最重要的影响因素，也是预测、策略和最终决策的基础，这些原理可以用图3-1来表示。

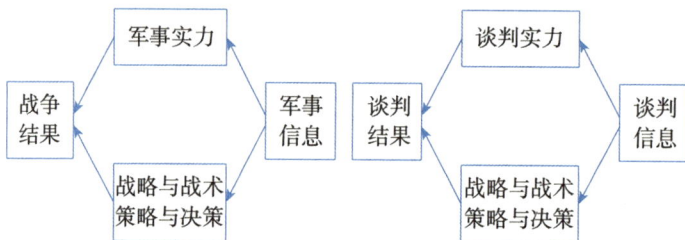

图3-1 信息的作用

资料来源 作者自己设计绘制。

商场如战场，知己知彼，百战不殆。军事战争的胜负取决于实力、战略与战术，而信息掌握的程度直接影响着实力、战略与战术。《孙子兵法·始计篇》曰："夫未战而庙算胜者，得算多也；未战而庙算不胜者，得算少也。多算胜，少算不胜，而况于无算乎?"

谈判的目标、议题内容、谈判人员、方法、技巧等问题的确定都需要掌握相关信息。相关信息掌握得越充分、准确、及时，其他方面的准备工作就会越好，谈判的胜算就越大。

小案例 3-1

　　一位叫赫布·科恩的谈判高手，有一次到一家工厂去推销产品。他未直接去该厂的业务部门，而是到生产第一线转了一圈。他注意到工人们都节奏很快地忙碌着手中的活计，而产品几乎没有堆积的状况。闲聊中，一位车间领班告诉他："我们用过许多公司的产品，可是只有你们公司的产品通过了我们的试验，符合我们的规范。"赫布·科恩明白了自己在即将展开的推销谈判中所拥有的优势，信心十足地走向谈判桌。

　　资料来源　柯恩. 你可以说服任何人［M］. 区有锦，译. 郑州：中州古籍出版社，1987：97-110.

　　思考：

　　（1）这场销售谈判的过程和结果会是什么样的？

　　（2）你认为还有什么准备比信息的准备更重要的吗？

　　（3）可以用商务谈判的哪些原理来解释这个事例？

3.1.2　信息的度量

　　信息是如此重要，以至于我们不仅要知道其作用和意义，还要了解如何度量、评价信息；否则，我们就无法有效地搜集、运用信息。信息的度量就是对信息的量和质进行测量。信息的准备中少不了要对信息进行评价，掌握了信息度量原理有利于谈判信息的准备和管理。

1. 形式上的度量

　　信息就其内容而言是无形的，但信息总要附着在各种有形的物质载体上，如纸张、硬盘、光盘等。这些物质载体的形式是可以度量的，任何物质形式都占据着空间和时间，在其他因素不变的情况下，占据的空间越大和时间越多，形式上的信息量就越大。例如，1G 的文件与 1M 的文件相比，2 小时的报告与 20 分钟的报告相比，前者形式上的量都大于后者。但是，信息有重要、次要、无关紧要、重复等多种之分，对于谈判的作用差别甚大，因此，不能只从形式上评估信息的价值，还要从内容上评估。

2. 内容上的度量

　　按照信息论的基本原理，信息量是不确定性程度降低的量，信息量的大小可以用一种降低不确定性程度的抽象概率来度量。

如果事先知道某一事件出现的概率是P_1，可称P_1为此事件的先验概率；获得一定信息后，知道该事件发生的概率为P_2，可称P_2为后验概率。当$P_2>P_1$时，所获得的信息量为：

$$I=-\log_2\frac{P_1}{P_2}$$

信息量的单位是比特（bit）。1比特的信息量是指含有两个独立均等概率状态的事件所具有的不确定性能被全部消除所需要的信息。最简单的信息是二中择一的信息，如我方报价对方接受还是不接受。掷一枚均匀的硬币是最经典的例子。掷前正面朝上的概率是0.5；掷后如果正面朝上，其概率就是1，那么正面朝上这条信息的信息量就是：

$P_1=0.5$

$P_2=1$

$$I=-\log_2\frac{P_1}{P_2}=-\log_2\frac{0.5}{1}=1\text{（比特）}$$

【例3-1】某学生欲参加一雅思补习班。J市有大、中、小学校96所，其中大学12所、中学36所、小学48所。雅思补习班只有一个，他不知在哪所学校，只知在其中一所，故先验概率$P_0=1/96$。

第一条信息：雅思补习班在某大、中学校，$P_1=1/48$。此条信息的信息量为I_1。

$$I_1=-\log_2\frac{P_1}{P_2}=-\log_2\frac{48}{96}=1\text{（比特）}$$

第二条信息：雅思补习班在某大学，即后验概率为1/12。先验概率分为两种情况：

一是在获得第一条信息的基础之上，先验概率为P_1，$P_1=1/48$，$P_2=1/12$。此条信息的信息量为I_2。

$$I_2=-\log_2\frac{P_1}{P_2}=-\log_2\frac{12}{48}=2\text{（比特）}$$

二是在未知第一条信息的情况下，此条信息的信息量应为：

$$I_2=-\log_2\frac{P_0}{P_2}=-\log_2\frac{12}{96}=3\text{（比特）}$$

通过上面的演算，我们对抽象的信息的度量公式有了比较直观的认识，并可以得出如下结论：

❶ 先验概率与信息量成反相关关系，即后验概率不变的情况下，信息原来越是不确定的，信息量就越大；

❷ 后验概率与信息量成正相关关系，即先验概率不变的情况下，信息越是

确定的，信息量就越大。

具体到商务谈判，同样的信息，原先越是肯定的，其价值就越小；越是能增加原先的了解程度的信息，价值越大。如果有人告诉你"今天太阳从东方升起"，那么你一定会说"这是垃圾信息"，因为先验概率已经大得不能再大了，是必然事件，概率为1了，已经不能再降低不确定的程度了。教师授课的质量在很大程度上在于内容的选择，也是这个道理，讲的内容学生都知道，就没有信息量了。另外，不能降低不确定程度的信息也一定是没有价值的。所以，P_1与信息量成反相关关系，P_2与信息量成正相关关系。

3.1.3 谈判信息的内容

在认识到信息的重要性以及信息的度量之后，我们还需要明确谈判信息的大致内容。与谈判有关的信息大致可以分为如下三个方面：

1.对方信息

谈判的实质是在与对方的合作中获得利益。合作是基础，也是目的；但合作中会有利益对立，利益的对立犹如对抗性游戏，犹如下军棋，如果知道对方哪个棋子是司令、军旗、地雷，胜利就十分容易了。掌握对方真实的需要，就能掌握和控制对方的行为。比对方占有信息的优势，在谈判实力方面就能占得优势，谈判的进程和结果就会更加合目的。信息决定着胜负。谁能够获得较多对方的信息，谁就有了更大的主动权和胜算。

对方的真实需要表现为：

❶ 价格的底线（买方的最高价，卖方的最低价）；

❷ 客观的成交弹性（谈判达成协议的迫切程度，即对达成协议是无所谓还是迫切的）；

❸ 对方最担心的问题（交货期限、结算方式等）。

制定正确的谈判策略，离不开对这些信息的掌握。如果对方谈判成交弹性很大、我方很小，我们将处于不利的地位；反之，则比较有利。针对不同的谈判实力，应该有相对应的谈判策略，所以，信息的准备是谈判准备中最重要的部分。前文中的小案例3-1就是一个很好的例子。

除了掌握对方真实需要这一最重要的信息之外，掌握对方资信情况、法律资格（是不是具有法人资格，是不是在市场监管部门正式注册）、公司性质、经营状况（资金、运营、财务、商业信誉）等信息也是必要的。另外，对方谈判人员的名单和个人信息也是非常重要的。其中有些可能还是至关重要的，如个人的特长、爱好、个性特征、性格弱点等。

2.市场信息

市场是买卖双方的对立统一体，凡是与买卖双方利益和行为有关的信息都是谈判准备的内容。市场信息包括以下方面：

（1）供给信息

这是指有哪些生产供货商，其产品的产量、规格、价格如何。

（2）需求信息

这是指消费者的需要、偏好、品牌倾向、消费数量。

（3）供求关系

这是指市场现有的总量、增长变化及趋势，产品的生命周期状态。

（4）市场行情

这是在讨价还价中说服对方的客观标准，也是最有说服力的，因此，在谈判之前必须做好充分的准备。这里所说的市场行情是指标的物在市场中的平均成交价格。

（5）竞争者

凡经营都为利润，有利润就一定有竞争，自由流动的资本无一例外都是追逐利润的。竞争者及其行为时时处处都会产生作用，因此竞争者的信息对商务谈判的进程和结果至关重要。掌握竞争者的名称，买卖数量、品种规格、品质，竞争者的出价、经济实力，买卖谈判的成交弹性大小，以及竞争者其他与谈判有关的信息，都是必要的。

3.环境信息

任何组织和行为都是在一定的环境中生存和运行的，都必须与周围的环境发生物质、信息、能量的交换，谈判也不例外，因此，谈判的准备必然包括对相关环境因素的了解和掌握。法律、历史、风俗、物产、政治制度、商业惯例、宗教信仰、天文地理这些环境因素对谈判的影响作用是不可忽视的。

例如，在中东地区，人们普遍使用伊斯兰历，每年伊斯兰历的九月是斋月。斋月期间有很多风俗，如伊斯兰教徒在日出后就不能吃食物了，日落后才能吃食物，一日只能吃两餐。在斋月期间，工人出工不出力是普遍现象，这样施工的工期必然会延长。某建筑公司在某中东国家欲承建工程，不了解这一风俗，谈判中作出了按期完工，否则接受罚款的承诺；结果因为赶上斋月，无法按时完工而损失惨重。伊斯兰历中一年的天数少于公历，因此每年的斋月在公历中不是固定的，不能简单地套用以前的日期。

再如，不同国家有不同的法律，本国十分常见的现象在他国也许属于违法行为。20 世纪 70 年代，李小龙开创了功夫电影新时代，片中的江湖英雄及特有的中国黑色布鞋（俗称功夫鞋）一同受到了世界上很多国家影迷们的追捧，部分中国鞋厂因此生意兴隆，但在一些伊斯兰国家受到了挫折。1985 年，科威特报纸《Arab Time》报道，中国出口的功夫鞋销入科威特市场后，有人发现其鞋底的花纹设计得像阿拉伯文的真主圣名"安拉"，引发民众极大不满，科威特政府下令禁止进口该类货物。①

3.1.4 信息的搜集与加工处理

信息搜集的方法有很多，诸如通过网络、报刊、广播、电视、电话和实地调查等。这些方法都是基于信息来源的渠道归纳得出的，对于所搜集的信息状态，大部分教材都未进行深入探讨。在这里，我们试图另辟蹊径，从信息的状态入手探讨信息搜集的原理和方法。我们把对经过他人加工整理过的、公开的、现成的信息的搜集称为被动信息搜集；把对未经过他人加工整理过的、原始的信息的搜集称为主动信息搜集。

被动搜集的信息是不需要智慧的，是现成的，拿来就可以用；但是竞争者也会同时得到该类信息，所以信息的价值不大。主动搜集的信息不是现成的，是需要运用智慧进行加工整理的，竞争者未必同时能够得到，因此这样的信息价值较大。

"9·11"事件后的一周，纽约市场上平跟鞋脱销，中国制鞋业面临机遇。但是，这样的信息几乎没有什么意义，因为有众多的竞争对手和你一样同时得到这个信息，你并没有任何优势可言，而只有那些善于捕捉市场机会、善于思考、善于主动搜集信息的人才会获得先机。

20 世纪 80 年代末，世界咖啡价格暴涨，国内财经类报纸有专题文章进行详细报道，并提出茶叶是咖啡的替代品，茶叶未来市场看好，建议国内的茶叶企业抓住机遇，赶快组织货源，寻找国外买家，疏通渠道，争取抢先占领市场。这样的信息是经过他人加工整理的、公开的现成信息，在你获得的同时，你的竞争对手也获得了，大家都在同一条起跑线上，你并未获得先机，所以这样被动搜集的信息价值有限。实际上，在咖啡价格暴涨的前一年，媒体上就有关于哥伦比亚和巴西火山爆发与发生特大干旱的报道。这就是未经加工整理的原始信息，主动搜集就是利用智慧搜集原始信息并加工处理，作出如下推理：自然灾害→农产品减产→咖啡减产→出口减少→供不应求→价格上涨→替代品销量上升→茶叶销量上

---

① 叶世雄. 包装国际惯例［M］. 贵阳：贵州人民出版社，1994：60.

升。于是，对市场信息很敏锐的商家，提前半年左右就着手组织货源、寻找国际买家、疏通渠道，先于竞争者起跑。

买方如果获得卖方的价格下限，就会占据主导地位；卖方如果掌握了买方的价格上限，也会掌握主动权。买卖双方利益是对立的，所以在报价问题上总是对立的，即买方总是希望价格越低越好，卖方则相反。而价格的底线是商业机密，难以获得。要想获得卖方的价格下限，买方可以利用买卖的对立关系，转换角色，让卖方成为买方，这样其就会自己努力压低价格，透露出其底价信息了。同样，卖方也可照此操作。

在信息的加工处理过程中，还有一项非常重要的工作不能忽视，那就是信息的保密和伪装。前者是消极被动地防御，后者是积极主动地防御。商场如战场，信息是需要保密的，掌握了对方的秘密就掌握了胜利，为了胜利必须保密，伪装自己。这一点与心理学原理是一致的，只有掌握了对方的需要，才能掌握控制对方的行为。谈判中，自己的真实需要常常是保密的。孙子在《孙子兵法·始计篇》中明确地提出"兵者，诡道也"，并阐述了诡道的十二法：能而示之不能，用而示之不用，近而示之远，远而示之近。利而诱之，乱而取之，实而备之，强而避之，怒而挠之，卑而骄之，佚而劳之，亲而离之，攻其无备，出其不意。十二法中的前四法，皆与信息的保密和伪装有关。

> **小案例 3-2**
>
> 姜维问曰："若大军退，司马懿乘势掩杀，当复如何？"孔明曰："吾今退军，可分五路而退。今日先退此营，假如营内一千兵，却掘二千灶，明日掘三千灶，后日掘四千灶：每日退军，添灶而行。"杨仪曰："昔孙膑擒庞涓，用添兵减灶之法而取胜；今丞相退兵，何故增灶？"孔明曰："司马懿善能用兵，知吾兵退，必然追赶；心中疑吾有伏兵，定于旧营内数灶；见每日增灶，兵又不知退与不退，则疑而不敢追。吾徐徐而退，自无损兵之患。"遂传令退军。
>
> 司马懿谓诸将曰："吾料孔明多谋，今果添兵增灶，吾若追之，必中其计；不如且退，再作良图。"于是回军不追。孔明不折一人，望成都而后。次后，川口土人来报司马懿，说孔明退兵之时，未见添兵，只见增灶。懿仰天长叹曰："孔明效虞诩之法，瞒过吾也！其谋略吾不如之！"
>
> 资料来源 罗贯中. 三国演义 [M]. 3版. 北京：人民文学出版社，1973：735-736.
>
> 思考：
> （1）孔明增灶退兵之计与信息有何关系？
> （2）孔明增灶退兵对你有何启发？列举一个类似的典故，尝试说明其中的信息原理。

3.2　人员的准备

谈判人员是谈判行为的主体，也是谈判的进程和结果的决定性因素。因此，谈判人员的准备是非常重要的。

3.2.1　人员准备的原则

人员准备的目的是齐心协力，取长补短，形成合力，最大限度地发挥每个成员的作用，形成强有力的战斗群体。为了实现这样的目的，人员准备的原则有如下几点：

1.知识互补

谈判涉及技术、商务、财务、翻译、法律等诸多方面的知识，而人的知识面是有限的。俗话说：隔行如隔山。人的经历和学历的差异造成有的人实践经验非常丰富，有的人精通理论知识。在人员准备的过程中，要充分考虑这种知识的互补性，形成有效的合力。

2.个性协调

个性是人与人的本质区别。其包括气质、性格两个方面。

（1）气质

气质是一个人与生俱来的心理活动的动力特征[1]，表现为情绪体验的快慢、强弱、隐现以及动作的灵敏迟钝、短暂耐久等动力特征。[2]气质通常分为胆汁、多血、黏液、抑郁四种类型。[3]气质无好坏之分，不同的气质类型各有长短。[4]稳定的人不够灵敏，热情的人容易冲动，灵活的人往往不能耐久。所以，人员搭配要考虑到四种气质类型平衡。

（2）性格

性格是一个人在生活中所形成的对待事物的稳定的态度以及与之相应的习惯

---

① 鲁宾斯坦．普通心理学原理［M］．俄文版．莫斯科：俄罗斯苏维埃联邦社会主义共和国教育部教育出版社，1946：659.（转引自：胡德辉，叶奕乾，杨治良．现代心理学［M］．开封：河南教育出版社，1980：440）
② 四川师范学院中文系写作教研组．写作知识与作品分析（上册）［Z］．1975：293.
③ 古希腊的希波克拉底提出气质的体液说。
④ 杜祖鹏．工业行政管理［M］．北京：中国铁道出版社，1987：146.

化的行为方式。[①]性格是个性的核心，它决定人的活动的内容和方向。勤劳与懒惰、勇敢与怯弱、自信与自卑、宽容与狭隘等都是性格的表现形式。性格是有社会价值的，谈判人员应该具备顽强、坚韧、灵活、机智、勤奋等健康性格，或者形成健康性格的组合；冷漠刻板、孤僻多疑、急躁好斗、心胸狭窄、自负固执、傲慢轻敌的性格是不适合谈判的。

气质与性格常被人们混淆，二者的区别如表3-1所示。

表3-1   **气质与性格的比较**

气质	先天遗传作用形成	有解剖学意义	无社会价值	决定心理动力特征
性格	后天学习作用形成	无解剖学意义	有社会价值	决定心理内容和方向

资料来源 作者自己编写。

拓展阅读3-1

3.具有法律效力

谈判是为了获取利益（得到对方的承诺），谈判结果需要法律的约束。法律是重证据的，谈判的最终结果是具有法律约束力的文本文件，文件的签字人是有法律规定的，不符合规定的将是无法律效力的。最终签字者必须具有法人或法人代表的资格；如果委托他人代理，则必须出具委托书，并注明代理的内容、目的、要求和期限。

3.2.2   商务谈判人员的个人准备

个人准备是指遴选适合商务谈判的人员。正确认识谈判需要的人才及其品质是遴选的前提和基础。

---

① 薛素珍，柳林. 儿童社会学［M］. 济南：山东人民出版社，1985：28.

人的全面发展是由知识、能力、素质三个层面构成的（如图 3-2 所示）。

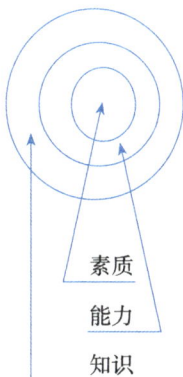

图3-2　人的全面发展示意图

资料来源　作者自己设计绘制。

　　知识是对世界的认识和经验的总和。知识是最外层的，是发展的基础；知识是最容易获得的，也最容易遗忘。

　　能力是胜任某项任务的心理品质。能力是由知识内化而形成的，是对知识的整合和调度。有的人有知识但用不上，知识需要能力的整合和调度。

　　素质是人内在的、本身的心理品质，是在无意识的状态下自然表露出来的品质。素质分为先天遗传形成的生理素质和后天学习内化而成的人文素质。通常所说的素质是指人文素质。

　　能力经过内化就形成了素质。素质也是对知识的整合和调度，这与能力的功能是相同的；但与能力相比，素质是无意识的、不自觉的、自动的，类似于本能，是社会化了的本能或本能的社会化，是人的全面发展比较高的境界。素质和能力都是人本身的品质，知识是暂时存储的，还不能真正算是自身的。知识是较低层次的要求，素质则是较高层次的要求。有知识未必具有素质，有素质就很容易获得知识。

1. 商务谈判人员的知识要求

（1）商务知识

　　商务谈判人员需要系统掌握市场营销、国际贸易、国际金融、商检、海关、国际商法、物流、保险等方面的知识。

（2）技术知识

技术知识包括商品学、工程技术、计量标准、环境保护、物理、化学、生物等方面的知识，尤其是涉及谈判标的物的知识。

（3）人文知识

商务谈判是利益的分配，是人与人的合作、人与人的交往，所以商道即人道。谈判人员必须精通人性、人道，具备相当的心理学、社会学、语言学、哲学等学科的造诣，还要熟知对方的风俗习惯、宗教信仰、历史传统、商务惯例、语言习惯等。

2. 商务谈判人员的能力与素质的要求

能力与素质可以分为智力和非智力两个方面，前者又称智商，后者又称情商。

（1）智商

属于智商的能力与素质有：

❶ 思维能力。这是所有能力的核心和基础。思维能力低下，其他的能力都不会高。概念、判断、推理、论证是思维活动的基本构成，一个优秀的谈判者在思维活动中应该是概念明确、判断准确、推理符合逻辑、论证具有说服力的。逻辑的力量是巨大的，任何一个讲理的人在客观事实和严密的逻辑推理面前都是无法抗拒其结论的，除非是不讲理的人。

❷ 观察能力。谈判人员要善于在沟通中洞悉对方的需要（利益）所在，做到善解人意，善于发现与谈判有关的因素及其变化。只有善于观察，才能寻找和利用尽可能多的有利于己方的因素。

❸ 理解能力。这是指能够准确地读懂对方的能力，是把复杂的、头绪纷繁的、利益对立的问题理清，使之简单化、明确化的能力。理解问题是解决问题的前提和基础。

❹ 分析能力。这是指将谈判的议题或者难题分解成简单的组成部分，找出这些部分的本质属性和彼此之间关系的能力。谈判中会有很多的矛盾，通过分析才能分清主要矛盾和次要矛盾，理清原因与结果、形式与内容、现象与本质、局部与整体、可能性与现实性、偶然与必然等诸多复杂的逻辑关系，从而找到有效地解决问题的方案。

❺ 表达能力。这是指用语言将思维的过程和结果正确、清楚地反映出来的能力。谈判是沟通的过程，沟通包括口头表达和书面表达两种形式。谈判的过程以口头表达为主，谈判的结果以书面表达为准，两者都很重要，缺一不可。

❻ 解决问题的能力。这是指面对谈判难题善于寻找解决方法，善于创新、

另辟蹊径的能力。

❼应变能力。这是指面对事先没有准备的突发事件沉着冷静、灵活机智的应对能力。

（2）情商

在现实社会中，仅有智商是不够的，因为资源有限，欲望无限，竞争时时处处都存在，不顺心的事情和挫折是必然存在的，除了智商外，还需要情商。

美国心理学家彼得·塞拉维（Peter Salovey）认为，情商包括以下几个方面的内容：

一是认识自身的情绪。因为只有认识自己，才能成为自己生活的主宰。

二是能妥善管理自己的情绪，即能调控自己。

三是自我激励，它能够使人走出生命中的低潮，重新出发。

四是认知他人的情绪。这是与他人正常交往、实现顺利沟通的基础。

五是人际关系的管理，即领导和管理能力。

当人们的智商相差不大时，情商就成为更重要的心理品质了。

谈判人员应该具备以下几种属于情商的能力与素质：

❶自信心。这是指自己相信自己的心理品质。自信心是顽强、坚持、进取的基础和动力。自信心来自自身的实力、充分的准备、长期以来形成的良好的心理素质。轻视对方和客观条件、固执己见、盲目自大、过分地相信自己，就不是自信了，那是自负。

❷自制力。这是指能够自觉地控制自己的情绪和行动的能力。自制力表现为能够克服紧张、恐惧、犹豫、畏难、放弃等不利于实现谈判目标的消极情绪，还表现为能抑制愤怒、激动、冲动的过激情绪和行为。与之相反是任性，即放纵自己的情绪，对自己的言行不加约束，其结果往往因过于情绪化而不够理性，造成错误。谈判过程中经常有各种各样的诱惑和陷阱，类似"逢吃必喝，逢喝必醉，逢醉必乱"的缺乏自制力的人是不能委以谈判任务的。

❸顽强柔韧。顽强是指在困难面前坚强、不低头；柔是柔软，容易变形；韧是虽然容易变形但不变质、不断裂，且能够很好地恢复原状。单纯坚强容易折断，单纯柔软容易变形扭曲，既坚且韧，方能百折不挠。利益对立的谈判，必然会针锋相对、激烈对抗，困难和挫折是少不了的，谈判人员必须有坚强的品质。谈判同时是利益的合作，获得权益与履行义务是辩证的，有时也需要忍辱负重，能屈能伸。

❹平等尊重。谈判的实质是平等的交换，因此，平等尊重是谈判人员基本的心理品质。平等尊重不是口头上的，而是在行为中的；不是有意识做出来的，而是在无意识状态中不自觉地自然表露的。人人生而自由，在尊严和权利上一律

平等。不论什么谈判对手（不同的地位、职务、学历、收入）都必须平等地、尊重地对待他们。具体来说，就是尊重对方的权益、意见、习惯、文化等，当然也要维护自己的民族尊严和人格尊严。面对实力强大、蛮横无理的对手，绝不奴颜婢膝、低三下四。平等尊重也是人际交往的基本原则、人类的基本需要、人性的体现，更是追逐谈判利益的必要条件。

3.2.3　商务谈判人员的组织准备

商务谈判面对的是利益对立与合作的问题、博弈的过程、复杂的脑力劳动，所以需要多人参与，形成一个有效的谈判团队。

1.组织的规模

谈判人数没有固定的要求，根据实际情况而定。其基本的思路是：不能太少，人数太少，智慧不够，声势太小，也影响士气；也不能太多，太多难以控制、协调。心理学原理显示，人的注意力和知觉的宽度上限是7，因此，人员规模一般不要超过7人，一般来说，3~5人是比较理想的。

2.组织的结构

谈判团队一般应该由如下人员构成：

（1）技术人员

技术人员一般是指熟悉生产、产品、技术的技术员或工程师，负责与生产、产品、技术、服务有关的问题的谈判。

（2）商务人员

商务人员一般由熟悉贸易惯例、了解市场行情、富有实战经验的业务员、厂长或经理担任。商务人员是谈判的主力，其业务素质和能力对谈判的进程和结果至关重要。

（3）法律人员

法律人员一般由企业聘请的法律顾问或者熟知法律知识且有法律实践经验的人员担任。他们负责严把条款的文字关，杜绝法律漏洞，维护应得的权益。

（4）财务人员

财务人员一般由本企业的财务人员担任。财务人员要牢牢地把握住谈判的盈利底线，提供财务数据，当好参谋，确保谈判利益的获得。

（5）翻译人员

在国际商务谈判中，语言沟通比较特别，除了语言本身的差异之外，还有很多语言之外的文化差异，因此需要翻译人员具有比较全面的人文知识和沟通经验、能力。在某些国内的商务谈判中，由于方言的差异，翻译人员也是必不可少的。

（6）记录人员

记录人员由思维敏捷、手脚麻利，最好是会速记的人员担任。记录的作用不仅是保留谈判的资料，而且是下一步谈判准备的依据。现代的录音工具仍然代替不了手工记录：一是电子机械难免发生故障或受到干扰；二是在使用时声音文件还需要转换成文本文件。

（7）谈判领导

任何组织的活动需要计划、组织、指挥、协调、控制，这就需要有领导者。

上述成员可以是专职的，也可以是兼职的，根据需要，一个人可以兼任数职。

3.3　谈判方案的准备

有了充分、及时、准确的谈判信息和合适的人员，就有了一定的谈判实力，要取得谈判的胜利还需要准备适宜的谈判方案，目的是将己方的谈判实力优化整合，使谈判顺利进行，并取得尽可能理想的结果。

3.3.1　谈判方案准备的原则

谈判方案是对谈判的具体内容、步骤事前所作的安排，是谈判行为的操作指导手册。所有的谈判人员在谈判方案的指导下，明确目标，统一口径和行为，进退有度，分工协作，有条不紊，灵活机动，有理、有利、有节。谈判方案准备的具体原则大体如下：

1.准确简明

方案是为了指导和统一所有成员行为的，所以，方案的行文措辞必须准确无歧义，简明易记。大型谈判议题有多个，需要同时分开举行，谈判成员处于独立操作、各自为政的状态。这时谈判方案的作用非常重要，准确简明才能保证谈判中各成员口径统一、步调一致，形成合力。

69

2.抓大放小

商务谈判议题中的内容有很多，方案不应该也不可能面面俱到，要抓住主要矛盾，抓住关键问题，细枝末节可以忽略。如果什么都想抓住，那么最后什么都抓不住。

3.灵活性与原则性兼顾

谈判具有较强的艺术成分，艺术的过程有很多未知的影响因素，是不可重复、不可复制的，没有固定的模式。谈判中各种影响因素千变万化，难以预测控制。谈判的方案不可能把所有的过程细节和结果都事先拟定清楚，所以谈判方案应该具有灵活性。谈判是经济行为，是为了特定的谈判利益，所以在具有灵活性的同时必须制定相应的原则。例如，确保价格的某一底线，交货期限必须保证，法律资格和程序必须完备等。

3.3.2　谈判议题与目标的准备

谈判议题是谈判双方面对的问题，谈判之前必须先明确问题，即明确双方可能会在哪些方面对立，在哪些方面具有共同利益，问题的焦点在哪里，对方的可能立场和利益是什么，我方的立场和利益是如何表述的，双方要解决的问题是如何表述的。为了更好地做好具体的议题准备，可以参照合同的标准文本。例如，对产品的购销谈判，可以先找一份购销合同的标准文本，对照标准条款，逐一准备。

任何商务谈判都是有目的的，都是为了获得利益。目的是行为主体主观想要达到的结果，谈判目的是谈判之前谈判主体主观上欲达到的谈判结果。目的设定得是否合乎客观现实，在很大程度上影响着谈判的进程和结果。目的不明确，就无所谓好的手段。只有确定了适当的目的，才能制定和实施有效的手段。

目的往往是比较笼统、抽象的，目的需要具体化才能具有操作上的指导意义。盈利是所有企业的共同目的，但盈利对具体的经营行为缺乏指导意义。盈利是抽象的，具体化为销售额、市场占有率、利润率等数据指标才具有操作上的指导意义。商务谈判亦是如此，谈判目的需要通过设定谈判的目标来实现。谈判目标的内容随谈判的内容而定，可以是购销的数量、价格，交货的日期，结算支付的形式，检验的标准，产品的质量及其认定，资金的数量、到位的期限等。研究一般性谈判的目标，我们可以抛开个别具体的目标，通过分析提取出共有的、本质的东西，那就是谈判的目标及层次。没有目标，谈判成员的行为缺乏指导，不能统一，难以形成合力；有目标，但目标无层次，谈判中会缺乏变通和灵活性，会失去谈判的主动性。谈判都应设有谈判的目标，目标都应该设置三个层次：最高目标、可接受目标、最低目标。

1.最高目标

最高目标是对主体最有利的目标，即把所有的影响因素都往最好的方向设想所得出的结果，带有一定的主观感情色彩，也可称理想目标。由于利益的对立及谈判对方的努力，最高目标几乎是不能实现的，但这并不重要，重要的是，它的存在好似航行中的灯塔，可以起到引导和激励行为的作用，还可以作为讨价还价的筹码，使己方在谈判中处于主动地位。无数事实也证明，人的行为深受目标的影响，有什么样的目标就会有什么样的结果，目标水平设定的高低与行为结果成正相关关系。

2.可接受目标

可接受目标是对所有谈判因素客观、理性、冷静地分析论证之后确定的目标，它是一个区间范围。这个区间范围对谈判双方而言，是比较公平合理的，是应该能够接受的。

3.最低目标

这是谈判的最低要求，如果这个目标不能达到，谈判就失去了意义；低于这个目标，宁愿放弃谈判也不能接受。

可接受目标以上是最高目标，以下是最低目标。最高目标是召唤、激励；最低目标是利益安全的防线，是谈判的底线。

3.3.3　谈判议程的准备

谈判议程包括谈判日期和时间的安排、谈判议题的顺序安排以及通则议程与细则议程的内容等。

1.谈判日期和时间的安排

文化因素对消费行为有着重要的影响作用，很多风俗习惯都和某一特定的日期有关；延误了日期，就会造成损失。因此，谈判日期的选择显得非常重要。在与欧美国家的国际贸易中，圣诞节是一个非常重要的日期，圣诞节一过，相关的商品就会贬值；中国的春节、元宵节、端午节、中秋节也是如此。除了风俗外，有时还要考虑市场行情及其变动趋势、政策变化的可能性、国际局势的波动等因素。

谈判日期确定后，还要安排谈判的时间，即整个谈判计划用多少时间，是否需要分阶段进行，需要分几个阶段，每个阶段需要多少时间。如果谈判耗时较长，中间应该穿插安排一些文体活动，以利于调整放松、增进了解、活跃气氛、激发创意，实现双赢合作。

谈判时间不能过短，也不能过长。过短则双方在时间压力下，难以产生双赢方案达成协议；过长则会产生懒散拖沓现象，人在没有时间压力的状态下会滋生惰性，最终导致谈判成本过高，没有效率，浪费资源。

2. 谈判议题的顺序安排

商务谈判往往会有多个议题，议题之间有多种关系，有因果关系、并列关系、从属包含关系、时间顺序关系、对立关系、必要条件关系、充分条件关系、充要条件关系；议题之间有主要矛盾和次要矛盾之分，有轻重缓急之别，有难有易。有时需要先主要矛盾，后次要矛盾，有时需要先重后轻，有时需要先急后缓。一般而言，先易后难比较普遍，也比较合理。因为谈判既有对立又有合作，先易后难有利于营造和谐友好的气氛，有利于合作，从而实现双赢。容易产生争议的问题一般不放在谈判的前期。总之，理清议题之间的逻辑关系是谈判议题顺序安排的前提和基础。

3. 通则议程与细则议程的内容

（1）通则议程的内容

通则议程是谈判双方共同执行的谈判日程安排，可以由一方先提出，后经双方协商同意后共同执行。通过对谈判日程的安排可以发挥己方的谈判优势，所以双方一般都会重视通则议程的内容。通则议程含有以下内容：

❶ 谈判的参与人员名单，其中，人员的职务和人数是关键；

❷ 谈判起止时间，如果是多日的谈判，则包括各个分阶段时间的安排；

❸ 双方谈判讨论的中心议题，尤其是第一阶段谈判的安排；

❹ 列入谈判范围的各种问题及问题谈判的顺序；

❺ 谈判地点及招待事宜。

（2）细则议程的内容

细则议程是参加谈判策略的组成部分，是己方人员的谈判行动指导书，是不对外的。细则议程内容包括：

❶ 谈判中统一的口径，如发言的观点，文件、资料、数据的说明与解释；

❷谈判过程中可能出现的各种情况的预测和对策安排；

❸己方发言的策略，如何时提出问题，提出什么问题，向何人提问，谁来提问，谁来补充，谁来回答对方问题，谁来反驳对方进攻；

❹什么情况下要求休会；

❺准备一些什么样的借口来回绝对方可能提出的难题；

❻谈判人员更换的事先安排；

❼己方谈判时间的策略安排；

❽对方谈判人员的兴趣爱好、特长、家庭情况、性格弱点等可利用的个人资料。

3.3.4　谈判场所的准备

谈判场所的准备包括谈判地点和谈判会场两个方面。

1. 谈判地点

谈判地点从管辖范围的角度可以简单地划分为主场、客场、中场三种情况。

主场在自己的辖区，熟悉环境，与上下级之间的信息沟通方便迅捷，各种谈判资源调动起来方便，不需分散精力去适应环境，有安全感。

客场谈判虽然有诸多不利，但也有一些主场不具有的优点，如可以了解和掌握对方的与谈判有关的一手资料，有利于接触到对方的高层领导，谈判被动时寻找各种借口比较容易。

综合来看，谈判地点的选择顺序应该是：首先选择主场，但在实际操作中，对方往往会极力反对。双方都有主场的愿望时，为公平起见，可以选择中场。相对来说，客场是最为不利的，客场应该在中场之后，作为最后的选择。

2. 谈判会场

谈判会场是谈判双方直接接触的场所，会场的环境对谈判的进程和结果有着不可忽视的影响作用。会场的环境包括房间、座位等方面。

（1）房间

理想的谈判会场房间应该由如下三个部分组成：

❶公共区域。其类似住宅的客厅，不妨称作会客厅，双方代表在这里可以休息、聊天，谈论谈判以外的话题，互相认识了解、增进友情、融洽气氛、合影留念等，属于一个轻松休闲的社交区域。公共区域要求宽敞、明亮、通风，还可以播放一些休闲音乐，摆放一些水果、茶点和鲜花。

❷主谈室。正式的谈判在主谈室举行，双方在这里时而唇枪舌剑、针锋相对，

时而满面春风、和谐融洽，因此对主谈室的要求最高，并且有一些特别的要求。

首先，必须保证舒适。长时间针锋相对，构思双赢的解决方案，人员很容易疲劳。舒适的会场能够保证谈判的效率，有利于创意的产生。温度要适宜，一般认为15℃和25℃是适宜温度的下限和上限；超过这个范围，人就会不舒服，工作效率会明显降低。光线要充足，色调柔和，避免光线过强刺眼，也避免色调反差过大而造成视觉疲劳。空气要流通、新鲜。房间要宽敞，但不宜太大；否则，声音发散，听和说会感到吃力。要有热饮供应。

其次，要考虑到谈判的私密性。商务谈判的内容对外界而言都是商业机密，双方都不希望内容外泄。主谈室的门窗应该尽量少些，窗户最好都安装密闭性能好的窗帘。主谈室应该位于比较僻静之处、人员较少之地，避免无关的过往人员干扰。不要安装电话，以免打扰谈判的进行，也不要安装录音设施；否则，谈判人员会有顾虑，从而影响创意的产生。

最后，要考虑到谈判的便利性。谈判中有些问题的阐述和解释需要借助一些设备，所以主谈室内可以考虑安装电脑、投影仪、显示屏、麦克风、功放等，以提高谈判的效率。

❸单方使用的休息室。谈判有时会持续很长时间，有时会出现僵局，双方代表需要休息和内部磋商。单方使用的休息室功能有两个：一是休息；二是内部磋商。

休息室的光线不要太亮，太亮会刺激神经更加兴奋，不利于解除疲劳。休息室内最重要的摆设应该是宽大舒适的沙发。休息只是现象，本质是更好地解决问题。休息只是形式，互通信息、评估现有的谈判成果、商量下一步对策才是内容。因此，休息室一定要有两个，好让双方谈判人员分开单独使用。

休息室应该在主谈室附近。休息室对私密性的要求更高，也可称密谈室。休息室的门窗一定要完好，窗帘要配齐，且能够密闭窗户，房间一定要隔音。休息室内最好安放一些便于人员开会讨论的桌椅等办公设施，并提供一些必要的纸笔文具。东道主切不可在休息室内安装窃听器，靠违法的手段获取谈判利益是不稳定的、不可持续的，也必然会受到法律的制裁。害人之心不可有，防人之心不可无。作为客场谈判人员，要有自我保护意识，提高警惕，注意防范在休息室内泄露重要信息。

（2）座位

座位安排是谈判礼仪的一个组成部分，也是谈判场所准备中不可缺少的一项，它对谈判气氛的形成、谈判的结果也会产生一定的作用。

主座又称上座，任何座位安排都是围绕它进行的。主座是最舒适、安全、显赫的座位，一般都是面对正门的座位。平等是谈判的基本属性。如在主场谈判，主人已经占有诸多便利和优势，为了体现平等的原则，舒适、安全、显赫的座位就应该礼让给客方。如果主客座位如图3-3所示，客人应该对门而坐，主人则背门而坐；如果主客座位如图3-4所示，双方都侧对正门，客人应安排在入门的右侧，因为国际惯例以右为上。

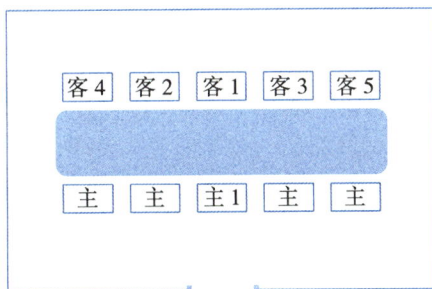

图3-3　主客座位示意图（一）

资料来源　作者自己设计绘制。

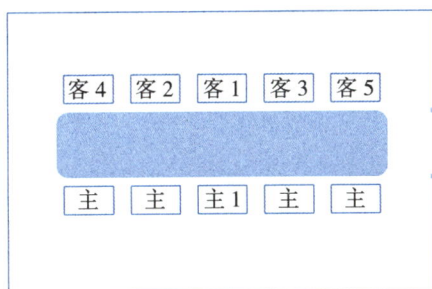

图3-4　主客座位示意图（二）

资料来源　作者自己设计绘制。

座位排序也是座位准备的一个问题。按照以右为上的原则，主座右手边的位置仅次于主座，主座左手边的位置排在第三位，其他依次类推。商务谈判属于公务活动，与座位排序相对应的人员则是以职位高低为准。有一点需要特别说明，以右为上是国际通行的惯例，在我国国内的政务场合，则是相反的，即以左为上。在实际操作中要注意区别对待，不要搞混淆了。我方谈判人员的座位安排原则上也是以职位高低依次就座，但是考虑到谈判的效率和方便，也可以考虑双方相对应的谈判人员正面相对而坐，甚至根据对口的议题双方谈判人员混杂交叉就座。另外，座位安排还要考虑双方座位保持适当的距离，以1.2米~2.1米为宜，过远会产生疏远感，影响交流的效果，不利于形成友好、和谐、融洽的谈判气氛；过近又会产生不安全感，影响己方人员的内部信息沟通和意见交换，也不利于谈判的进行。

关键词

　　信息量　谈判信息内容　信息的主动搜集法　信息的被动搜集法　谈判议程　主座

复习与思考

第3章即测即评

一、简答题

1. 为什么说谈判的准备主要是信息的准备？

2. 信息的作用和意义分别是什么？如何度量？

3. 如果你从事信息工作，那么如何提升信息的价值？

4. 举例说明如何主动搜集信息。

5. 个性、性格、气质之间是什么关系？

6. 作为谈判人员的品质，你最看重哪些？为什么？

7. 简述谈判中的座位及其安排原则。

8. 谈判目标为什么要有层次？

9. 对某位同学进行气质测试，并从气质的角度探讨与其和谐相处之道。

10. 田忌赛马胜利的主要原因是什么？

11. 从内容上看，信息量的大小主要取决于哪些因素？

12. 为什么客方谈判人员应该安排在上座？

13. 对照谈判人员应有的品质，分析自己存在哪些差距，并设计一个改善的方案。

案例1 日本搜集大庆油田情报揭秘

一、从报道中得知"大庆"诞生

20世纪50年代末60年代初，日本商人对我国的石油生产情况十分关心，为此进行了大量的情报活动。他们尤其关注中国的新油田的生产情况，但一时得不到该油田的确切情报。

1964年4月20日，某报发表了长篇通讯《大庆精神大庆人》。日商从中获悉我国又有一个新的大油田，名字叫"大庆"。但是，大庆油田究竟在什么地点，这在当时是秘而不宣的，日本商人还没有材料，不能作出准确的判断，他们只好继续进行情报搜集活动。

二、从照片中判断油田大致地点

这篇通讯附有一张"铁人"王进喜等5名先进工人的合影照片，照片的文字说明是"大庆油田建设初期的五面红旗"。日商根据这张照片中王进喜等人穿的大棉袄和戴的棉帽断定，大庆油田不会在南方，应该是在冬季气温为零下20多摄氏度的东北地区。

这篇通讯另有一张照片，画面为一列列并排的原油罐车正整装待发。照片的文字说明是"大庆油田的原油装车待运"。为了进一步调查证实，日本商人进行了很多调查研究。他们当然到不了大庆，因为当时的大庆尚未向外国人开放；但是，日商可以到北京。后来到北京的日商乘火车时发现，那张照片中的原油罐车上有一层很厚的尘土。在北京火车站，日商从停着的一辆辆满载石油的油罐车上取下一些尘土，作为样品拿回国去化验。从尘土的颜色和厚度来看，证实了他们的判断："大庆油田大致在哈尔滨与齐齐哈尔之间。"

1966年7月的某画报刊登了一幅"铁人"王进喜的照片，只见他头戴大皮帽，身穿大皮袄，背景是冰天雪地。日商根据他这身服装，再次证实了大庆油田在东北北部。

三、从通讯文字中推断具体地点和油田产量

1966年10月某杂志的第76页上有一篇歌颂大庆人的通讯，其中在介绍王进喜的事迹时有这么一段：

王进喜一进马家窑，望着一片荒原，兴奋地说："好大的油海！这一下可以把石油工业落后的帽子甩到太平洋去了！"

这段报道和这句豪言壮语给日商提供了两份情报：

（1）大庆油田在马家窑；

（2）这是一个产量非常大的油田，产油量大到足以改变中国石油工业落后的面貌，打破外国对中国的经济封锁。

日商于是从东北沦陷时期的军用地图上查到"马家窑"是位于黑龙江省海伦县①东南的一个小村子，并在马家窑附近查到一个火车站，叫安达车站，马家窑就在北安铁路上这个小车站东边大约5千米。日商因此判断："最早是在安达东北的北安附近开始钻井的。"于是，日商终于查明了大庆油田的地理位置：马家窑位于大庆油田的北端，即北起海伦县的庆安，西南穿过哈尔滨与齐齐哈尔铁路的附近，包括公主峰西南的大来，南北400千米的范围，统称大庆油田。

四、从"铁人"行踪得知开采时间

具体地理位置确定后，日商开始分析大庆油田的开采时间。他们对王进喜的事迹报道作了进一步分析，并决定跟踪王进喜的行踪，以便从中找出大庆油田的开采时间。

有关报道：王进喜是甘肃玉门人，1938年在玉门油矿当学徒工，中华人民共和国成立后任钻井队队长，1956年加入中国共产党，1959年9月作为全国劳动模范到北京参加国庆活动，并于1959年10月1日出席全国群英会，登上了天安门城楼观礼台。在这以后王进喜的经历就不见报道了。日商推断：被群众誉为"铁人"的王进喜是在1959年10月以后参加大庆油田大会战的，所以保密。他们推断，大庆油田的开采时间大概在这段时间。1964年4月20日，某报发表的通讯《大庆精神大庆人》一文中说："40来岁的王进喜是在1960年3月奉调前往大庆的。1960年3月他在大庆参加石油大会战，率领钻井队从玉门到大庆，克服重重困难，在大荒原上竖起了第一座井架，并打出第一口喷油井。"日商又找到1964年4月25日的中国报纸，从通讯《永不卷刃的尖刀——记大庆油田的一二○五钻井队》中知道：大庆油田的第一口油井是在1960年春天开钻的。日商判

---

① 1990年1月11日，正式撤县设市。

断：大庆油田1959年就探明了，是为了向国庆十周年这一大庆献礼而命名的。

事实正跟日商判断的情况相差无几：1959年9月26日，我国一支石油勘探队在松辽平原探明地下蕴藏有开采价值的原油，而且储油量非常高。于是，我国决定在这里开发油田，这是一个特大型油田。有趣的是，勘探队最初探明原油并挖出第一口井的地方正好跨两个镇，而这两个镇名称的头一个字分别是"大"和"庆"，勘探队就将这个油田拟名为"大庆"上报黑龙江省委。当时的黑龙江省省长说，1959年正好是中华人民共和国成立十周年，就把这个油田叫"大庆油田"吧。

五、从烟囱内径匡算炼油规模

1966年7月某画报刊登了一张大庆炼油厂的照片，照片中有一个炼油厂的烟囱，日商就是通过这张照片匡算出大庆炼油厂的炼油规模的。其匡算的方法是：烟囱旁边有扶手栏杆，他们分析出扶手栏杆一般高度为1米多点，以扶手栏杆和烟囱的直径相比，得知烟囱内径是5米，因此日商推断该炼油厂的加工能力为每日900立方米。如果以残留油为原油的30%计算，原油加工能力为每日300立方米，一年以330个工作日计算，年产量约为100万立方米。当时大庆油田已有820个井出油，年产量是360万吨，日商估计到1971年大庆油田的年产油量将达1 200万吨，以后年产油量最多可达5 000万吨。[①]

六、准确的情报分析使日方获得商机

根据这个油田出油能力与炼油厂规模，日商推断：中国在当时必然感到炼油设备不足，买日本的轻油裂解设备是完全可能的，所要买的设备得满足每日炼油1万立方米的需要。中国当时的产油能力远远超过炼油能力，要解决这个矛盾有两个方案：一是出口原油；二是进口炼油设备。日本资源贫乏，十分紧缺原油，正愁找不到原油，而一衣带水的中国生产原油过剩，正好可以出口到日本。日本工业发达，产品急需寻找市场，有人要买其炼油设备，那是最好不过的事。

---

① 2000年大庆油田完成油气当量5 500万吨。

于是，日本很快派出两个代表团到中国进行经济贸易：一个是谈判购买我国原油的经贸代表团；另一个是向我国出口炼油设备的经贸代表团。不出所料，谈判一举成功，日本从而获得了很高的经济效益。

资料来源　[1]吉林省医学情报研究室.科学研究基本训练［Z］.1978：127.［2］《科技情报工作概论》编写组.科技情报工作概论［M］.北京：科学技术文献出版社，1984：330-332.

问题：

1.日本人的这种信息搜集方法有什么特点？

2.能否列举一两个类似的案例，并谈谈从中得到的启发。

案例2　　　　　舍近求远

J市位于长江中游，是一个沿江城市。1998年夏天，长江发生涝灾，沿江堤坝一处被冲出一个决口，滔滔江水，汹涌澎湃，涌入市内。解放军奋勇当先，力挽狂澜，暂时堵住了缺口，但险情仍在，再次溃坝随时会发生，急需聚丙烯编织袋10万条。抗洪抢险指挥部立即组织人员外出采购。期间为防止溃坝意外，投入了大量的人力、物力和财力，市民提心吊胆、惊恐不安，指挥部的领导则在焦急地等待这批应急物资。第3天，编织袋才从河南的中原油田某化工厂如数购回。其实，本市近在眼前的一家化工厂的仓库里，正躺着30万条滞销的聚丙烯编织袋。指挥部领导得知这些后，后悔不已。如果在本地这家化工厂购买，这次采购谈判的结果会好得多，不仅可以节省采购成本费用，还能节省两天的时间，那么全市可以节省的人力、物力和财力真是无法计算啊！

资料来源　作者2000年在该化工厂调研时获知此案例。

问题：

1.舍近求远采购编织袋的谈判，是一次失败的谈判，问题出在哪里？与什么谈判原理有关？

2.从这个案例中能否抽象出具有一般意义的普遍规律？

第4章

国际货物销售合同谈判

内容体系

学习目标

点睛之笔

4.1　销售合同概述

4.2　国际货物销售合同谈判的主要内容

思政园地

关键词

复习与思考

商务
谈判

BUSINESS
NEGOTIATION

⬤ 内容体系

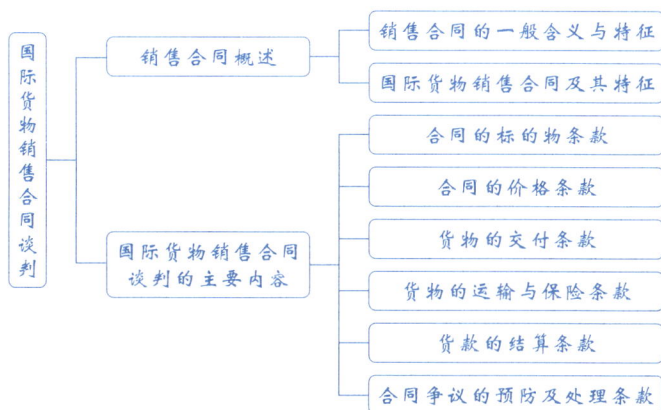

⬤ 学习目标

- 掌握国际货物销售合同谈判的主要内容
- 了解销售合同和国际货物销售合同的特征
- 应用商务谈判技巧对有关国际货物销售合同的主要条款进行磋商

⬤ 点睛之笔

谈判的各种结果都需要有法律的约束和保证，法律需要证据。
销售合同是一种具有法律约束力的文本文件。其核心是确认双方各自的权利和义务。

4.1　销售合同概述

　　国际商务谈判的内容很广泛，包括货物买卖、技术贸易、工程承包、租赁、合资、合作等，其中货物买卖谈判比较常见，也比较具有代表性。因此，在研究国际贸易谈判的内容时，可以以国际货物销售合同的谈判为重点。国际货物销售合同是国际贸易中一种重要的合同，它被广泛运用于社会经济生活的各个领域，在整个合同家族中数量最多，使用频率最高，所占比重最大。因此，国际货物销售合同的谈判是国际商务谈判中的一个重要课题。

4.1.1 销售合同的一般含义与特征

1.销售合同的一般含义

合同是民事主体之间设立、变更、终止民事法律关系的协议。销售合同是出卖人转移标的物的所有权于买受人，买受人支付价款的合同。

2.销售合同的基本特征

销售合同一经签订，就具有法律约束力，订立销售合同的双方当事人之间发生了权利和义务的法律关系。因此，销售合同具有合同的一般法律特征。

销售合同是合同当事人之间的一种协议，从法律上来说是合同双方或多方的意思表示一致，或当事方事实上达成的合意。合同是一种民事法律行为。销售合同是具有法律约束力的一种协议。它依法成立，双方各自享有权利和承担义务，具有法律效力，双方都得遵守。合同当事人如果不履行自己的合同义务，另一方当事人就可得到法律上的救济，或依法强制其履行，或承担违约的责任。

3.销售合同的特殊特征

（1）是转移货物所有权的合同

货物买卖是通过市场将货物和货币相交换。卖方用货物换得货币，买方用货币换取货物，这时货物的所有权从卖方转移到买方。货物所有权的转移是销售合同主要的、本质的特征，它区别于租赁合同、保管合同、运输合同的货物的所有权不转移的特征。

（2）是货物与价款对等交换的合同

卖方失去货物所有权而换得对等于货物买方的货款；买方支付对等于货物的价款，才换得卖方货物的所有权。这时货物买卖双方均认为货物与价款是对等的，即等价交换。

（3）是诺成合同

诺，即承诺；成，是成立。诺成合同是指仅以当事人各方意思表示相一致为成立要件的合同。[①]销售合同是双方当事人对合同条款通过磋商、表示认可、取得一致意思表示即可成立的合同。销售合同的双方当事人意见达成一致，还必须通过鉴证、公证、主管机关核准登记，才开始发生法律效力的合同属于诺成合

---

① 宋炳庸. 经济合同法讲座［M］. 延吉：延边大学出版社，1987：8.

同。诺成合同不同于赠予、借贷等需要标的物的实际交付才能成立的实践合同。

（4）是非要式合同

要式合同是指法律要求必须具备一定形式和手续才能成立的合同。非要式合同则指法律不要求具备一定形式和手续就可以成立的合同。其划分的依据是是否须采用特定方式。销售合同在运用中一般不需具备一定形式和手续，一般为非要式合同；也有少数销售合同，法律规定应采用书面形式，要求鉴证或公证，或必须通过有关国家机关审批。

4.1.2 国际货物销售合同及其特征

国际货物销售合同是指营业地在不同国家的合同当事人所订立的货物销售合同。它与国内货物销售合同相比，具有以下特征：

1.当事人的营业地分别处在不同的国家

订立国际货物销售合同的当事人在不同的国家设有营业地，不论合同当事人的国籍如何。对此，《联合国国际货物销售合同公约》[①]第 1 条规定："本公约适用于营业地在不同国家的当事人之间所订立的货物销售合同。"把营业地作为区分一份合同是"国际"合同还是"国内"合同的标准，是现时许多国家立法或国际条约中规定的最主要的标准。如果当事人没有营业地，则以惯常住所地的标准确定。例如，具有英国国籍的两个商人 A 与 B，A 商人在伦敦设有营业地，B 商人在加尔各答设有营业地，他们之间签订的买卖茶叶的合同为国际货物销售合同。又如，在中国设有营业地的某外商投资企业与中国北京某公司所订立的购买原材料合同，严格说来是国内货物销售合同。

2.订立合同的发盘和接受的行为在不同的国家完成，或者发盘和接受虽在一个国家完成，但是货物的交付需在另一个国家履行

通常人们把这些因素与国际性联系起来，以便和与合同相关的所有因素只与一个国家有关的合同区别开来。在我国，有些学者常把这些情况称为具有"涉外因素"。不过，虽具有某种涉外因素，但是否为国际货物销售合同，尚要综合各因素来考虑。例如，某外国公司在中国广交会上与中国陕西省一进出口公司签订一份货物销售合同，交货地为中国甘肃省兰州市，这份货物销售合同虽有涉外因素，订立合同的一方为外国公司，但是不仅合同的订立地在中国，履行地、交货

---

① 该公约于 1980 年在联合国国际贸易法委员会召集的 62 个国家的外交代表会议上通过，1988 年 1 月 1 日正式生效。它是国际货物销售合同方面最重要的一项公约。

地也都在中国，货物根本未出口，只能被认定为一份国内货物销售合同，因为这份合同只与中国一个国家有重要联系。

3. 调整国际货物销售合同关系的法律，涉及不同国家的法律选择，或适用国际贸易条约或惯例所规定的规则

根据各国法律规定，国内货物销售合同一般情况下只能适用本国法。例如，《中华人民共和国民法典》第十二条规定："中华人民共和国领域内的民事活动，适用中华人民共和国法律。法律另有规定的，依照其规定。"但是，国际货物销售合同的情况不同，这种合同被认为与一个以上的国家有重要联系，或者说具有涉外性。因此，在法律的适用上各国法律的规定就与国内合同不同。

《中华人民共和国民法典》虽然没有专门设"涉外民事关系法律适用篇"，但也规定了相关涉外条款。《中华人民共和国民法典》第四百六十七条规定："本法或者其他法律没有明文规定的合同，适用本编通则的规定，并可以参照适用本编或者其他法律最相类似合同的规定。在中华人民共和国境内履行的中外合资经营企业合同、中外合作经营企业合同、中外合作勘探开发自然资源合同，适用中华人民共和国法律。"

美国《统一商法典》也有类似的规定。该法典规定，如果一项交易同时与本州和他州或他国有合理联系，则当事方可以协议选择本州法律或他州或他国法律作为确定他们权利和义务关系的法律。

不过，在国际货物买卖的实践中，大量的国际货物销售合同都适用《联合国国际货物销售合同公约》。根据该公约的规定，凡是营业地设在两个缔约方的当事人之间订立的货物销售合同，如果当事人未在合同中排除适用该公约，该合同就适用该公约。但是，下列情况的销售不适用该公约：

❶ 购供私人、家人或家庭使用的货物的销售，除非卖方在订立合同前任何时候或订立合同时不知道而且没有理由知道这些货物是购供任何这种使用；

❷ 经由拍卖的销售；

❸ 根据法律执行令状或其他令状的销售；

❹ 公债、股票、投资证券、流通票据或货币的销售；

❺ 船舶、船只、气垫船或飞机的销售；

❻ 电力的销售。

《联合国国际货物销售合同公约》对国际货物销售合同的订立、买方和卖方的义务及违约责任、风险的转移、损害赔偿等方面的一系列规则作出了规定。

《中华人民共和国民法典》没有规定涉外民事关系适用法律，但在第十一条规定："其他法律对民事关系有特别规定的，依照其规定。"第十二条规定："中华人民共和国领域内的民事活动，适用中华人民共和国法律。法律另有规定的，

依照其规定。"而《联合国国际货物销售合同公约》连双方当事人确立的"习惯做法"也予以认可。该公约第 9 条规定："（1）双方当事人业已同意的任何惯例和他们之间确立的任何习惯做法，对双方当事人均有约束力；（2）除非另有协议，双方当事人应视为已默示地同意对他们的合同或合同的订立适用双方当事人已知道或理应知道的惯例，而这种惯例，在国际贸易上，已为有关特定贸易所涉同类合同的当事人所广泛知道并为他们所经常遵守。"许多国家的法律和《联合国国际货物销售合同公约》都认可国际货物销售合同可以适用国际贸易惯例或习惯，这不仅对促进国际货物交易、扫除交易中的某些障碍有积极意义，同时对国际货物买卖规则的发展有积极意义，因为某些规则就是从习惯做法发展而来的。就涉及国际货物买卖的惯例来说，目前已有不少，如《2020 年国际贸易术语解释通则》、《跟单信用证统一惯例》（2007 年修订本）（UCP 600）等。

4.2　国际货物销售合同谈判的主要内容

商务谈判实际上是一个针对所有的交易条件讨价还价的过程。国际货物销售合同谈判是国际商务谈判的一种，也是最具有代表性的。我们以国际货物销售合同谈判的内容为例，对国际商务谈判的内容进行研究探讨。

销售合同的订立需要双方当事人或多方共同磋商，达成一致意见。在磋商合同条款时，应遵循的一般原则是：

❶ 必须符合国家的法律和政策的要求，其内容条款要合法，其程序和形式也要合法；

❷ 当事人应具有平等的法律地位；

❸ 当事人的意思表示应该真实；

❹ 当事人出于自愿，合同条款应公平合理；

❺ 合同的订立既要注重当事人的经济效益，又要注意合同带来的社会效益。

接下来我们介绍销售合同谈判中应具体磋商的主要内容。

4.2.1　合同的标的物条款

1.品名与品质条款

（1）品名条款

品名是指能使某种商品区别于其他商品的概念或称呼。在国际货物销售合同谈判中，首要问题是确定买卖标的物的名称。国际货物销售合同中的品名条款并无统一的格式，可由交易双方酌情商定。通常都在"商品名称"的标题下列明交易双方成交商品的名称，也可不加标题，只在合同的开头部分列明交易双方同意买卖某种商品的文句。应该尽量使用商品名称的全称，避免简称造成歧义和损失。[①]

商品的名称因产地、区域、民族的不同而千差万别，一物多名、同名异物是常有的。即使是同名货物，又有许多品种、规格、型号、等级、花色、质地、成分等的差异。谈判中最应注意的是一些同物异名、异物同名的商品名称的确定。对于容易引起歧义的商品名称，应加以说明，避免因标的名称不明确，导致标的物指认不一而发生纠纷。对于某些商品名称，不要想当然，草率从事，应当通过指认，确认无误后注明。

（2）品质条款

品质条款是国际货物销售合同中不可缺少的一项主要交易条件，是买卖双方交接货物的基本依据。品质是指商品的内在素质和外观形态的综合。内在素质包括商品的物理性能、化学成分和生物特征等自然属性；外观形态包括商品的外形、色泽、款式和透明度等。在国际贸易中，往往是按照每种商品的不同特点，选择一定的质量指标来表示不同商品的品质。例如，机床以性能、用途、功率、自动化程度等指标表示；煤炭以灰分、含水量、含硫量、发热量、粒度等指标表示；服装以面料和辅料、款式、颜色、工艺等指标表示。商品的品质优劣直接影响商品使用价值和价格，往往是买方最为关心的。

商品品质谈判，除明确品质的含义，抓住商品品质所具有的适用性、可靠性、经济性等特征外，还要注意商品品质的表示方法。国际贸易中所交易的商品种类繁多，特点各异，表示品质的方法也多种多样，归纳起来有以实物表示和以文字说明表示两类。

❶以实物表示商品品质，主要有两种方法：一是看货买卖；二是凭样品买卖。国际货物买卖谈判中尤其要注意以样品作为洽谈和交货时的质量依据的方法。下面主要介绍在凭样品买卖时国际货物销售合同中的主要谈判内容。

谈判中要明确样品的提供者。在国际贸易中，根据样品提供者的不同，凭样品买卖分为凭卖方样品买卖和凭买方样品买卖两种具体形式。一般卖方争取凭卖方样品买卖，易于保证交付的货物与样品完全一致。有时买方为了使其订购的商品符合自身要求，也提供样品由卖方依样承制，如果卖方同意按买方提供的样品

① 黎孝先. 国际贸易实务［M］. 2版. 北京：对外贸易教育出版社，1994：42.

成交，则成为凭买方样品买卖。日后，卖方所交整批货的品质必须与买方样品相符。在凭买方样品买卖中，要注意有关工业产权的谈判。若卖方对买方样品无法确定是否存在工业产权等第三方权利问题，应争取在合同中规定："若卖方按照买方提供的技术图纸、规格等进行生产和交货，而第三方根据工业产权或其他知识产权要求任何权利或其他要求时，卖方可不负责任。"在实际业务中，若卖方认为按买方来样供货没有切实把握，可以争取把"凭买方样品买卖"变成"凭卖方样品买卖"，即卖方可根据买方提供的样品，加工复制出一个类似的样品交买方确认，当对等样品被买方确认后，日后卖方所交货物的品质必须以对等样品为准。

在样品买卖中，谈判中也常涉及允许交货与样品有一定的弹性差异。一般以样品确认商品品质时，可规定货物的某个或某几个方面的品质指标为辅助依据。这时在合同品质条款中应注明允许商品品质差异的具体限度，或规定有关品质指标的上下极限。

❷以文字说明表示商品品质，主要有规格表示法、等级表示法、标准表示法、说明书和图样表示法、商标或牌号表示法、原产地名称表示法等。

国际货物销售合同品质条款的磋商，最好能将以上多种表示方法结合起来综合运用，达到互补的效果。在此，谈判中还应注意：

第一，要明确货物具体的质量标准和最新规定。当货物同时有多种标准，或多种品种表示法共同使用时，应避免其出现相悖和不清的情况，避免误解和争议，应标明以哪种标准为准，以何国（地区）、何时、何种版本中的规定为准，标明以哪种方法为基准，又以哪种方法为补充。

第二，要明确商品品质条款的具体内容和幅度。对商品品质的技术指标如使用寿命、可靠性、安全性、经济性等，应力求明确，便于操作。对某些商品的品质可规定一定的机动幅度，合同谈判中不能用"合理误差"等笼统含糊的字眼，应议定极限，规定差异的范围。

第三，要明确买卖双方对货物质量异议和负责的条件与期限。双方应注意磋商，并在合同中标明卖方对货物质量负责的条件和期限、买方对货物质量提出异议的条件和期限。

2.数量条款

商品的数量是国际贸易中不可缺少的主要条件之一。正确掌握成交数量，对促进交易的达成和争取有利的价格具有重要的作用。数量是买卖双方交接货物的依据。买卖数量的多少不仅关系到市场需求的满足程度，还影响双方当事人目标任务的完成、价格策略的制定和自身的经济利益。因此，它是国际货物销售合同中最基本、最核心的条款之一。在进行国际货物销售合同的数量条款磋商时，不仅要注意其具体数值，还应注意以下几个方面：

（1）确定计量单位

在货物买卖中，度量衡制度存在差异，应在谈判中确定，避免出现争议。目前国际贸易中常用的度量衡制度有公制、英制、美制和国际标准计量组织在公制基础上颁布的国际单位制。《中华人民共和国计量法》规定："国家实行法定计量单位制度。国际单位制计量单位和国家选定的其他计量单位，为国家法定计量单位。"不同度量衡制度下表示的数量是不一样的，如长吨（2 240磅）、短吨（2 000磅）、公吨（2 205磅），英国加仑（4.546升）、美国加仑（3.7853升）等。在进行数量条款磋商时，应尽量搜集各地有关度量衡制度方面的资料，熟悉各地习惯采用的有关计量单位，商讨采用双方认定的通用的计量单位或换算成一致的计量单位，避免引发纠纷。

小案例4-1

买方向卖方订购50公吨货物，合同规定A、B、C、D、E 5种规格按同等数量搭配。卖方按合同开立发票，买方凭发票和其他单据付了款。货到后发现所有50公吨货物都为A规格，买方只同意接受其中的1/5，拒收其余的4/5，并要求退回4/5的货款。卖方争辩说，不同规格搭配不符合同的情况，只能给予适当经济赔偿，不能拒收，更不能退款，于是诉诸法院。

资料来源　吴百福. 进出口贸易实务教程［M］. 3版. 上海：上海人民出版社，2001：54.

思考：

（1）你认为法官该如何判决？

（2）理由何在？

（2）商定重量的计算方法

货物重量的计算方法主要有按毛重计算和按净重计算，还有按公量、理论重量、法定重量计算等方法。按净重计重时，对于如何计算包装物重量，国际上有下列做法：按实际皮重计算、按平均皮重计算、按习惯皮重计算、按约定皮重计算。所以，在货物重量的计算方法上应明确商定，达成一致意见。

（3）议定货物数量机动幅度

在粮食、矿砂、化肥和食糖等大宗商品的交易中，由于商品特性、货源变化、船舱容量、装载技术和包装等因素的影响，要求准确地按约定数量交货，有时存在一定困难，可在合同中规定数量机动幅度条款，即在规定具体数量的同时，再在合同中规定允许多装或少装一定百分比，但是增减幅度以不超过规定的百分比为限。在磋商时，应通过协商规定具体货物溢短装的百分比及按实际收货重量付款和付款的计价方法。对溢短装部分，主要有三种计价方法：按合同价格计算、按装船日的行市计算、按到货日的行市计算。另外，在少数场合，也有使用"约"量条款来表示实际交货数量可有一定幅度的伸缩。由于世界各国对"约"数含义的解释不同，容易引起纠纷，因此要充分了解合同适用的法律以及"约"量的含义。UCP 600 第 30 条 a 款规定：凡"约"或"大约"的词语用于涉及信用证金额或信用证中规定的数量或单价，应解释为允许有关金额、数量或单价有 10% 的增减幅度。UCP 600 第 39 条 b 款规定：如果信用证未规定数量以包装单位或以个数计数，以及所支取的总金额不超过信用证金额，货物的数量可允许有不超过 5% 的增减幅度。

3. 包装条款

在国际货物买卖中，包装是说明货物的重要组成部分，包装条件是国际货物销售合同中的一项主要条件。按照某些国家的法律规定，如果卖方交付的货物未按约定的条件包装，或者货物的包装与行业习惯不符，则买方有权拒收货物。如果货物虽按约定的方式包装，但与其他货物混杂在一起，则买方可以拒收违反规定包装的那部分货物，甚至可以拒收整批货物。[1]

包装条款一般包括包装材料、包装方式、包装规格、包装标志和包装费用负担等内容。双方在磋商货物包装条款时应注意以下问题：

(1) 在合同中要明确规定包装材料、包装方式和包装规格

包装材料有纸、塑料、金属、木头、玻璃、陶瓷、纤维、复合材料、其他材料等。包装方式有箱装、袋装、包装、桶装等。另外，对体积、容积、尺寸等应明确具体，不宜笼统规定。在国际贸易中，有时也使用"海运包装"或"习惯包装"等术语，但这种术语内容不明确，各国理解不一，应避免使用；如果要使用，则应明确使用什么包装材料。[2]

(2) 明确包装费用的负担

包装费用一般包括在货价之内，不另计收；但也有的不计在货价之内，而规定由买方另外支付。究竟由何方负担，应在包装条款中订明。[3]

(3) 注意有关国家对包装的特殊要求

各国政府对包装的要求越来越严格，差别也很大，为避免麻烦，应考虑己方

① 黎孝先. 对外贸易原理与实务教程［M］. 上海：上海人民出版社，1986：204.
② 修宗哲. 国际贸易实务［M］. 大连：东北财经大学出版社，1995：38.
③ 黎孝先. 国际贸易实务［M］. 2版. 北京：对外经济贸易大学出版社，1994：55.

的条件进行商讨认定。如在包装材料方面，有的国家不允许使用玻璃和陶瓷制作包装材料，有的国家（如日本、加拿大）禁止用稻草、报纸制作包装衬垫。[①]

4.2.2　合同的价格条款

在国际货物买卖中，如何确定进出口商品价格和规定合同中的价格条款是交易双方最为关心的一个问题。价格是否合理是国际货物销售合同谈判成败的重要条件。所以，价格条款的磋商是国际货物销售合同最重要、最关键的内容。

货物价格是通过货币符号来表现的，市场上货物的价格有其不同的定价依据、定价目标、定价方法、定价策略。货物价格的构成又受商品成本、商品质量、成交数量、市场供求、货币价值、货币流通量、竞争条件、运输方式、价格政策、双方当事人的心理状态、交易习惯、贸易术语等多种多样因素变动的影响。只有深入了解、掌握实情，切实注意这些因素对价格的影响，才能取得谈判的主动权。在磋商价格条款时，主要注意以下问题：

1.结合货物买卖金额

买卖数量的大小直接构成买卖金额的多少，影响当事人的资金筹措、使用和周转。在买卖实务中，一般买卖数量大、金额多，价格会低些；批量小、金额少，价格就高些。

2.考虑市场供求的变化

市场供求对货物价格影响很大。市场供不应求时，货物价格上涨；市场供过于求时，货物价格下跌。货物买卖磋商中，在充分考虑货物成本、质量、批量的因素影响时，还得研究货物的市场生命周期、市场定位、市场购买力等因素，分析该货物在市场上现在和将来的需求情况，预测其价格变化趋势，确定货物的交易价格。由于市场供需发生变化，价格行情会有变动，在进行价格条款磋商时，应考虑签约后可能发生的价格变动的处理办法。一般情况下，在合同规定的交货期内交货，不论价格如何变动，仍应按合同定价执行。如果逾期交货，交货当时逢市价上涨，则货物仍按合同价执行；交货当时若市价下跌，则延期交货的货物按下跌时的市价执行。总之，应使价格变动造成的损失由有过失的一方承担，以督促其按期履行合同。[②]

---

① 陈林光. 怎样经营出口业务 [M]. 南宁：广西人民出版社，1989：57.
② 皮纯协，何士英. 经济合同法浅说 [M]. 太原：山西人民出版社，1982：25.

3. 考虑市场竞争的程度

市场竞争因素造成货物价格变动，应引起注意。竞争者有时为了挤占市场、提高市场占有率而抛售货物。有时为垄断市场、争夺货源而提高价格。买卖双方应视市场竞争情况，估计市价变动趋势。

4. 确定计价货币的单位

计价货币是指合同中规定用来计算价格的货币。根据国际贸易的特点，用来计价的货币，可以是出口国家的货币，也可以是进口国家的货币或双方同意的第三国货币，还可以是某一种记账单位，由买卖双方协商确定。计价货币的选择关系到买卖双方的利益，从理论上说，对于出口交易，采用"硬币"计价比较有利，而对于进口贸易，力求使用"软币"计价。[①]

5. 磋商贸易术语

贸易术语是指用几个英文字母的缩写来说明买卖双方有关费用、风险和责任的划分，确定卖方交货和买方接货方面的权利和义务的专门术语。贸易术语是进出口商品价格的重要组成部分。贸易术语促进了国际贸易的发展，对于简化交易手续、缩短洽商时间和节约费用开支，明确双方风险、责任、义务、费用划分及交易价格构成等问题有着重要的作用。目前，在国际上有较大影响的有关贸易术语的国际贸易惯例有 3 种：《1932 年华沙—牛津规则》《1990 年美国对外贸易定义修正本》《2020 年国际贸易术语解释通则》。

《2020 年国际贸易术语解释通则》将 11 种贸易术语按适用的运输方式分为两大类：一类是适用于一切运输方式的术语——EXW、FCA、CPT、CIP、DPU、DAP、DDP；另一类是适用于水上运输方式的术语——FAS、FOB、CFR、CIF。在国际贸易谈判中，应尽量了解各国及国际组织对贸易术语有关问题的不同解释或规定，尽量统一到国际商会的解释上来，并选择对己方有利的贸易术语作为交易条件，加以明确。

6. 磋商佣金与折扣

在国际贸易中，有些交易是通过中间代理商进行的。因中间商介绍生意或代买代卖而向其支付一定的酬金，此项酬金被叫作佣金。佣金直接关系到商品的价格，货价中是否包括佣金和佣金比例，都影响商品的价格。显然，含佣价比净价

[①]　黎孝先. 国际贸易实务［M］. 2 版. 北京：对外经济贸易大学出版社，1994：151.

要高。正确运用佣金，有利于调动中间商的积极性和扩大交易。①

折扣是指卖方按原价给予买方一定百分比的减让，即在价格上给予适当的优惠。国际贸易中使用的折扣，名目很多，除一般折扣外，还有为扩大销售而使用的数量折扣、为实现某种特殊目的而给予的特别折扣，以及年终回扣等。折扣直接关系到商品的价格，货价中是否包括折扣和折扣率都影响商品价格，折扣率越高，则价格越低。②

因此，在谈判中还要确定佣金与折扣的规定方法、佣金与折扣的计算与支付方法。

另外，还要熟悉货物成本核算，估计对方利润的高低而确定货物的价格；应在商品品质条款确定的基础上，货比三家，进行价格比较，按质论价是价格谈判的基本方法。

4.2.3　货物的交付条款

买卖双方对国际货物销售合同标的物的所有权的转移条款是合同磋商的中心内容，货物的交付条款是指根据有关法规商定交货方式、时间、地点等内容。

1. 交付方式

货物的交付方式通常有两种：一种是交付货物的所有权凭证——提供单据（另附发票、商品检验证书、保险单等）；另一种是交付实物，有代运、送货、自提三种方式。

（1）代运

代运是指卖方为买方代办货物发运。磋商货物的交付方式，卖方应充分考虑买方的要求，议定合理的交货地点，选择合适的运输路线、工具，明确代运中是否需要派人押运等内容，并在合同中标明。

（2）送货

送货是指卖方将买方需要购买的货物送到买方所在地仓库或指定地点，并取得买方收货凭证或货款的实物交付形式。实行送货的货物，国家主管部门有规定送货办法的，按规定的办法执行；没有规定送货办法的，双方应商议收货地点、收货时间、运送工具、运输费用等内容，并按双方协议执行。

（3）自提

自提是指货物买卖中，送货、代运确有困难，或买方自身要求，③以卖方货

---

① 黎孝先. 国际贸易实务［M］. 2版. 北京：对外经济贸易大学出版社，1994：152.
② 黎孝先. 国际贸易实务［M］. 2版. 北京：对外经济贸易大学出版社，1994：154.
③ 赵明立. 工矿企业物资管理［M］. 石家庄：河北人民出版社，1981：74.

物储存地（仓库、商场、生产工厂或港口）为交货地点，买方自行提取货物的方式。[1]自提交付货物应明确付款方式，一般采用先付款、后提货的方法，也可采用其他方法。

2.交付时间

交付时间又称装运期、交货时间、交货期，是指卖方履行交货的时间。它是合同中的一项重要条款。在合同签订后，卖方能否按规定的装运时间交货，直接关系到买方能否及时取得货物，以满足其生产、消费或转售的需要。因此，《联合国国际货物销售合同公约》第33条规定："卖方必须按合同规定的时间交货。"有些西方国家法律规定，如果卖方未按合同规定的时间交货，则构成卖方的违约行为，买方有权撤销合同，并要求卖方赔偿其损失。

但是，在某些贸易术语下，交货时间和装运时间的含义是有区别的。在国际贸易合同中，要对装运期的规定方法进行谈判，具体有以下几种：

（1）明确规定具体装运时间

这种规定的方法主要有某月装运、跨月装运、某月底或某日以前装运。装运时间一般不确定为某一个日期，而只是确定在某一段时间内，如"202×年5月交货（装运）""202×年11月15日前装运"。这里需注意，按有关惯例的解释，凡是"以前"字样的规定，一般不包括那一个指定的日期。这种规定方法，期限具体，含义明确，在合同中采用较普遍。

（2）规定在收到信用证后若干天或若干月内装运

例如，在合同中订明"收到信用证后45天内装运""收到信用证后3个月内装运"等。磋商装运时间应注意的问题是：

第一，应该考虑货源和船源的实际情况，使船货衔接。如果对货源心中无数，盲目成交，就有可能出现到时交不了货、有船无货的情况，无法按时履约。如果按CIF和CFR条件出口及按FOB条件进口，还应考虑船源的情况。如果船源无把握而盲目成交，或没留出安排舱位的合理时间，规定在成交的当月交货或装运，则可能因到时租不到船或订不到舱位而出现有货无船的情况，或要经过多次转船，造成多付运费甚至倒贴运费的情况。

第二，对装运期限的规定应适度，应视不同商品租船订舱的实际情况而定。装运期过短，势必给船货安排带来困难；过长也不合适，特别是在采用收到信用证后若干天内装运的条件下，会造成买方挤压资金、影响资金周转，从而反过来影响卖方的售价。

---

① 《中国五金机械公司系统商品调拨供应暂行办法（试行草案）》（1963年1月）。

第三，要根据不同货物和不同市场需求，规定交货期。如果无妥善装载工具和设备，则易腐烂、易潮、易融化货物一般不宜在夏季、雨季装运。[1]

3. 交货地点

交货地点是指国际货物销售合同规定的交接货物的具体位置。合同规定的交货地点，应标明国家、地区、省、市、县、乡、村、路、街、门牌号等详细地址，防止因同名同音而发生差错。对合同中已有具体交货地点的，应按合同规定的地点交货。如果合同未作规定，则应按有关规定履行交货义务：

❶ 一般情况下，卖方在订立合同时将营业地点定为交货地点，将货物交给买方处置；

❷ 买方要求卖方运送货物，既没指定交货地点，也没有使用某种贸易术语，卖方将货物交付给第一承运人处置时的地点即为交货地点；

❸ 如果合同没有规定交货地点，也没有要求运送货物，订立合同时双方当事人已经知道交易的货物存放的地点或生产制造地点，则卖方应在该地点将货物交付给买方处置，该地点即为交货地点。

4.2.4 货物的运输与保险条款

货物销售的标的物伴随着货物所有权的转移而发生标的物实体空间、地理位置的转移。货物的空间、地理位置的变动，必然涉及货物的装卸、运输及对货物发生意外损失的担保等问题。

1. 国际货物销售合同标的物的运输

根据不同的地理位置、地形环境、交通条件，买卖双方在商务谈判中需要对货物运输的下列问题进行磋商：

（1）货物的运输方式

国际货物运输中使用的运输方式有很多，包括海、陆、空、邮等方式。其中海洋运输是最主要的运输方式，它具有运量大、运费低、通过能力强等特点，其运量在国际货物运输总量中约占80%。按运输船舶的经营方式来分类，海洋运输可分为班轮运输和租船运输两种方式。磋商中应充分根据交易地的自然环境、地理条件、交通设施，充分考虑买卖货物的特点，如数量、重量、体积，以及装卸地点条件、运送距离、交货期限、货物自身价值、交通工具等因素，全面衡量，

---

① [1] 赵承璧. 外贸实务手册［M］. 沈阳：辽宁人民出版社，1982：161-162.
［2］褚晓飞. 国际贸易实务［M］. 南京：南京大学出版社，2007：78.

综合分析，选用合理的运输方式。

（2）货物的运输路线

当货物运输方式确定后，应选择合理的路线，要求路途最短、安全可靠，避免迂回绕道，以节省运输费用。

（3）货物装运费用的计算标准

装运费用的计算与运输方式有关，一般包括基本运费和附加运费。

基本运费的计算标准常用的有按货物重量、按货物体积、按货物件数、按货物价格等。

附加运费的计算办法，有的是在基本运费的基础上，加收一定百分比；有的是按每运费吨加收一个绝对数计算。常见附加运费有超重附加费、超长附加费、选卸附加费、直航附加费、转船附加费等。

谈判中双方应对货物的重量、体积、件数以及货物的贵重情况，进行全盘考虑、合理规划。在可能的条件下，改变货物的包装，缩小体积，科学堆放，选用合理的计算标准，认证并确定附加费用变动的合理性，明确双方交货条件，划清双方各自承担的费用范围。[1]

2. 国际货物销售合同标的物的保险

保险条款是国际货物销售合同中的重要组成部分，为了明确交易双方在货运保险方面的责任，通常要商定保险条款，其主要内容包括保险投保人、保险公司、保险险别、保险金额和保险单等。

（1）保险投保人

保险投保人是负责合同货物保险的人。每笔交易的货运保险，究竟由买方还是卖方投保，完全取决于买卖双方约定使用的贸易术语。由于每笔交易所使用的贸易术语不同，故对投保人的规定也相应有别。例如，按 CIF 或 CIP 条件成交时，由于货价中包括保险费，故在合同保险条款中需要详细约定卖方负责办理货运保险的有关事项，如约定投保的险别、支付保险费和向买方提供有效的保险凭证等；按 FOB 或 CFR 条件成交时，在国际货物销售合同的保险条款中，一般只订明"保险由买方自理"。如果买方要求卖方代办保险，则应在合同保险条款中订明："由买方委托卖方按发票金额的××%代为投保××险，保险费由买方负担。"

（2）保险公司

在按 CIF 或 CIP 条件成交时，保险公司的资信情况与卖方关系不大，但与买

---

① 　王德新. 商务谈判［M］. 北京：中国商业出版社，1996：102-103.

方有重大的利害关系。因此，买方一般要求在合同中限定保险公司和所采用的保险条款，以利于日后保险索赔工作的顺利进行。例如，我国按 CIF 或 CIP 条件出口时，买卖双方在合同中通常订明："由卖方向中国人民保险集团股份有限公司投保，并按该公司的保险条款办理。"如果买方有特殊要求，只要在不增加费用的情况下，我国出口商就可在其他保险公司投保。

（3）保险险别

保险险别不一样，承保的责任范围不一样，保险费率也不一样。选择险别，应综合考虑商品的性质、包装、用途、运输方式、运输路线、运输季节、目的地市场的变化和各国习惯等因素。在按 CIF 或 CIP 条件成交时，买卖双方约定的险别通常为平安险、水渍险、一切险三种基本险别中的一种，但有时也可根据货物特性和实际情况加保一种或若干种附加险。在双方未约定险别的情况下，按惯例卖方可按最低的险别予以投保。

（4）保险金额

保险金额是投保人与保险人之间实际投保和承保的金额，也是保险费计收的依据，同时是投保人和保险人索赔和理赔的最高限额，一般都是按 CIF（或 CIP）价格加成计算，即按发票金额再加一定的百分率，此项保险加成率主要是作为买方的预期利润。按国际贸易惯例，预期利润一般按 CIF 的 10% 估算，因此，如果国际货物销售合同未规定保险金额，则习惯上按 CIF（或 CIP）价格的 110% 投保。

（5）保险单

在国际货物销售合同中如果约定由卖方投保，则通常规定卖方向买方提供保险单。如果被保险的货物在运输过程中发生承包范围内的风险损失，买方即可凭卖方提供的保险单向有关保险公司索赔。常见的保险单证有保险单、保险凭证、预约保险单、联合凭证等。

4.2.5　货款的结算条款

货款的支付和回收直接影响双方的利益，也是最敏感、最容易出问题的部分，谈判中要倍加关注、认真磋商。

1.货款的结算工具

国际贸易货款的收付，采用现金结算的较少，大多使用非现金结算，也就是使用能代替现金作为流通手段和支付手段的信贷工具来结算债权和债务。票据是国际通行的结算和信贷工具，是可以流通转让的债权凭证。国际贸易中使用的票据主要有汇票、本票和支票，其中以使用汇票为主。在磋商谈判时，要熟知各种票据的内容及相互之间的区别。

（1）汇票

　　汇票是一个人向另一个人签发的，要求见票时或在将来的固定时间，或可以确定的时间，对某人或其指定的人或持票人支付一定金额的无条件的书面支付命令。各国票据法对汇票内容的规定不同，一般认为应载明"汇票"字样、无条件支付命令、出票人、付款人、收款人、一定金额、出票日期和地点、付款期限、付款地点等。在国际货物销售合同谈判中，特别要注意所使用汇票的种类，因为根据不同的角度分类，汇票可分为不同种类，而不同种类的汇票会影响买卖双方结算的时间及条件，因此谈判时必须结合自身情况加以确定。比如，按照有无随附商业单据，汇票可分为光票和跟单汇票；如果采用跟单汇票，则结算时必须附有商业单据。在国际贸易中，一张汇票往往可以同时具备几种性质，如一张商业汇票可能是即期的跟单汇票或远期的商业跟单汇票或银行承兑汇票，这都需要在结算工具谈判时加以确定，以免日后产生纠纷。

（2）本票

　　本票是一个人向另一个人签发的，保证于见票时或定期或在可以确定的将来时间，对某人或其指定人或持票人支付一定金额的无条件的书面承诺。简言之，本票是出票人对收款人承诺无条件支付一定金额的票据。本票可分为商业本票和银行本票。

　　在使用本票时，要明确汇票与本票的区别：

❶ 本票的票面有两个当事人，即出票人和收款人；汇票则有三个当事人，即出票人、付款人和收款人。

❷ 本票的出票人即付款人，远期本票无须办理承兑手续；远期汇票则要办理承兑手续。

❸ 本票在任何情况下，出票人都是绝对的主债务人，一旦拒付，持票人可以立即要求法院裁定，命令出票人付款；汇票的出票人在承兑前是主债务人，在承兑后，承兑人是主债务人，出票人则处于从债务人的地位。

❹ 本票只能开出一张；汇票可以开出一套，多为一式两份，甚至数份。

❺ 英国《1882年票据法》规定外国本票退票时，无须做成拒绝证书；外国汇票退票时，必须做成拒绝证书。

（3）支票

　　支票是以银行为付款人的即期汇票，即存款人对银行签发的无条件支付一定金额的委托或命令。出票人在支票上签发一定的金额，要求受票的银行于见票时立即支付一定金额给特定人或持票人。出票人在签发支票后，应负票据上的责任和法律上的责任。前者是指出票人对收款人担保支票的付款；后者是指出票人签发支票时，应在付款银行存有不低于票面金额的存款。如果存款不足，支票持有人在向付款银行提示支票要求付款时，就会遭到拒付，这种支票被叫作空头支票。开出空头支票的出票人要负法律上的责任。

2. 货款的结算方式

国际贸易的结算方式主要有汇付、托收和信用证，还有银行保证书、国际保付代理等。

（1）汇付

汇付又称汇款，是指付款人主动通过银行或其他途径将款项汇交收款人。对外贸易的货款如果采用汇付，一般是由买方按合同约定的条件和时间，将货款通过银行汇交给卖方。按照汇款的方式不同，汇付方式可分为信汇、电汇和票汇三种。

在国际贸易中，汇付方式通常用于预付货款、随订单付款和赊销等业务。采用预付货款和订货付现，对卖方来说，就是先收款、后交货，资金不积压，对卖方最为有利；反之，采用赊销贸易，对卖方来说，就是先交货、后收款，卖方不仅要占压资金，而且要承担买方不付款的风险。因此，赊销方式对卖方不利，而对买方最为有利。此外，汇付方式运用于支付订金、分期付款、支付货款尾数以及佣金等费用。

（2）托收

托收是指债权人出具汇票委托银行向债务人收取货款的一种支付方式。托收方式一般都通过银行办理，所以又叫银行托收。银行托收的基本做法是：由出口商根据发票金额开出以进口商为付款人的汇票，向出口地银行提出托收申请，委托出口地银行通过它在进口地的代理行或往来银行代向进口商收取货款。

（3）信用证

信用证支付方式是随着国际贸易的发展，在银行与金融机构参与国际贸易结算的过程中逐步形成的。信用证支付方式把由进口商履行付款责任，转为由银行履行付款责任，保证出口商安全迅速地收到货款，买方按时收到货运单据。因此，信用证支付方式在一定程度上解决了进出口商之间互不信任的矛盾，同时为进出口双方提供了资金融通的便利。信用证支付方式发展很快，并在国际贸易中被广泛应用。当今，信用证付款已成为国际贸易中普遍采用的一种支付方式。[①]

在结算方式谈判时，应熟知常用的各种结算方式的种类、含义以及它们之间的区别，争取风险较小的结算方式。比如，汇付和托收的性质均为商业信用，银

---

① 刘向东. 关贸总协定与中国企业经营指南［M］. 北京：中国统计出版社，1993：731.

行办理托收业务时，只是按委托人的指示办事，并不承担付款人必然付款的义务。在进口商拒不付款赎单后，除非事先约定，银行没有义务代为保管货物。在承兑交单条件下，进口商只要在汇票上办理承兑手续，即可取得货运单据，凭此提取货物。这两种方式风险较大，而信用证的性质为银行信用，信用证是开证行对受益人的一种保证，只要受益人履行信用证所规定的条件，即受益人只要提交符合信用证规定的各种单据，开证行就保证付款。因此，在信用证支付方式下，开证行成为首要付款人，出口商和进口商风险较小，对于初次交易的双方，由于缺乏了解，应采用此种方式。

4.2.6　合同争议的预防及处理条款

1.检验条款

商品检验是国际贸易发展的产物。它随着国际贸易的发展，成为商品买卖的一个重要环节和国际货物销售合同中一项不可缺少的内容。通过检验，由有关检验部门出具证明，作为买卖双方交接货物、支付货款和处理索赔的依据。因此，在国际货物销售合同谈判中要就检验条款的有关事项加以确定，主要包括检验时间与地点、检验权、检验机构、检验证书、检验依据等。

（1）检验时间与地点

《联合国国际货物销售合同公约》等规定的买方检验权，是一种法定的检验权，它服从于合同的约定。买卖双方通常都在合同中对如何行使检验权的问题作出规定，即规定检验的时间和地点，主要有以下五种做法：

❶ 在出口国产地检验；

❷ 在装运港（地）检验，也称以离岸品质和离岸数量为准；

❸ 在目的港（地）检验，也称以到岸品质和到岸数量为准；

❹ 在买方营业处所或用户所在地检验；

❺ 在出口国检验，进口国复验。

上述各种做法各有特点，应视具体的商品交易性质而定，但对大多数一般商品交易来说，"出口国检验，进口国复验"的做法最为方便而且合理，因为这种做法一方面肯定了卖方的检验证书是有效的交接货物和结算凭证，同时确认买方在收到货物后有复检权，这符合各国法律和国际公约的规定。我国对外贸易中大多采用这一做法。[①]

---

① 陈宪，韦金鸾，应诚敏，等. 国际贸易理论与实务［M］. 北京：高等教育出版社，上海社会科学院出版社，2000：314-315.

（2）检验权

所谓检验权，是指依照合同的约定，买方或卖方所享有的对进出口商品进行检验鉴定，以确定其是否与合同相符的权利。一般说来，哪一方享有检验权，哪一方就有权指定检验机构检验货物，将检验机构的检验结果作为对货物的品质、数量、包装等是否与合同一致的最后评定。如果没有检验权，就无权对货物提出异议，无权提出索赔。因此，在合同中应明确哪一方具有检验权。①

（3）检验机构

在国际货物买卖中，交易双方除了自行对货物进行必要的检验外，还必须由某个机构进行检验，经检验合格后方可出境或入境。这种根据客户的委托或有关法律的规定对进出境商品进行检验、鉴定和管理的机构就是检验机构。检验机构的类型有官方检验机构、半官方检验机构、非官方检验机构。②世界各地检验机构很多，要确定适用哪个国家的哪个部门的检验机构，一般商品是由买卖双方协商约定的检验部门检验。

（4）检验证书

检验证书是检验机构对进出口商品进行检验、鉴定后签发的书面证明文件。检验证书应出具检验数量、质量、品种、规格、包装等有关数据。检验证书的种类繁多，要在合同中加以明确。

（5）检验依据

检验依据是进行进出口商品检验的根据，也是据以衡量进出口商品是否合格的标准。对进出口商品实施检验，首先要明确检验依据，然后严格按照检验依据进行检验，对符合检验依据规定要求的，评定为合格；对不符合检验依据的，评定为不合格。③因此，对适用的检验依据的谈判很重要，这关系到检验结果的评定。

2. 索赔条款④

所谓索赔，是指遭受损害的一方在争议发生后，向违约方提出赔偿的要求。在法律上，索赔是指主张权利；在实际业务中，索赔通常是指受害方对违约方违约而根据合同或法律提出予以补救的主张。引起索赔的原因除了买卖一方违约外，还有销售合同某些条款规定不明确，一方对合同条款的理解与另一方不一致而认为对方违约等，所以，有关索赔条款的谈判主要涉及索赔依据、索赔期限、处理索赔的办法和索赔金额、罚金条款等事项。

① 张元智. 国际通商实务［M］. 西安：西安交通大学出版社，1996：289-290.
② 黎孝先. 国际贸易实务［M］. 3版. 北京：对外经济贸易大学出版社，2000：251-252.
③ 上海进出口商品检验局情报资料室. 进出口商品检验工作问答［Z］. 上海：上海进出口商品检验局情报资料室，1989：30.
④ 王德新. 商务谈判［M］. 北京：中国商业出版社，1996：111.

(1) 索赔依据

索赔依据包括法律依据和事实依据两个方面，前者是指贸易合同和有关的国家法律规定，后者则指违约的事实真相及其书面证明，以证实违约的真实性。

(2) 索赔期限

这是指索赔方向违约方提出索赔的有效期限。逾期提出索赔，违约方可不予受理。因此，关于索赔期限的规定必须根据不同种类的商品作出合理安排，对有质量保证期限的商品，合同中应加订保证期，保证期可规定为 1 年或 1 年以上。

总之，索赔期限的规定，除一些性能特殊的产品（如机械设备）外，一般不宜过长，以免使卖方承担过重的责任，也不宜规定得太短，以免使买方无法行使索赔权，要根据商品性质及检验所需时间等因素而定。

规定索赔期限，尚需对索赔期限的起算时间作出具体规定，通常有以下几种起算方法：

❶ 货物到达目的港后××天算起；

❷ 货物到达目的港卸离轮船后××天算起；

❸ 货物到达买方营业处所或用户所在地后××天算起；

❹ 货物经检验后××天算起。

(3) 处理索赔的方法和索赔金额

关于这个问题，除个别情况外，通常在合同中只作一般规定。因为违约的情况比较复杂，究竟在哪些业务环节上违约和违约的程度如何等，订约时难以预计，因此对于违约的索赔金额也难以预计，所以在合同中不作具体规定。

(4) 罚金条款

一方在未履行合同时，应向对方支付一定的约定金额，即罚金，以补偿对方的损失。罚金亦被称为违约金或罚则。罚金条款一般适用于卖方延期交货，或者买方迟延开信用证或延期接货等情况。罚金数额的大小以违约时间的长短为转移，并规定出最高限额。

罚金的起算日期有两种计算方法：

一是合同规定的交货期或开证期终止后立即起算；

二是规定优惠期，即在合同规定的有关期限终止后再宽限一段时间，在优惠期内免于罚款，待优惠期届满后起算罚金。

卖方支付罚金后并不能解除继续履行合同的义务。在适用罚金条款时，应注意各国对罚金条款的理解不一致的问题，在谈判中应该指出适用哪个国家的解释。[①]

---

① ［1］唐守山，陈志强. 现代经济管理基础（下）［M］. 沈阳：辽宁科学技术出版社，1988：466. ［2］对外经济贸易大学国际商务教研室编写组. 国际贸易实务（新编本）［M］. 北京：对外贸易教育出版社，1991：173–174.

3. 不可抗力条款

不可抗力又称人力不可抗拒，是指在国际货物销售合同签订以后，不是由于订约者任何一方当事人的过失或疏忽，而是由于发生了当事人既不能预见、预防、避免又不能克服的意外事故，以致不能履行或不能如期履行合同。遭受意外事故的一方，可以免除履行合同的责任或延期履行合同。[①]

不可抗力的事故范围较广，通常可分为两种情况：

一是由自然力量引起的灾害，如水灾、火灾、冰灾、暴风雨、大雪、地震等。对自然力量引起的灾害，国际上的解释比较一致。

二是由社会力量引起的意外事故，如战争、罢工、政府禁令等。对社会原因引起的意外事故，在解释上经常发生分歧，一方面，由于社会现象比较复杂，解释起来有一定困难；另一方面，由于不可抗力是一项免责条款，买卖双方（通常主要是卖方）都可以援引它来解释自身所要承担的合同义务。这种援引多数情况下是扩大不可抗力范围，以减少自己的合同责任。有的卖方除把各种自然灾害列入外，还把生产过程中的意外事故、战争预兆、罢工、怠工、货物集运中的事故，以及航、陆运机构的怠慢，未按预定日期出航等，统统归入不可抗力的范围。因此，在交易中应认真分析，区别不同情况，作出不同处理，防止盲目接受。对于一些含义不清或根本不属于不可抗力范围的事件，如战争预兆、航运公司怠慢等在解释上容易引起分歧，没有确定标准的概念，则不应列入；至于一些属于政治性的事件，如罢工等，可由买卖双方在事件发生时根据具体情况，另行协商解决。[②]

在订立国际货物销售合同时，为防止意外事故，避免不同的解释，条款中应明确不可抗力事故的范围、不可抗力的后果、发生事故后通知对方的期限和方式、证明文件及出具证明的机构。我国进出口合同中的不可抗力条款基本上有以下三种规定方法：概括式规定、列举式规定、综合式规定。[③]出口商品时，作为卖方，条款中应写明"人力不可抗拒的事故造成延期或无法交货者，卖方不负任何责任"；进口商品时，作为买方合同条款可写明"人力不可抗拒的事故造成延期或无法接受未装运部分的货物，买方有权撤销装运或暂时中止合同而不负任何责任"。[④]

4. 仲裁条款

仲裁又称公断，是指买卖双方在争议发生之前或发生之后，签订书面协议，

---

① 周秉成，吴百福，严德馨. 出口销售合同的磋商和签订 [M]. 上海：上海人民出版社，1983：130.
② 邱年祝. 国际货物买卖合同 [M]. 北京：对外贸易教育出版社，1988：146-148.
③ 赵承璧. 外贸实务手册 [M]. 沈阳：辽宁人民出版社，1982：390-391.
④ 邹建华. 国际商务谈判业务与技巧 [M]. 广州：中山大学出版社，1990：235.

自愿将争议提交双方所同意的第三者予以裁决,以解决争议的一种方式。[①]在国际货物销售合同谈判中,对仲裁条款的内容也要商定,主要内容一般包括仲裁地点、仲裁机构、仲裁规则、仲裁裁决的效力、仲裁费用的负担等。

(1) 仲裁地点

在什么地方进行仲裁,是买卖双方在磋商仲裁条款时的一个重点。这主要是因为仲裁地点与仲裁所适用的程序法,以及合同适用的实体法关系甚为密切。[②]我国进出口贸易合同中的仲裁地点,视贸易对象和情况的不同,一般采用下述三种规定方法之一:

❶ 力争规定在我国仲裁;

❷ 有时规定在被告所在国仲裁;

❸ 规定在双方同意的第三国仲裁。[③]

(2) 仲裁机构

国际贸易中的仲裁,可由双方当事人在仲裁协议中规定在常设的仲裁机构进行,也可以由双方当事人共同指定仲裁员组成临时仲裁庭进行仲裁。双方当事人选用哪个国家(地区)的仲裁机构审理争议,应在合同中作出具体说明。我国常设仲裁机构是中国国际经济贸易仲裁委员会和中国海事仲裁委员会。[④]

(3) 仲裁规则

各国仲裁机构都有自己的仲裁规则,值得注意的是,所采用的仲裁规则与仲裁地点并非绝对一致。按照国际仲裁的一般做法,原则上采用仲裁所在地的仲裁规则,但在法律上也允许根据双方当事人的约定,采用仲裁地点以外的其他国家(地区)仲裁机构的仲裁规则进行仲裁。

(4) 仲裁裁决的效力

仲裁裁决的效力主要是指由仲裁庭作出的裁决,对双方当事人是否具有约束力,是否为终局性的,能否向法院起诉要求变更裁决。在中国,凡由中国国际经济贸易仲裁委员会作出的裁决都是终局性的,对双方当事人都有约束力,必须依照执行,任何一方都不许向法院起诉要求变更。

(5) 仲裁费用的负担

仲裁费用由败诉方承担,也有规定由仲裁庭酌情决定的。[⑤]

---

① 陈春龙,欧阳涛,肖贤富. 法律知识问答 [M]. 北京:北京出版社,1979:287.
② 邹涛. 法律咨询大全 [M]. 石家庄:河北人民出版社,1987:664.
③ 程国海,王燕东. 经济仲裁法律问答 [M]. 北京:工人出版社,1986:101-102.
④ 黎孝先. 国际贸易实务 [M]. 2版. 北京:对外经济贸易大学出版社,1994:240.
⑤ 对外经济贸易大学国际商务教研室编写组. 国际贸易实务(新编本)[M]. 北京:对外贸易教育出版社,1991:182-183.

思政园地

良好开局筑牢基础　中国外贸加速转型升级

2021年我国外贸交出了一份亮眼的成绩单，展现出强劲韧性。

"十四五"开局之年，中国外贸在多重考验中实现强势增长，产业链、供应链稳定性进一步增强，为接下来迎接挑战应对不确定性打牢根基。叠加一系列针对性举措，早安排，早发力，有效稳定外贸企业的预期和信心，为全年外贸提质升级赢得更大主动。

2021年，我国沉着应对百年变局和世纪疫情，以高水平开放促进深层次改革，推动高质量发展，经济发展和疫情防控保持全球领先地位，外贸进出口实现较快增长，规模再创新高、质量稳步提升。

2021年我国货物贸易进出口总值39.1万亿元人民币，比2020年增长21.4%。其中，出口21.73万亿元，增长21.2%；进口17.37万亿元，增长21.5%。与2019年相比，我国外贸进出口、出口、进口分别增长23.9%、26.1%、21.2%。以美元计，年内跨过5万亿、6万亿美元两大台阶，达到历史高点。

不仅规模创新高，质量提升也有新进展。从业态来看，2021年，我国跨境电商出口同比增长24.5%，市场采购出口增长32.1%，新业态、新模式快速发展成为我国外贸发展的有生力量；进出口结构方面，2021年我国一般贸易进出口占比提升了1.6个百分点，出口产品中近六成是机电产品；区域布局方面，我国中西部地区进出口6.93万亿元，增长22.8%，比同期我国外贸整体增速高出了1.4个百分点；贸易伙伴中，对欧洲、美国、日本等经济体进出口增长17.5%，对拉丁美洲、非洲进出口分别增长了31.6%和26.3%。

中国携手贸易伙伴，共同维护全球产业链、供应链的稳定，共同助力世界经济的复苏。在这一过程中，中国外贸的国际市场份额也有新突破。2021年前3个季度，我国出口国际市场份额为14.9%，同比提升了0.6个百分点，与2012年相比提升了3.8个百分点，这一增量刚好与世纪之初2000年我国出口国际市场份额相当。

　　同时，我国进口国际市场份额自2013年首次突破10%后稳步提升至2021年前3个季度的12.1%，同比提升了0.5个百分点。这体现了我们进入新时代改革开放所取得的伟大成就。

　　资料来源　王文博．良好开局筑牢基础　中国外贸加速转型升级［N］．经济参考报，2022-01-17（A02）．

关键词

　　销售合同　国际货物销售合同

复习与思考

第4章即测即评

一、简答题

　　1.国际货物销售合同谈判的主要内容有哪些？
　　2.国际货物销售合同标的物条款谈判主要应磋商哪些内容？
　　3.国际货物销售合同标的物的支付条款谈判应注意磋商哪些内容？

二、案例分析题

案例1　国际货物贸易口头形式合同是否有效的争议案

　　某年3月，我国浙江省某进出口公司的一位美国客户在与该公司业务员会面时，口头向该公司下了一笔订单。由于时间较为仓促，加上该客户是公司老客户，与之洽谈的业务员未要求与对方当场签下书面合同，只是请对方回国后再发一份传真以便留档。客户回国后，并未发来传真，我方业务员也未坚持催要；同时，我方根据客户要求已开始备货。当货物将要备齐，我方请客户确认汇款时，客户告之：当时由于较为匆忙，未充分考虑，以致下了口头订单。客户回国后，仔细加以核算，发现无法成交；加上我方请其以传真确认，则认为不发传真，合同不正式成立。同时，根据客户对中国的了解，中国在国际货物销售中是不承认口头形式合同的，所以对于未及时通知我方取消口头订单造成的损失表示遗憾，但仅此而已。我方得知客户态度后表示，中国已经适用新的有关合同方面的法律，其中明确了口头形式合同的有效性，对方的说法纯粹是一种托词，无任何法律依据，所以坚持向客户索赔。

资料来源　褚晓飞. 国际贸易实务［M］. 南京：南京大学出版社，2007：193.

问题：

1. 口头合同是否具有法律效力？

2. 对于商务谈判中的口头合同你有怎样的认识？

案例2　　　　　　延迟交货致违约

美国A公司从国外B公司进口一批冻火鸡，供应圣诞节市场。合同规定卖方在9月底以前装船；但卖方违反合同，到10月7日才装船，致使该批冻火鸡到美国时圣诞节已过。因此，A公司拒收货物并主张撤销合同。

资料来源　成志明. 涉外商务谈判［M］. 南京：南京大学出版社，1991：224.

问题：

1. A公司是否有权拒收货物、撤销合同？

2. 本案例对你有什么启发？

第 5 章

商务谈判策略

内容体系

学习目标

点睛之笔

5.1　商务谈判策略的含义

5.2　商务谈判开局阶段的策略

5.3　商务谈判磋商阶段的策略

5.4　商务谈判成交阶段的策略

关键词

复习与思考

商务
谈判

BUSINESS
NEGOTIATION

●内容体系

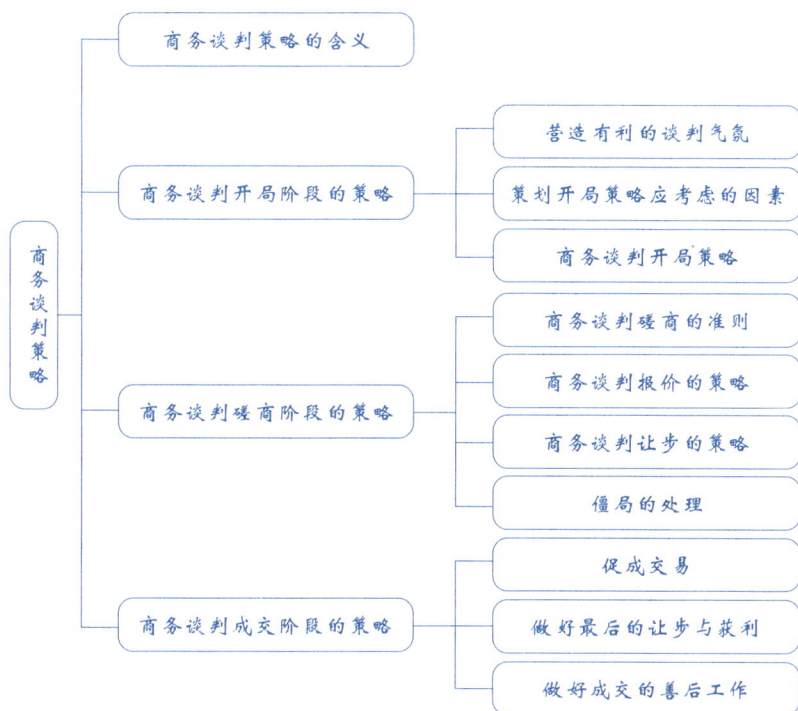

●学习目标

- 重点掌握商务谈判策略的含义
- 掌握商务谈判中各个阶段的主要策略
- 了解不同的让步形式和方法、商务谈判僵局产生的原因和解决方法

●点睛之笔

策略是可以实现目标的方式、方法、措施手段、经验技巧、战术安排等解决方案的集合。

谈判结果既取决于谈判双方实力的强弱，又取决于谈判策略是否得当。

5.1　商务谈判策略的含义[①]

"这个人很有策略"，就是说这个人有很多可供执行的方案，当一个方案行不通时，能够及时应变；如果我们说某个人没有策略，意思是他缺乏变通，因为他只有一个或没有方案，只能一条道走到黑。诸葛亮就是一个很有策略的人，他的部下每每在危急时刻都有他事先准备好的各种应对方案。

商务谈判要想实现谈判的目的就要采用一定的手段，其中最主要的是运用恰当的谈判策略。商务谈判策略是对谈判人员在商务谈判过程中为实现既定的谈判目标而采取的各种方式、方法、措施手段、经验技巧、战术安排等解决方案的总称。在具体的谈判过程中，商务谈判策略包含两层含义：参加商务谈判人员的行为方针和行为方式。

商务谈判策略是一个集合概念。一方面，它表明商务谈判中所运用的解决方案都只是商务谈判策略的一部分；另一方面，它表明商务谈判中所运用的解决方案的具体形式是交叉联系的，难以再分割与分类。多数商务谈判策略是事前决策的结果，是科学制定策略本身指导思想的反映，也是谈判实践的经验概括。

策略可以从正反两个方面加以运用。正面运用是通过实施策略使己方更为主动、有利；反面运用就是让对方处于被动地位。谈判有时类似于对抗性游戏，既可以通过增强己方实力获得胜利，也可以通过削弱对方实力获得胜利，即有时增强自己的谈判实力与削弱对方的谈判实力的效用是等价的。

谈判策略有时是单一运用，有时是多个策略组合运用。同时，谈判策略是一种谈判行为的规范，规定谈判者在一种能预见和可能发生的情况下应该做什么、不能做什么。谈判中所采取的许多策略都要经历酝酿和运筹的过程，这也是集思广益的过程；只有经历这一过程，才能选择准确、恰当的商务谈判策略。

5.2　商务谈判开局阶段的策略[②]

商务谈判的开局阶段是指谈判准备阶段之后，谈判双方进入面对面谈判的开始阶段。商务谈判开局阶段中的谈判双方对谈判尚无实质性认识。各项工作千头

---

① 樊建廷. 商务谈判［M］. 大连：东北财经大学出版社，2001：230-231.
② ANG T，姜旭平. 双赢谈判课堂［M］. 上海：上海交通大学出版社，2008：25-29.

万绪，无论准备工作做得如何充分，都免不了遇到新情况、碰到新问题。由于在此阶段中，谈判各方的心理都比较紧张、态度比较谨慎，都在调动一切感觉功能去探测对方的虚实及心理态度，所以，在这一阶段一般不进行实质性谈判，而只是进行见面、介绍、寒暄，以及谈判一些不是很关键的问题。这些非实质性谈判只占整个谈判程序中一个很小的部分。从内容上看，这些非实质性谈判似乎与整个谈判主题无关或关系不太大，但它很重要，因为它为整个谈判定下了基调。

商务谈判开局处理不好，会导致两种弊端：一是目标过高，使谈判陷入僵局；二是要求太低，达不到谈判预期的目的。所以，在商务谈判开局阶段，我们应做好的工作如下所述。

5.2.1　营造有利的谈判气氛

气氛是弥漫在空间中能够影响行为过程的心理过程和心理感受的因素总和。谈判气氛是弥漫在谈判现场空间中能够影响谈判进程和结果的心理过程和心理感受的因素总和。气氛是看不见、摸不着的，却是客观存在的，这类似于物质的电场、磁场。物质之间相互作用有时不需要直接接触，通过看不见、摸不着的场就能产生作用。谈判气氛对谈判进程及结果有着重要的影响作用，是谈判成功与否的重要影响因素。商务谈判的实质是通过达成一致的协议取得合作，从而获得只有合作才能获得的利益。因此，取得合作是谈判的一个主题，合作需要融洽、友好、信任的气氛。

紧张、恐惧、冷漠、否定、怀疑、鄙视等属于消极气氛，不利于商务谈判；反之，期待、肯定、信任、尊重、平等、融洽、幽默等属于积极的气氛。

谈判气氛能够影响谈判人员的心理、情绪和感知觉，可以传达友好合作的信息，减少双方的戒备心理，对谈判的进程和结果产生影响作用。谈判气氛形成于开局，营造有利于谈判的气氛是开局的一项重要任务。

要想营造一种和谐的谈判气氛，就要善于把客观因素与主观努力相结合。这可以从以下几个方面入手：

第一，调控客观因素，温度、湿度、通风、光照、桌椅及其摆放、座位的安排、音响效果等，要尽量调控到最舒适的状态。过热或过冷的温度会令人烦躁不安，光照太强或太弱会使视觉难受，桌椅的高度和软硬程度要恰到好处，座位安排要符合礼仪，客观因素会影响到主观的心理感受。

第二，调控主观因素。接待规格、接待态度、寒暄的语气等都是影响气氛的因素，要掌握好分寸。接待的规格过高会使人拘束不安，太低会引起不满；接待态度要不卑不亢；寒暄要尽量轻松自然。

总之，友好、融洽、合作的气氛是最终目标。

营造气氛的常用方法包括如下方面：

1.寒暄

双方互致问候，通常都是个人的或者家庭的问候，以达到友好、亲近的目的。

2.非实质性的、双方都感兴趣的、容易引起共鸣的话题

如足球、篮球、奥运会、影视明星、名车、名吃等，这些非实质性的话题不会引起对抗，因为都感兴趣且不是原则问题，双方会比较放得开，容易产生共鸣，从而营造友好、融洽、合作的气氛。如果没有共同的爱好，则找一个双方共同认识的某个第三者，一起来谈论一下，效果一定不错。在中国，谈论籍贯是营造气氛很有效的话题，因为从中比较容易找到共同点，如都是北方人或南方人。

3.称赞法

称赞法是指通过称赞对方，肯定对方的价值，使其满足尊重的需求。在第2章，我们讨论过商务谈判理论的三大基石，得到尊重、价值被承认、有成就感，是人的共性，也是基本需求。实践证明，人更愿意与认可自己价值的人合作。采用称赞法时应该注意以下几点：

第一，选择恰当的称赞内容。这些内容应该是对方引以为豪的、有成就感的、能满足自尊需要的。这就需要充分的信息收集准备工作。要充分了解谈判对方个人的各方面的有关信息。当然，称赞只是手段，不是目的，称赞是为了谈判目标服务的，称赞的内容不能与己方谈判的目标相矛盾。

第二，掌握适宜时机和分寸。适宜的时机是适宜的时间和适宜的场合，时机不合适，不但无效果，反而画蛇添足。适宜的分寸是：不卑不亢，既让对方感到己方的真诚，又不至于让对方轻视己方。

4.幽默法

用幽默语言常常能够破解难题，获得意外的效果。其特征是既出乎意料又合乎情理，既特立独行又容易被接受，看似个性十足，实则富有亲和力。幽默可以消除戒备，放松心情，增进友谊，促进合作。

幽默并不容易，不仅需要有一定的语言驾驭能力，还需要足够的情商。具有幽默感的人，通常善解人意、宽容大度、思维活跃以及思路开阔（参见小案例2-9）。

5.2.2　策划开局策略应考虑的因素[①]

1.谈判双方之间的关系

（1）双方有过业务往来，且关系很好

在这种情况下，开局的目标应该是营造热烈、真诚、友好和轻松愉快的谈判气氛。己方谈判人员在语言和行为等方面应该表现出热情的一面。

（2）双方有过业务往来，但关系一般

在这种情况下，开局的目标应该是争取营造一个相对友好、和谐的谈判气氛。但是，己方谈判人员在语言和行为等方面的热情程度上要有所控制，以免过犹不及。

（3）双方有过业务往来，但己方对对方印象不好

在这种情况下，开局时的谈判气氛应是严肃、凝重的。己方谈判人员在开局时在语言和行为上要注意礼貌，但也要表现出对过去双方关系的不满以及希望通过磋商来改变这种状况的意愿。

（4）双方过去没有业务往来

在这种情况下，应力争营造一个真诚、友好的气氛，以淡化和消除双方的陌生感以及由此带来的防备心，为后面的实质性谈判奠定良好的基础。己方谈判人员在语言、态度上都应当表现得礼貌友好，但又不失身份。

2.双方的谈判实力

（1）双方谈判实力相当

在开局阶段要力争营造友好、轻松、和谐的气氛。己方谈判人员在语言和态度上要做到轻松而不失严谨、礼貌而不失自信、热情而不失沉稳，以削弱对方的戒备心理和对立情绪。

（2）己方谈判实力明显强于对方

在开局阶段既要表现得礼貌友好，又要充分显示出己方的自信和气势，从而给对方一定的威慑力。

（3）己方谈判实力弱于对方

在开局阶段，语言和姿态一方面要表现出友好，积极合作；另一方面要充满自信、举止沉稳、谈吐大方，使对方不至于轻视己方，以至于影响后面的实质性

---

① 　任正臣，庞绍堂，童星. 商务谈判［M］. 南京：译林出版社，1994：188-191.

谈判。

5.2.3　商务谈判开局策略[①]

商务谈判开局策略是指谈判者谋求谈判开局有利的形势、地位和实现对谈判开局的控制而采取的行动方式或手段。良好的开局气氛以及恰当的开局策略对真正的实质问题的探讨有着重要的作用。因此，在营造良好的谈判气氛时，运用正确的开局策略是非常重要的。常见的商务谈判开局策略有：

1.一致式开局策略

一致式开局策略又叫协商式开局策略，是指在谈判开始时，为了使对方对自己产生好感，以协商、肯定的方式，创造或建立起谈判的"一致"感觉，从而使谈判双方在友好愉快的气氛中不断将谈判引向深入的一种开局策略。

小案例 5-1

1972 年 2 月，美国总统尼克松访华，中美双方要展开一场具有重大历史意义的国际谈判。为了营造和谐融洽的谈判环境和气氛，中国方面在周恩来总理的亲自领导下，对谈判过程中的各种环境都作了精心、周密的准备和安排，甚至对宴会上要演奏的中美两国民间乐曲都进行了精心挑选。在欢迎尼克松一行的国宴上，军乐队熟练地演奏起由周总理亲自选定的尼克松平日最喜爱的并且指定在他的就职典礼上演奏的家乡乐曲——《美丽的亚美利加》。尼克松也被这种融洽而热烈的气氛感染了，宴会气氛推向了高潮。

美国总统杰弗逊曾经针对谈判环境说过这样一句意味深长的话："在不舒适的环境下，人们可能会违背本意，言不由衷。"《美丽的亚美利加》乐曲就是中国外交人员针对特定的谈判对手，为了更好地实现谈判的目标而进行的一致式谈判策略的运用。

资料来源　[1] 尼克松. 尼克松回忆录（中）[M]. 裘克安，等译. 北京：商务印书馆，1979：256. [2] 菲舍尔. 普利策最佳国际报道奖获奖文选 [M]. 应谦，李焕明，译. 北京：新华出版社，1990：374-376. [3] 王政挺. 中外谈判谋略掇趣 [M]. 北京：东方出版社，1992：272.

思考：在这场谈判中，如果你是总理，是否还能设计出其他有利于谈判气氛的一致式开局策略？

---

① 汤秀莲. 国际商务谈判 [M]. 天津：南开大学出版社，2003：191-197.

2. 保留式开局策略

保留式开局策略是指在谈判开局时，对谈判对手提出的关键性问题不作彻底的、确切的回答，而是有所保留，从而给对手造成神秘感，以吸引对手步入谈判。注意在采取保留式开局策略时不要违反商务谈判的道德原则，即以诚信为本，向对方传递的信息可以是模糊信息，但不能是虚假信息；否则，会将自己陷入非常难堪的局面之中。

小案例 5-2

江西省某工艺雕刻厂经过不断努力，将产品打入日本市场，战胜了其他国家在日本经营多年的厂家，被誉为"天下第一雕刻"。

有一年，日本三家株式会社的老板同一天接踵而至，到该厂订货。其中一家资本雄厚的大商社，要求原价包销该厂的佛坛产品。这应该说是好消息。但该厂的人想，这几家原来并不经销该厂的产品，为什么争先恐后、不约而同地到本厂来订货？他们查阅了日本市场的资料，得出的结论是：本厂的木材质量上乘、技艺高超是吸引外商订货的主要原因。于是，该厂采用了"待价而沽""欲擒故纵"的谈判策略，先不理那家大商社，而是积极抓住两家小商社求货心切的心理，把佛坛的梁、榴、柱，分别与其他国家的产品作比较。在此基础上，该厂将产品当金条一样争价钱、论成色，使其价格达到理想的高度。该厂首先与小商社拍板成交，造成那家大商社产生失去货源的危机感。那家大商社不但更急于订货，而且想垄断货源，于是大批订货，以至于订货数量超过该厂生产能力的好几倍。

本例中，该厂策略成功的关键在于其策略不是盲目的、消极的。首先，该厂产品确实好，而几家商社求货心切，在货比货后让客户折服；其次，巧于审时度势，先与小商社谈，并非疏远大商社，而是牵制大客户，促其有危机感。这样，订货数量和价格才大幅增加。

资料来源　杨志熙. 兵战与商战——市场竞争理论与实践［M］. 北京：中国商业出版社，1988：143-144.

思考：保留式开局策略体现了哪些理论？

---

3. 坦诚式开局策略

坦诚式开局策略是指以开诚布公的方式向谈判对手陈述自己的观点或想法，从而为谈判打开局面。坦诚式开局策略比较适合于有长期合作关系的双方，其对以往的合作都比较满意，彼此比较了解，不用太多的客套，减少了很多外交辞令，节省时间，直接坦率地提出自己的观点、要求，反而更能使对方对己方产生信任感。采用这种策略时，要综合考虑多种因素，如自己的职务、与对方的关系、当时的谈判形势等。

坦诚式开局策略有时也可用于谈判力弱的一方。当己方的谈判力明显不如对方，并为双方所共知时，坦率地表明己方的弱点，让对方加以考虑，更表明己方对谈判的真诚，同时表明对谈判的信心和能力。

4. 进攻式开局策略

进攻式开局策略是指通过语言或行为来表达己方强硬的姿态，从而获得对方必要的尊重，并借以制造心理优势，使谈判顺利地进行下去。采用进攻式开局策略一定要谨慎，因为在商务谈判开局阶段就设法显示自己的实力，使谈判开局处于剑拔弩张的气氛中，对谈判进一步发展极为不利。

进攻式开局策略通常只在这种情况下使用：发现谈判对手在刻意制造低调气氛，这种气氛对己方的讨价还价十分不利；如果不把这种气氛扭转过来，将损害己方的切身利益。

进攻式开局策略可以扭转不利于己方的低调气氛，但是也可能使谈判在一开始就陷入僵局。

5. 挑剔式开局策略

挑剔式开局策略是指开局时，对对方的某项错误或礼仪失误严加指责，使其感到内疚，从而营造低调气氛，迫使对方让步。

5.3 商务谈判磋商阶段的策略[①]

磋商阶段是商务谈判的主体阶段，也是最艰难的阶段。磋商阶段包括报价、让步、僵局的处理等内容和过程。

---

① 樊建廷. 商务谈判［M］. 大连：东北财经大学出版社，2001：143-144.

5.3.1　商务谈判磋商的准则

1.把握气氛准则

谈判气氛形成于商务谈判的开局阶段，但始终贯穿于商务谈判的过程中。因此，在商务谈判的磋商阶段，把握调控好谈判气氛也是必需的。调控气氛是手段，达到谈判目标是目的。进入磋商阶段之后，谈判双方要针对对方的报价讨价还价。双方之间难免会出现提问和解释、指责和反击、请求和拒绝、建议和反对、进攻和防守，甚至会发生激烈的辩论和无声的冷场，谈判气氛自然也会随之变化。为了更好地达到谈判目标，要根据现场的情况，在总体和谐、信任、友好的基础上，适当地调节谈判的气氛。若对方提出与己方目标相差甚远的要求，通过耐心解释和诚恳退让仍不能取得一致，就不能一味维持开局形成的气氛了，要适度地体现出不满、无奈甚至难以合作的态度。这种调控是一种局部的手段，需要把握好大局。这种调控手段在整个谈判过程中也许会有多次的重复。此外，不是原则性的对立时，可以通过营造友好的气氛促成化解矛盾，如回顾以往的愉快合作、展望良好的合作前景等。

2.次序逻辑准则

次序逻辑准则是指把握磋商议题内含的客观次序逻辑，确定谈判目标启动的先后次序与谈判进展的层次。

在磋商阶段，双方都面临着许多要谈的议题，如果不分先后次序，不讲究磋商进展层次，想起什么就争论什么，就会毫无头绪，造成混乱，毫无效率可言。因此，双方要通过磋商确定几个重要的谈判议题，按照其内在逻辑关系排列先后次序，然后逐题磋商。可以先磋商对后面议题有决定性影响的议题，此议题达成共识后再讨论后面的问题；也可以先对双方容易达成共识的议题进行磋商，将双方认识差距较大、问题比较复杂的议题放到后面去磋商。

次序逻辑准则也适用于对某一议题的磋商。某一议题也存在内在逻辑次序，比如价格问题就涉及成本、回报率、市场供求、比价等多方面内容。一般考虑将最容易讲清楚、最有说服力的内容作为切入点，避免一开始就在一些不容易说清楚的话题上争论不休，影响重要问题的磋商。

3.掌握节奏准则

磋商阶段的谈判节奏要稳健，不可过于急促。因为这个阶段是解决分歧的关键时期，双方对各自观点要进行充分的论证，许多认识有分歧的地方要经过多次交流和争辩，而且某些关键问题一轮谈判不一定能达成共识，要经过多次的重复谈判才能完全解决。一般来说，双方开始磋商时节奏要相对慢些，双方都需要时间和耐心倾听对方的观点，了解对方，分析研究分歧的性质和解决分歧的途径。关键性问题涉及双方的根本利益，必然会坚持自己观点，不肯轻易让步，还有可能使谈判陷入僵局，所以磋商是需要花费较多时间的。谈判者要善于掌握节奏，不可急躁，稳扎稳打，步步为营。一旦出现转机，要抓住有利时机不放，加快谈判节奏，不失时机地消除分歧，争取达成一致意见。

4. 沟通说服准则

磋商阶段实质上是谈判双方相互沟通、相互说服、自我说服的过程。没有充分的沟通，没有令人满意的说服，就不会产生积极成果。

首先，双方要善于沟通。这种沟通应该是双向的和多方面的。任何一方都既要善于传播己方信息，又要善于倾听对方信息，并且积极向对方反馈信息。没有充分的交流沟通，就会在偏见和疑虑中产生对立情绪。沟通内容应该是多方面的，既要沟通交易条件，又要沟通相关的理由、信念、期望，还要交流情感。

其次，双方要善于说服。要充满信心去说服对方，让对方感觉到你非常感谢他的协作，而且你非常愿意努力帮助对方解决困难。让对方了解你并非都"取"，还有"给"，要让对方真正感觉到赞成你是最好的决定。说服的准则是从"求同"开始，解决分歧，达到最后的"求同"；"求同"既是起点，又是终点。

5.3.2 商务谈判报价的策略

商务谈判既有利益的对立，又有利益的合作，是利益的对立统一过程。利益的对立是多方面的，有价格、交货时间、商品质量、包装、支付方式、商检、索赔、仲裁等，商务谈判的过程就是这些交易条件谈判的过程。谈判就必然讨价还价，这里的"价"是广义的，是指所有的交易条件。谈判就是针对所有的交易条件与对方讨价还价，谈判各方都是希望在各个交易条件上尽可能多地从对方那里获得权益，尽可能少地向对方作出承诺。在众多的交易条件中，价格是最核心的交易条件，因为价格与商务利益的关系最密切。另外，其他的交易条件都可以换算成价格。换句话说就是：如果所有的交易条件是商品，价格条件就是货币，就是一般等价物。我们可以用这个商品通过价格兑换成另一个商品，也可以用某一种交易条件通过价格换算成另一种交易条件。

由于商务谈判的交易条件众多且很复杂，价格是其核心，具有代表性，所以掌握了价格的谈判就可以在一定程度上应对所有的交易条件的谈判。

1. 价格矛盾原理

商务谈判的内容和方式千差万别，但是其本质是一样的，即双方各自获得一定的权益，同时作出承诺，表现形式往往一个是买方，另一个是卖方，买方付出货币得到商品，卖方付出商品得到货币。在所有的这种买卖交换过程中，都要面对估价的问题。从理论上讲，估价有三种情况：

❶ 卖方认为价格太低了，而买方认为太贵，双方存在估价矛盾；

❷ 买卖双方认同，一拍即合；

❸ 卖方认为价格高了，买方认为价格低了，成了双方互相谦让。

实践中第三种情况几乎是不存在的。也正是因为估价矛盾的存在，才有了谈判。这种价格矛盾源于双方估价的依据不同。如果双方的估价依据相同，那么按照客观标准，矛盾就很好解决了。卖方的估价依据是生产成本和竞争价格，买方的估价依据则是商品的效用和支付能力（如图5-1所示）。生产成本是卖方价格的下限，竞争价格是卖方价格的上限。企业生产的目的是营利，低于生产成本的价格是不合目的的，一般是不会卖出的；高于竞争价格是卖不出去的。定价自由，也只是在这个范围内的相对自由。对于买方来说，最关心的是商品的效用和支付能力。没有效用、不能产生利润的商品，再便宜也不会购买；有效用、能赚钱，但无支付能力的，也不会购买。正是因为双方的估价依据不同，所以才会出现价格矛盾。

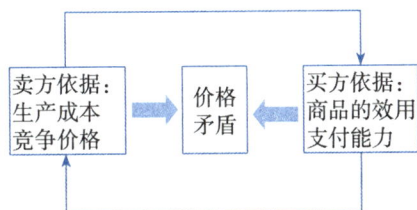

图5-1　买卖双方价格评估依据

资料来源　作者自己设计绘制。

明白了价格矛盾原理，我们就能够在价格谈判中运用这一原理。在生活中，我们常常见到有的推销员在推销产品遇到价格矛盾时会说："这个产品的成本都要××元，现在的价格只比成本高出几毛钱，我基本上没有赚钱啊！"其实说这样的话，基本上不起什么作用。因为一方面，由于利益的对立，买方根本不会相信；另一方面，也是最重要的一点，顾客购买时，对价格的评估几乎不会考虑你赚不赚钱，他只关心这个东西对自己有没有效用和自己有没有支付能力。这一原理对商务谈判中的卖方也是很有启发作用的。

2. 报价的依据[①]

前面论述的是价格矛盾的基本原理，在商务谈判这样的特定场合中，价格的影响因素虽然不变，但会以其他的形式表现出来。换句话说，在商务谈判实践中，影响价格评估的依据除了生产成本、竞争价格、产品效用、支付能力这些因素本身之外，还会以其他的形式表现出来。这些因素大致有以下几个方面：

（1）市场行情

市场行情是指市面上同类产品的一般价格和波动范围。从原理上讲，市场行情就是同类产品卖家的生产成本和竞争价格，显然这就是卖方的估价依据。可见，了解市场行情，掌握价格信息及变动趋势，对于正确报价或还价是多么重要，这也是谈判实力的体现。

（2）利益需要

需要是行为最原始的动力，所有的行为都是由需要驱动的。这是心理学的基本原理，也是人的行为规律。利益就是满足需要，所以利益也是行为的动力。不同目的的销售谈判，也许会有不同的报价。如果为了单纯的盈利，卖方会坚持高价；如果双方都为了单纯的盈利，价格就会争夺得很激烈，结果很有可能谈判破裂或者互不退让；如果是为了渗透对手市场，卖方会逐步妥协，最后以较低价格成交。

（3）产品属性

产品属性是指产品所具有的性质以及该产品与其他产品之间的关系，具体地说，就是产品的质量（即物理属性、化学属性、生物属性等）、工艺的复杂程度、产品的功能等。产品的质量越高、工艺越复杂、功能越强，价格就越高；反之，价格就越低。这是因为，产品的属性决定了产品的效用，而效用是估价的依据之一，产品属性是效用因素的表现。

（4）交货时间

交货时间会影响到买方的效用。如果买方购买的目的是转卖或加工生产，那

---

① 赵春明，郭虹，竺彩华. 商务谈判［M］. 2版. 北京：中国财政经济出版社，2005：194-195.

么交货时间的早晚会影响买方的盈利，从而影响所购货物给买方带来的效用，所以交货时间自然成为价格的影响因素之一。有时交货时间对买卖双方来说都非常重要，这时交货时间也就成为价格的影响因素。例如，美国某商人在圣诞节前一个月向中国某企业高价订购一批瓷器茶具，欲作为圣诞礼品高价出售，但中方不能赶在圣诞节之前交货，圣诞节之后只能作为一般的茶具低价出售，结果最后以很低的价格成交。在不同的时间消费，其效用是不同的。

（5）附带条件

商务谈判标的物的买卖包括了标的物的附带条件，即质量保证、售后服务、安装调试、长期供应配件、技术培训等。商品的本质是顾客通过购买获得满足，商品的整体概念包括核心产品、实体产品、附加产品。附带条件是商品效用的保证和延续，所以就必然会影响价格。

（6）产品和企业的声誉与形象

声誉与形象是宝贵的无形资产，无形资产是相对于有形资产而言的，一个是虚的，另一个是实的。良好的声誉与形象是虚的，但是其可以支持较高的价格，是高质量、高服务的保证，具有实的效果。总之，良好的声誉与形象能够影响商品的效用，所以也是价格的影响因素。

（7）交易规模

交易规模也会影响价格。卖方总是希望交易的规模越大越好，这样交易的成本较低，利润总额可观，因而价格容易松动。

（8）消费的时间和空间

同样的商品，在不同的时间消费，其效用和成本是不同的。啤酒是常年生产、季节消费，冬季是啤酒消费的淡季，整体而言，啤酒的效用下降了，因此啤酒的价格就会下降；反之，亦然。影剧院中的每个座位，生产成本是一样的，但不同位置的效用不同，价格自然不同。

同理，同样的商品在不同的空间消费，也会产生不同的效用。一瓶葡萄酒，超市卖40元，在五星级酒店内可以卖到160元，120元的差价就是因为消费空间的差异。

总之，时间差异和空间差异改变了商品的效用，所以价格也要跟着变化。

（9）支付方式

支付方式从支付物上看，有银行转账、支票、信用证、现金、欠条、货物等形式，从支付时间上看有一次性付清、先款后货、先货后款、分期付款、延期付款、交纳定金或订金等。这些不同的支付方式所包含的权利和义务是不相同的，其效用和成本也是不同的。欠条对卖方是最不利的，因为对卖方而言，欠条的风险最大、成本最高，所以，欠条支付，标的物的价格应该是最高的；反之，银行转账和现金支付非常安全，价格就应该是最低的。

3. 报价的顺序[①]

报价顺序这个问题看似很简单，其实还是很微妙的，有时甚至会影响到最终的谈判结果。先报价和后报价各有利弊，互有长短。

先报价的优点是可以设定价格范围，先声夺人，影响对方。在商务谈判中，价格受到很多因素的影响，关于这些因素的信息不可能全部掌握，因此合理的价格往往也无法确定，因而人们常常会不自觉地参考对方的报价，在对方报价的基础上分析评估价格。另外，先报价往往会出乎对方的预料和期望，增强了对方对达成协议难度的评估程度，相当于给了对方一个下马威，在随后的讨价还价过程中就有了更多的交易筹码，就会比较主动一些。

先报价也有缺点，作为卖方，第一次报价将会是最高价；作为买方，第一次报价则是最低价。以后的价格都不会好于第一次报价，所以说先报价就等于首先向对方作出了一个承诺，在以后的讨价还价过程中就不能再提出好于这个报价的价格了。先报价也给对方进攻提供了靶子，对方可以在己方的报价中挑刺，寻找进攻的切入点，这有点像己方在明处、对方在暗处的较量一样。如果对方对己方的报价感到意外，对方还可以临时修改，所以比较主动。

由于优缺点是反向共轭的，所以后报价的优缺点就不再赘述了。总体而言，谈判实践中，后报价的情况稍多一些，人们往往倾向于后报价。

根据先后报价优缺点的原理，可以总结先后报价的策略和适应情况。

（1）先报价策略

如果己方掌握信息优势，则己方的成交弹性较大，不存在因为信息不全而错误报价。双方是长期合作伙伴，己方是行家，交易标的物的信息是公开透明且很容易得到的等情况，适合于先报价。在这些情况下，先报价不会受到其缺点的不利影响，可以提高谈判效率。

如果双方都不愿意先报价，那么卖方或者发起人应该先报价。从公平的角度讲，卖方掌握交易标的物的信息肯定多于买方，有义务先报价；发起人处于交易的主导地位，也有先报价的义务。

（2）无所谓先后策略

当报价先后的优缺点不明显时，报价先后就无所谓了。这适用于：双方谈判实力相当，即双方对相关信息掌握的程度相差不大，成交弹性也差不多，双方是长期合作伙伴，不可能为了利用对方一次失误的报价而影响长期合作。

① 张泓铭. 工业企业价格管理［M］. 上海：上海社会科学院出版社，1989：363-364.

（3）后报价策略

己方是外行、掌握交易标的物的信息少于对方、成交弹性较小等情况，适合于后报价。后报价的最大好处在于，当你处于信息劣势时，可以避免因不了解情况而错误报价带来损失。因为你的第一次报价就是你的最有利价格，报价的实质就是向对方作出承诺。后报价可以先观察判断、修改调整，等到比较有把握时再报价，这样的承诺就会比较谨慎成熟。

小案例 5-3

爱迪生卖专利

1869 年，爱迪生到一家电报公司工作，发明了自动记录证券行情的收报机。一家公司的总经理向爱迪生购买这项发明。考虑到研究这项发明所花费的时间和精力，爱迪生觉得自己有权得到 5 000 美元；但从维持生计着想，3 000 美元也未尝不可。

在和总经理的商谈中，爱迪生觉得 5 000 美元的价钱太高，有些说不出口。于是，几经犹豫之后，他对总经理说："总经理，要不您开个价吧！"总经理看爱迪生犹豫的样子，非常担心爱迪生不想与他作交易，于是小心翼翼地说："给你 4 万美元，你满意吗？"说完，总经理紧张地看着爱迪生，生怕他生气，谈判破裂。爱迪生几乎惊呆了。他生怕总经理看出他激动的心情，好不容易才说出："这个价格还算合理。"

由此，爱迪生得到了意想不到的收获。

资料来源　[1] 刘秦. 发明家与发明 [M]. 呼和浩特：内蒙古人民出版社，1979：97. [2] 吉福特. 法律谈判的理论与技巧 [M]. 张宏，张西建，张勇，等译. 重庆：重庆大学出版社，1992：108.

思考：这个案例给了我们什么启发？

4. 确定报价

确定报价要明白两个基本问题：

一是卖方的报价是最高价，即在以后的讨价还价过程中，价格将越来越低；

二是买方的报价是最低价，以后越来越高。

此外，报价一定含有虚头，虚头就是价格中的水分。虚头是不可少的，因为这是国际惯例。另外，虚头也是讨价还价的筹码和解决僵局的手段。虚头的多少，无法一概而论，要视具体情况而定。

总之，高开价是基本原则，高不是指价格高，而是目标高，即对于卖方而言，报价倾向于高；对于买方而言，报价则倾向于低。当己方信息优势明显，对方的价格理解有利于己方时，可以利用这种信息的不对称，以对方的理解价格报价，不仅有利，而且有效。

5. 还价①

还价也就是对待对方的报价。从理论上讲，最完美、最理想的还价是按照生产成本加上合理的利润确定的，这样既公平合理，又简单易行。但在商场的实践中，由于各种风险、竞争和其他原因，生产成本都是商业机密，在谈判中是不可能完全知道对方的生产成本的。

正确的还价方法应该是：

❶ 不要干扰对方报价，认真听取，及时提问，加以复述，确认准确无误。

❷ 不急于还价，要求解释，拿出根据，从中寻找破绽和反击的切入点，利用原则谈判法坚持客观标准的原理，让对方重新报价，因为只有客观标准才是最有说服力的。尽量不提出自己的报价，避免给对方自己的底价，这意味着己方从未作出任何让步。

❸ 最后提出自己的报价，并在此基础上与对方讨价还价。

还价的步骤如图5-2所示。假设己方为买方，理论上的最后成交价应该是双方报价之和的1/2左右，所以，要对方重新报价之后再还价的结果一般来说都会好于直接还价的结果。

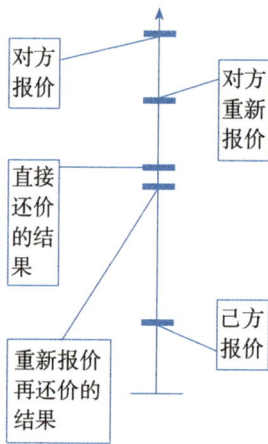

图5-2　还价的步骤

资料来源　作者自己设计绘制。

---

① 芭荼. 最新经纪人运作手册［M］. 北京：中国发展出版社，1995：268-269.

5.3.3　商务谈判让步的策略[①]

在商务谈判的磋商阶段，对己方条件作一定程度的让步是双方必然的行为。如果谈判双方都坚持自己的阵线而不后退半步，那么谈判永远也达不成协议，谈判追求的目标也就无法实现。谈判者都要明确他们要求的最终目标，同时他们必须明确为达到这个目标可以或愿意作出哪些让步，作多大的让步。让步本身就是一种策略，它体现谈判者用主动满足对方需要的方式来换取己方需要的精神实质。如何运用让步策略，是磋商阶段最为重要的事情。

1. 让步的原则和要求

（1）维护整体利益

让步的一个基本原则是：整体利益不会因为局部利益的损失而造成损害；相反，局部利益的损失是为了更好地维护整体利益。谈判者必须十分清楚什么是局部利益，什么是整体利益；什么是枝节，什么是根本。让步只能是局部利益的退让和牺牲，而整体利益必须得到维护。因此，让步前一定要清楚什么问题可以让步，什么问题不能让步，让步的最大限度是什么，让步对全局的影响是什么等。以最小让步换取谈判的成功，以局部利益换取整体利益是让步的出发点。

（2）明确让步条件

让步必须是有条件的，绝对没有无缘无故的让步。谈判者心中要清楚，让步必须建立在对方创造条件的基础上，而且对方创造的条件必须是有利于己方整体利益的。当然，有时让步是根据己方策略或根据各种因素的变化而作出的。这个让步可能是为了己方全局利益，为了今后长远的目标，或是为了尽快成交而不至于错过有利的市场形势等。无论如何，让步的代价一定要小于让步所得到的利益。要避免无谓的让步，用己方的让步换取对方在某些方面的相应让步或优惠，体现出得大于失的原则。

（3）选择好让步时机

让步时机要恰到好处，不到需要让步的时候绝对不要作出让步的承诺。让步之前必须经过充分的磋商，时机要成熟，使让步成为画龙点睛之笔，而不要画蛇添足。一般来说，在对方没有表示出任何退让的可能，让步不会给己方带来相应的利益，也不会增强己方讨价还价的力量，更不会使己方占据主动的时候，不能作出让步。

[①]　樊建廷. 商务谈判［M］. 大连：东北财经大学出版社，2001：145–148.

（4）确定适当的让步幅度

让步可能是分几次进行的，每次让步都要让出自己的一部分利益。让步的幅度要适当，一次让步的幅度不宜过大，让步的节奏也不宜过快。如果一次让步的幅度过大，会把对方的期望值迅速提高，会提出更高的让步要求，使己方在谈判中陷入被动局面。如果让步的节奏过快，对方觉得轻而易举就可以得到需求的满足，因而认为己方的让步无须承担压力和损失，也就不会引起对方对让步的足够重视。

（5）不要承诺作出与对方同等幅度的让步

即使双方的让步幅度相当，双方由此得到的利益也不一定相同。不能单纯从数字上追求相同的幅度，我们可以让对方感到己方也作出了相应的努力，以同样的诚意作出让步，但是并不等于说幅度是对等的。

（6）在让步中讲究技巧

在关键性问题上力争使对方先作出让步，而在一些不重要的问题上己方可以考虑主动做出让步姿态，促使对方态度发生变化，争取对方的让步。

（7）不要轻易向对方让步

商务谈判中双方作出让步是为了达成协议而必须承担的义务，但是必须让对方懂得，己方每次作出的让步都是重大的让步，使对方感到必须付出重大努力之后才能得到一次让步，这样才会提高让步的价值，也才能为获得对方的更大让步打下心理基础。

（8）每次让步后要检验效果

己方作出让步之后要观察对方的反应，对方相应表现出的态度和行动是否与己方的让步有直接关系，己方的让步对对方产生多大的影响力和说服力，对方是否也作出相应的让步。如果己方先作了让步，那么在对方作出相应的让步之前，就不能再作让步了。

2.己方让步的策略

在磋商中，每一次让步不但是为了追求自己的满足，同时要充分考虑到对方的最大满足。谈判双方在不同利益问题上相互给予对方让步，以达成谈判协议为最终目标。

（1）互惠互利的让步策略

谈判不会是仅仅有利于某一方的洽谈；一方作出了让步，必然期望对方对此有所补偿，获得更大的让步。谈判双方可以通过采取横向谈判和纵向深入谈判的方式来实现。

❶横向谈判，即采取横向铺开的方法，几个议题同时讨论、同时展开、同

时向前推进。横向谈判把各个议题联系在一起，双方可以在各议题上进行利益交换，达成互惠式让步。争取互惠式让步，需要谈判者具有开阔的思路和视野。除了某些己方必须得到的利益必须坚持以外，不要太固执于某一个问题的让步，而应统观全局，分清利害关系，避重就轻，灵活地使己方的利益在某方面能够得到补偿。

❷ 纵向深入谈判，即先集中解决某一个议题，而在解决其他议题时，已对这个议题进行了全面深入的研究讨论。采用纵向深入谈判的方式，双方往往会在某一个议题上争持不下，而在经过一番努力之后，往往会出现单方让步的局面。

(2)"予之远利，取之近惠"的让步策略

在商务谈判中，参加谈判的各方均持有不同的愿望和需要，有的对未来很乐观，有的则很悲观；有的希望马上达成交易，有的却希望能够等上一段时间。因此，谈判者自然也就表现为对谈判的两种满足形式，即对现实谈判交易的满足和对未来交易的满足，而对未来交易的满足程度完全凭借谈判人员自己的感觉。对于有些谈判人员来说，可以通过给予其期待的满足或未来的满足而避免给予其现实的满足，即为了避免现实的让步而给予对方以远利。比如，当对方在谈判中要求己方在某一问题上作出让步时，己方可以强调保持与己方的业务关系将能给对方带来长期的利益，而本次交易对是否能够成功地建立和发展双方之间的这种长期业务关系是至关重要的，向对方说明远利和近利之间的利害关系。假如对方是精明的商人，是会取远利而弃近惠的。其实，对己方来讲，采取予远利、谋近惠的让步策略，并未付出什么现实的东西，却获得近惠，何乐而不为！

(3)丝毫无损的让步策略

丝毫无损的让步策略是指在谈判过程中，当谈判的对方就某个交易条件要求己方作出让步，其要求的确有些理由，而己方又不愿意在这个问题上作出实质性的让步时，采取这样一种处理办法，即首先认真地倾听对方的诉说，并向对方表示："我方充分地理解您的要求，也认为您的要求是有一定的合理性的，但就我方目前的条件而言，因受种种因素的限制，实在难以接受您的要求。我们保证在这个问题上我方给予其他客户的条件绝对不比给您的好。希望您能够谅解。"假如不是什么大的问题，对方听了上述一番话以后，往往会自己放弃要求。

3.迫使对方让步的策略

在谈判中，己方利益的取得，很大程度上取决于对方的让步幅度，因此，掌握谈判过程中如何使对方让步的策略就至关重要。

（1）情绪爆发策略[①]

情绪爆发策略的基本做法是：当双方在某一问题上相持不下，或者对方的态度、行为欠妥，或者要求不合理时，己方可抓住这一时机，突然情绪爆发，大发脾气，严厉指责对方无理，有意制造僵局。情绪爆发的强度应视谈判环境和气氛而定，但不管怎样，强度应该保持在较高水平上，甚至拂袖而去，这样才能震撼对方，产生足够的威慑作用。一般来说，如果对方不是谈判经验丰富的行家，在突然激烈冲突的巨大压力下，往往会手足无措，动摇信心和立场，甚至怀疑和检讨自己是否做得太过分，而重新调整和确立谈判方针和目标，并作出某些让步。

（2）吹毛求疵策略[②]

吹毛求疵策略是指专门寻找产品的缺陷，并加以放大。这是一种比较常见且卓有成效的讨价还价策略。假设你看中一款心仪的服装，仅此一家，非买不可，你千万不能表露出你的真实心理；否则，卖家就会很强硬，毫不妥协了。最好的办法是先侦察一下，全面准确地了解对方的信息，然后开始讨价还价。你可以挑剔产品，尽管那些都不是问题。如果对方证据充分，滴水不漏，头头是道，你就从主观上挑毛病：

"这款红颜色我不喜欢（其实这是你的最爱），替我拿一件黑色的吧（已经侦察过了，卖家没有这种颜色）。"

"不好意思，没有。"

"哎呀，太遗憾了。"

"要不给您打个九折？"

"我考虑一下。这款衣服肩部的饰物太夸张了，不适合我，还是算了吧。"

"啊，这点装饰看不出来的……好吧，那么八折卖给您了。"

总之，吹毛求疵策略的本质是让对方认为己方成交弹性很大，如果不妥协，己方就会退出谈判，从而对方因为担心谈判破裂而作出退让。

（3）红白脸策略[③]

在谈判的磋商阶段，采用该种策略时，通常是先由唱白脸的人出场，他傲慢无理、苛刻无比、强硬僵化、立场坚定、毫不妥协，让对手产生极大的反感。当谈判进入僵持状态时，红脸者出场，他体谅对方的难处，以合情合理的态度照顾对方的某些要求，放弃自己一方的某些苛刻条件和要求，作出一定的让步，扮演一个红脸的角色。

[①] 卢自民，仵志忠. 现代商贸谈判学 [M]. 西安：陕西人民出版社，1994：421-422.
[②] 曾兆祥. 商务谈判 [M]. 北京：中国商业出版社，1991：170-171.
[③] 张勤，李永堂，张淑芬. 经济谈判 [M]. 北京：中国经济出版社，1989：48-49.

红白脸策略往往在对手缺乏经验、很需要与你达成协议的情境下使用。从成交弹性理论的角度来看，红脸者显得成交弹性很小，可使对方认为己方是有成交诚意的；白脸者让对方感到己方的成交弹性很大，若不妥协，己方就会退出谈判。综合考虑后，对方就会想赚多赚少都是赚，总比不赚强，于是己方能得到较好的谈判结果。如果己方都扮演白脸者，一致很强硬，对方会认为己方根本没有诚意，这笔订单肯定做不成，不必浪费时间和精力，就会放弃谈判了。如果己方都扮演红脸者，对方就会认为己方成交弹性很小，必须成交，于是很强硬，毫不退让。总之，红白脸策略可以取长补短，使己方的谈判实力大大增强。

（4）得寸进尺策略[①]

得寸进尺策略是指谈判的第一次让步往往会引起对方一连串的让步要求，从而获得更多的利益的一种谈判策略。

采用该种策略通常会先努力在对方的谈判防线上打开一个小缺口，再用各种理由，逼对方不断地扩大缺口，以实现自己的目标。因为既然对方肯让第一步，就表明既有交易的诚意，也有报价的水分，为了交易，能让的都可以让。

采用得寸进尺策略时要注意：

❶ 要掌握让对方让步的信息和理由；

❷ 对方让步的余地较大；

❸ 要有比较准确的测算和推断能力。

（5）声东击西策略[②]

声东击西策略是指一方为达到某种目的和需要，故作声势地将洽谈的议题引导到某些并不重要的问题上去，以给对方造成错觉，而在主要问题上放松警惕，从而有利于己方的策略。

在运用声东击西策略时，往往采用和对方纠缠于某些方面或在某些方面轻易让对方满意的手段，转移对方的注意力，从而获得相关的信息和有利的条件，迫使对方在另一些方面作出让步。比如，买方知道卖方不能缩短交货期，但他举出种种理由来说明必须缩短交货期，摆出一副交货期对己方非常重要的姿态，如果不能满足，则己方损失巨大。若对方不能满足己方，就应该在其他交易条件如价格、支付方式上作出让步。对方难以按期交货，己方其实无所谓，己方的真实目的是在价格和支付方式上。声东击西之后，己方的目的就比较容易达到了。

---

① 谢少安. 对外贸易心理学［M］. 武汉：武汉工业大学出版社，1990：316.
② 张勤，李永堂，张淑芬. 经济谈判［M］. 北京：中国经济出版社，1989：49.

采用声东击西策略时应注意：

❶ 要有"声东"的条件和理由，才能不引起对方的怀疑；

❷ "声东"要逼真，"击西"也要自然，要找好过渡的台词；

❸ 要了解对手的心理；

❹ 要掌握好"击西"的时机。

4. 阻止对方进攻的策略

谈判是一个双方协商的过程，所以，既然己方会迫使对方让步，那么对方同样可以迫使己方让步。因此，己方除了学会进攻之外，还需要学会有效的防守策略，掌握一些能够有效地防止对方进攻的策略。

（1）受限制策略

所谓受限制策略，是指当对方提出某项自己不能接受的条件时，谈判人员为了使己方的利益免受损害而采取的以"本人权力有限，不能对此拍板"或"客观条件不能满足贵方的提议"为借口的策略。该策略把客观因素作为对方进攻时的"挡箭牌"，以阻挡对方的进攻。受限制策略一般有权力受限和资料受限两种客观因素可以利用。

❶ 权力受限。权力受限能够抵挡对方进攻："我也认为你的要求有道理，可是我无能为力。"权力受限的谈判者可以很坦然地对对方的要求给予"不"的回答。因为任何谈判者都不能强迫对方不顾国家法律及公司政策的规定，超越权力而答应对方的要求。所以说，"受限制的权力才是谈判中最大的权力"。现实中，我们在与对方讨价还价时，对方如果说："不好意思，我只是一个打工的，这个是老板给我的价格下限，我不可以再降价了。如果你嫌贵，那么明天来找老板商量，他今天在浙江进货。"面对这样的情景，我们往往倾向于妥协，而不愿意为了一点小钱再跑一趟。权力有限是客观的，客观事实才是最有说服力的，这一点与原则谈判法的坚持客观标准是相通的。但需要注意，权力受限策略不能滥用，只能在关键时刻使用这一策略；否则，对方会认为你没有谈判的诚意，或者没有谈判的资格。[①]

❷ 资料受限。资料受限的借口一般是在对手要求谈判人员就某一问题作出详细的解释或直接要求谈判人员在某一问题上作出让步的情况下使用。此时，谈判人员可以用抱歉的口气告诉对方："实在对不起，有关详细资料我手头没有。"或者说："这资料属于本公司的商业机密，不能透露，因此暂时不能作出答复。"这样就可将对方的问题暂时搁置，轻易地阻止对方咄咄逼人的攻势。而经过一段

---

① 曾兆祥. 商务谈判［M］. 北京：中国商业出版社，1991：169-170.

时间，在讨论其他议题之后，对方或者已将此问题遗忘，或者被其他问题吸引而无暇顾及，或者认为这个问题已不重要，无须再提。

与权力受限策略一样，资料受限策略也不能多用。如果常说资料不足，对方会认为你无心谈判，或者请你将资料准备齐全后再谈判。

除了权力受限和资料受限两种方法外，还有自然环境、人力资源、生产技术要求、时间等因素可作为客观条件受限的借口，谈判人员可以依据谈判的实际情况而加以运用。[①]

（2）疲劳策略[②]

谈判中如果遇到趾高气扬、十分自得的谈判者，当他们以各种方式来表现其要求我方作出我方不愿意或不可能作出的让步时，疲劳策略十分有效，能使对方的谈判者感觉疲劳生厌，并能逐渐磨去其锐气，从而扭转不利和被动的谈判局面。

采用疲劳策略，首先要求做好思想准备。开始时，对对方盛气凌人的要求应采用回避、周旋的方针；到后期，即使己方已在谈判桌上占了上风，也不要盛气凌人，而应采取柔中有刚的态度，切忌以硬碰硬，因为这会引起对立，致使谈判破裂。

（3）以退为进策略[③]

很多人都认为，要取得谈判的成功，就需要有一种勇往直前、积极进取的精神；但是，有时候一味地硬冲、硬打未必是一种最好的方法，以退为进也是一种不错的策略。所谓以退为进，是指以己方的一个小的让步来向对方表达己方的谈判诚意，从而使对方作出己方所期望的让步。

5.3.4　僵局的处理

由于谈判双方是既存在共同利益又存在利益对立的，因此不论是何种类型的谈判，都经常会出现影响谈判顺利进行的各种不利的情况，使谈判陷入僵局状态。如果我们不能很好地掌握僵局产生的原因以及处理僵局的各种方法和技巧，就难以达到预期的商务谈判目的。

商务谈判僵局是指在商务谈判过程中，双方对所谈问题的利益要求差距较大，各方又都不肯作出让步，导致双方因暂时不可调和的矛盾而形成对峙，使谈

① 成志明. 涉外商务谈判［M］. 南京：南京大学出版社，1991：198-199.
② 曾兆祥. 商务谈判［M］. 北京：中国商业出版社，1991：168-169.
③ 黄爱民，胡思祺，魏全木，等. 乡镇企业经营管理［M］. 南昌：江西科学技术出版社，1987：96-97.

判呈现出一种不进不退的僵持局面。[①]

1.商务谈判僵局产生的原因[②]

（1）谈判双方的利益冲突严重

如果谈判双方的利益关注点集中在相同的方面，则谈判过程中很容易产生僵局。比如，一宗货物买卖谈判中，买卖的双方都非常关注商品的价格和交货期限、交货方式等条款，则双方协调的余地会较小，很容易在此问题上互相讨价还价、互不让步，形成僵局。

（2）谈判者的行为失误[③]

在谈判中，由于一方言行不慎，伤害对方的感情或使对方丢了颜面，也会形成谈判的僵局，而且这种僵局最难处理。一些有经验的谈判专家认为，许多谈判人员维护个人的颜面甚于维护公司的利益，如果在谈判中，一方感到丢了颜面，他会奋起反击挽回颜面，甚至不惜退出谈判。这时，这种人的心态处于一种激动不安的状况，态度也特别固执，语言也富于攻击性，明明是一个微不足道的小问题，也毫不妥协退让，自然双方很难继续交谈，陷入僵局。

（3）面对强迫的反抗

谈判是要在双方坚持互惠互利原则的前提下进行的，但如果其中一方凭借其占有的一定优势向对方提出不合理的交易条件，强迫对方接受，不然就威胁对方，被强迫一方出于维护自身利益或维护尊严的需要，拒绝接受对方强加于己方的不合理条件，反抗对方强迫，这样双方就会僵持不下，使谈判陷入僵局。

（4）信息沟通障碍

谈判过程是一个信息沟通的过程，只有双方信息实现正确、全面、顺畅的沟通，才能互相深入了解，才能正确把握和理解对方的利益和条件。但是，沟通中难免会有障碍。语言、表达能力和表达方式的差异，个性、观念、习俗的不同，都会造成信息沟通的障碍。信息沟通障碍不仅本身会影响谈判，而且会引发对立情绪，从而形成僵局。

2.处理商务谈判僵局的策略[④]

僵局使谈判双方陷入一筹莫展的境地。它影响谈判效率，挫伤谈判人员的自

① 王洪耘，宋刚，等. 商务谈判——理论·实务·技巧［M］. 北京：首都经济贸易大学出版社，1998：136.
② 樊建廷. 商务谈判［M］. 大连：东北财经大学出版社，2001：149-150.
③ 王洪耘，宋刚，等. 商务谈判——理论·实务·技巧［M］. 北京：首都经济贸易大学出版社，1998：138.
④ ［1］周达军. 商业企业经营学［M］. 北京：中国商业出版社，1991：428.［2］李品媛. 贸易谈判技巧［M］. 大连：东北财经大学出版社，1991：156-161.

尊心，因此，应尽力避免在谈判中出现僵局。在僵局已经形成的情况下，一般应采取以下策略来缓和双方的对立情绪，使谈判出现新的转机：

（1）理性对待谈判僵局

许多谈判人员把僵局视为失败，企图竭力避免它。在这种思想指导下，不是采取积极的措施，而是消极躲避，因此，在谈判过程中，为避免僵局的出现而作出一些不必要的让步。这种思想阻碍了谈判人员更好地运用谈判策略，从而达成一个对己不利的协议。应该看到，僵局出现对双方都不利。在谈判中，既不要把谈判僵局作为一种胁迫对手让步的策略，也不能一味地妥协退让，而是要具备勇气和耐心，在保全对方面子的前提下，灵活运用各种策略、技巧，攻克僵局这个堡垒。

（2）避重就轻

转移视线也不失为一个有效方法。谈判中僵局的出现，多数是由双方针对某一问题的争执而引起的，这时可以暂时放下这个问题，转而先磋商其他条款。例如，双方在价格条款上互不相让、僵持不下，可以把这一问题暂时抛在一边，洽谈交货日期、付款方式、运输、保险等条款。如果在这些问题处理上双方都比较满意，就可能坚定解决问题的信心；如果一方特别满意，则很可能对价格条款作出适当让步。

（3）运用休会策略

谈判出现僵局，双方情绪都比较激动、紧张，会谈一时难以继续进行。这时提出休会是一种较好的缓和办法，东道主可征得客人的同意，宣布休会。双方可借休会时机冷静下来，仔细考虑争议的问题，也可以召集各自谈判小组成员，集思广益，商量具体的解决办法。

（4）改变谈判环境

如果谈判双方作了很多的努力，最终还是无法打破谈判僵局，可以考虑改变一下谈判环境。谈判室作为正式的工作场所，本来就容易形成一种严肃、紧张的气氛，尤其是当双方由于利益而产生争执时，这种环境更容易使人产生一种压抑、沉闷的感觉。在这种情况下，谈判一方可以建议到轻松愉快的环境中，如室外，使大家的心情得到放松。同时，谈判双方通过游玩、休息等私下接触，进一步熟悉、了解，清除彼此的隔阂，也可以不拘形式地就僵持的问题继续交换意见，在轻松活泼、融洽愉快的气氛之中进行严肃的讨论和谈判。这时，彼此心情愉快，人也变得慷慨大方，谈判桌上争论了几个小时无法解决的问题，在这时也许会迎刃而解了。经验表明，双方推心置腹地诚恳交谈对缓和僵局也十分有效，如强调双方成功合作的重要性、双方之间的共同利益、以往合作的愉快经历、友好的交往等，以促进对方态度的转化。在必要时，双方会谈的负责人也可以单独磋商。

（5）调整谈判人员

当谈判僵持的双方已产生对立情绪，并不可调和时，可考虑更换谈判人员，或者请地位较高的人出面，协商谈判问题。双方谈判人员如果互相产生成见，特别是主要谈判人员，那么会谈很难继续进行下去。即使是改变谈判场所，或采取其他缓和措施，也难以从根本上解决问题。形成这种局面的主要原因是：在谈判中不能很好地区别对待人与问题，由对问题的分歧发展为双方个人之间的矛盾。当然，也不能忽视不同文化背景下，人们不同的价值观念的影响。在有些情况下，如果大部分条款都已商定，却因一两个关键问题尚未解决而无法签订合同，那么己方可由地位较高的负责人出面谈判，表示对僵持问题的关心和重视。这也是向对方施加一定的心理压力，迫使对方放弃原先较高的要求，作出一些妥协，以利于协议的达成。

5.4　商务谈判成交阶段的策略

谈判的最终目标是能够达成一份双赢的协议，因此成交阶段的策略运用同样重要。这一阶段的谈判目标主要有三方面内容：一是促成交易；二是做好最后的让步与获利；三是做好成交的善后工作。

5.4.1　促成交易

促成交易就是通过一番讨价还价，所有的交易条件基本上没有异议了，在对方尚未最终下决心签字时，及时地敦促对方达成协议、签字盖章、结束谈判的行为。统计表明，很多失败的谈判是因为错失了促成交易的最佳时机。可见，在谈判的最后阶段，及时地促成交易是十分必要的。促成交易常见的方法有以下几种：

1.最后期限法①

谈判中，由于利益的对立，谈判人员都承担着心理上的压力，逃避压力是人的本能，逃避的方法就是拖延时间。如果谈判代表只是对方的员工，而与谈

---

① 　［1］马什. 合同谈判手册［M］. 章汝奭，主译. 上海：上海翻译出版公司，1988：146-147.［2］赵大生，王鲁捷. 涉外公共关系与谈判交往技巧［M］. 北京：科学技术文献出版社，1989：163-164.

判利益无关，则这种拖延更是常见，最后会不了了之或期待其他因素变化。对此，最后期限常常能起到积极的作用。最后期限实质上就是给对方时间压力，若在限定的时间内不能结束，谈判破裂的责任就在于谈判人员了。这样，谈判人员就会积极主动地寻求解决方案，主观上会更加积极努力，从而有利于达成谈判协议。谈判实践也证明最后期限的作用。很多重大的谈判都是在期限的前夕才完成的。

这种策略在运用时需要注意：

❶ 一般当对方对该次谈判的期望值高于己方时，己方可采用这种策略；否则，就没有必要了，而且可能会适得其反。

❷ 即使占有优势，在运用时也要注意所提出的期限不要引起对方的敌意。

❸ 最好找到有利于该策略运用的依据作支持。

2.暗示法[①]

暗示的概念常常被人们误用。暗示并非婉转的、间接的提示，而是非对抗状态下的诱导行为，即在对方并没有意识到的情况下，按照暗示者的意图做出行为；行为结束后，被暗示者仍然处于未知的状态。所以说，暗示也是一种高级的诱导。

在一次问卷调查中，被调查的大学生要回答的问题是："昨天晚上，那位给我们作精彩报告的老教授的胡子是黑的还是白的？"同学们冥思苦想，共有两种不同的答案：黑的和白的。其实，那位老教授胡子刮得干干净净，是没有胡子的；但是所有的学生在没有对抗的状态下都受到了提问者的诱导——这个教授是有胡子的。

暗示在商业领域有广泛的运用，例如："先生，发票抬头写个人还是单位名称？""女士，您要的牛肉面里面是放一个还是两个鸡蛋？"暗示具有很好的促成交易的作用，但是掌握好时机很关键，因为有利益的对立，暗示得太早会使对方产生戒备心理和逆反行为，适得其反；太晚了就失去意义了。这个最佳的时机被称为临界点。如图5-3所示，谈判犹如登山，目的是要和对方一起从起点到终点，临界点就像是山的顶峰。要想让对方尽快到终点，在上坡的地方推，要花费很大的力气而且效果不好，对方也许会进一退三，而在山顶，只要用一点点力气，就会产生很好的效果。

---

① ［1］马什. 合同谈判手册［M］. 章汝燊，主译. 上海：上海翻译出版公司，1988：144-146.［2］赵大生，王鲁捷. 涉外公共关系与谈判交往技巧［M］. 北京：科学技术文献出版社，1989：162-163.

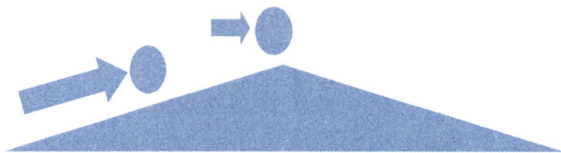

图5-3 谈判犹如登山

资料来源　作者自己设计绘制。

3.只剩站票法①

只剩站票（standing room only，SRO）法又称SRO促成法，起源于美国百老汇的门票销售，是利用顾客"物以稀为贵"的心理促成交易。例如："这是精心制作的样品，只有这一件，你不要没有关系，不过明天我不能保证它还会在这里了。""今天是优惠的最后一天，明天价格全部回调到正常的水平。"

4.场外交易法②

经过谈判桌上的长时间争论，对立的气氛很浓，为了面子，为了舆论，为了给上级一个交代，双方会相持不下。此时，双方尽管也想结束谈判、达成协议，但是都非常疲惫、厌倦、缺乏创意，在谈判桌上是难有作为了。场外交易则能够在一个比较轻松的、私人的场合中完成所有的谈判问题，达成协议，圆满地结束谈判。

5.4.2　做好最后的让步与获利③

成交阶段，谈判双方在绝大多数议题上已取得一致意见，只在某一问题上存在不同意见；在这种情况下，双方的一个小小的让步往往就能实现成交。最后的让步和获利是谈判中一个重要的阶段和过程。

1.掌握最后让步的时间

在让步的时机上，如果让步过早，对方会认为这本来就是属于自己的，并不会当作我方的让步，甚至会得寸进尺；如果让步时间过晚，往往会削弱对对方的影响，难以达到促成交易的效果，增加谈判的难度，甚至丧失了合作的机会。

①　雷鸣.谈判与推销［M］.北京：机械工业出版社，1990：188.
②　［1］介和.怎样同外国人谈生意［M］.北京：中国商业出版社，1988：188-189.
［2］成志明.涉外商务谈判［M］.南京：南京大学出版社，1991：198-199.
③　马什.合同谈判手册［M］.章汝爽，主译.上海：上海翻译出版公司，1988：140-142.

138

为了使让步起到较好的作用、收到较理想的效果，可分两步进行：

❶ 主要让步在最后期限之前作出，以便让对方有足够的时间品味；

❷ 次要让步作为最后的"甜头"，安排在最后时刻作出。

2.最后让步的幅度

在让步幅度上，如果幅度过大，原本准备结束谈判的对方会认为原先的目标定得太低了，会重新评价己方报价。这样的让步不仅是无益的，反而是有害的。如果让步幅度过小，则对方会认为微不足道，不能起到让步的作用。在决定最后让步幅度时，要考虑对方谈判人员的级别。一般情况下，到谈判的最后关头，应作出能够满足对方上司的地位和尊严要求的让步，但是让步幅度不能过大；如果过大，则往往会使该上司指责部下没有做好工作，并坚持让他们继续谈判。

3.不忘最后获利

不忘最后获利是与对方的最后让步对应的。有些精明的谈判人员会利用最后的让步来获取己方最后的收获，就是指在签约之前，突然漫不经心地提出一个请求，要求对方作一点小小的让步。由于谈判已进展到签约的程度，人们在精力上已是疲惫不堪，对手即使百般不愿，也无力再为这点利益而重新开战，故一般马上答应，以求尽快签约。

5.4.3　做好成交的善后工作[①]

谈判进入到双方同意达成协议的阶段，并签字盖章后，谈判即告结束。此时谈判人员仍然需要注意言行，因为谈判的最终目的是获得利益，达成协议只是阶段性结果；协议之后还有履约，如果签字之后言行不当，则会给履约带来麻烦。此外，双方人员尚未离开谈判现场，也有可能会出现某种不利的变化。所以，在谈判的最后阶段，做好善后工作是非常必要的。

1.慎重对待协议

谈判的过程是一个双向沟通的过程。从形式上看，谈判的过程是听、说、问、答、辩的过程。而听、说、问、答、辩都是通过声音进行的，声音是没有痕迹的，因而缺乏法律的约束力。谈判结果如何不是看谈得怎样，而是看最终的协议。协议是文本文件，谈判结果的兑现是以协议为依据的，协议是具有法律约束

---

① 　马什. 合同谈判手册［M］. 章汝奭，主译. 上海：上海翻译出版公司，1988：142−144.

力的，所以从约束力的角度看，谈得怎么样不重要，协议写得如何才是关键。因此，在谈判的最后签字阶段，一定要认真谨慎地对待协议，甚至要逐字逐句地斟酌，最后要有法律专家，起码也要有法律人士的帮助和把关，还要对方注意对照和确认，避免歧义和遗漏。

2. **以积极、肯定的语言结束谈判**[①]

尽管谈判中双方唇枪舌剑、互不相让，但是谈判毕竟是利益的合作，达成协议之后，双方还要继续履约合作，所以，应该朝前看，不要对以前的不愉快耿耿于怀，不要使用消极、否定的词汇，如指责对方"太小气""强词夺理""不厚道"等，而应该多赞扬对方"机智""敬业""原则性强""口才好"等；还要为进一步的履约说一些铺垫和润滑的话，如："希望我们以后的合作会像这次一样愉快""这次合作如果能皆大欢喜，那么我们以后的业务会优先考虑和贵公司合作的。"

还有一点善后工作需要强调，那就是千万不能因为对结果满意而喜形于色。有些人因为拿到订单，得到意料之外的可观利润，按捺不住欣喜之情，于是眉飞色舞、极度兴奋，结果使得对方怀疑上当吃亏，重新评价谈判协议，极有可能会借故否定已达成的谈判协议，使煮熟的鸭子飞掉。谈判高手应该具有宠辱不惊、镇定自若的品质。

关键词

策略　谈判气氛　吹毛求疵策略　僵局　暗示

复习与思考

第5章即测即评

① [1] 郭秀闳. 商务谈判与实务 [M]. 青岛：青岛海洋大学出版社，1993：81-82.
[2] 袁其刚. 国际商务谈判 [M]. 济南：黄河出版社，1995：42.

1. 什么是策略？

2. 策略与决策、信息有什么关系？

3. 营造谈判气氛的方法有多种，其中共有的本质是什么？

4. 商务谈判开局阶段的主要任务和目标分别是什么？

5. 报价为什么要高于期望？

6. 价格矛盾原理是什么？你如何在实践中运用？

7. 在现实生活的购物中，你一般是先报价还是后报价？试分析其中的规律。

8. 讨价还价的技巧有很多，其中的共同点（规律）是什么？

9. 在现实中对方要求你让步，你将如何应对？

10. 什么是暗示？你在生活中是否运用过？举例说明。

11. 设计一个采购谈判的讨价还价方案。

12. 如果把应聘看作一场谈判，你将如何应对？尝试准备一份应聘的方案。

案例 1　　　　　　　　五羖大夫

公元前 655 年，晋献公答应将大女儿嫁给秦穆公，史称秦晋之好。百里奚被当作晋献公女儿的陪嫁奴仆一同送到秦国，半路上他却逃跑了，跑到了楚国。秦王见少了一人，就询问手下随从，得知百里奚是一位智者，正是秦国急需的人才，现正在楚国军马场当饲养员。秦穆公很高兴，命官员准备黄金、白银等厚礼去见楚成王，把百里奚要回来。

大臣公孙枝说："不行啊，这样你是要不来的。现在楚国人让他养马是因为他们不知道他有多大的本事；如果你这么去，不就是提醒楚成王应该重用他吗？那样的话，你还能要得回来人吗？"秦穆公觉得有道理，继续问计于公孙枝。"我们应该学当年鲍叔牙建议齐桓公向鲁国要回管仲那样。您就按照现在的一个奴仆的市场行情，派人带上五张公羊皮，和楚成王说百里奚是逃跑的奴仆，犯了法，逃到了楚国，现在我们把他赎回去办罪。"秦穆公听后依计而行。使者带着五张公羊皮去了楚国，顺利地把百里奚带了回来。

来到秦国后，百里奚果然名不虚传，他被秦穆公拜为相国。他又引荐了多名智者，组成了秦国的智囊团，帮助秦穆公开疆辟土，东征西伐。秦穆公称霸中原、成为春秋五霸，百里奚功不可没。因为百里奚是秦穆公用五张公羊皮换回来的，后人戏称其为"五羖大夫"。

资料来源　改编自：冯梦龙. 东周列国志 [M]. 长沙：岳麓书社，2018：169-176.

问题：

1. 如果秦穆公用重金到楚国去赎百里奚，结果会怎样？其中蕴含了什么谈判原理？

2. 尝试着在现实的商务活动中找出一些类似案例。

案例2　　　　　　　　高报价技巧

历老板曾在一家大公司做营销部主任。在一项采购洽谈业务中，有位卖主的产品喊价是50万元，历老板和成本分析人员都深信对方的产品只要44万元就可以买到。一个月后，历老板和对方开始谈判，卖主使出了最厉害的一招。他一开始就先说明他原来的喊价有错，现在合理的开价应该是60万元。听他说完后，历老板不禁对自己原先的估价怀疑起来，心想可能是估算错了。60万元的喊价到底是真的还是假的，历老板也不清楚，最后以50万元的价格和卖方成交，感到非常满意。

资料来源　嘉洛斯. 生意经——商业谈判的策略与技巧 [M]. 连明珠，译. 哈尔滨：黑龙江人民出版社，1986：98.

问题：

1. 卖主用了什么策略？

2. 如何应对卖主的这种策略？

第6章

商务谈判沟通

内容体系

学习目标

点睛之笔

6.1　商务谈判语言概述

6.2　商务谈判中有声语言沟通的技巧

6.3　商务谈判中无声语言及其运用

关键词

复习与思考

商务谈判

BUSINESS
NEGOTIATION

● 内容体系

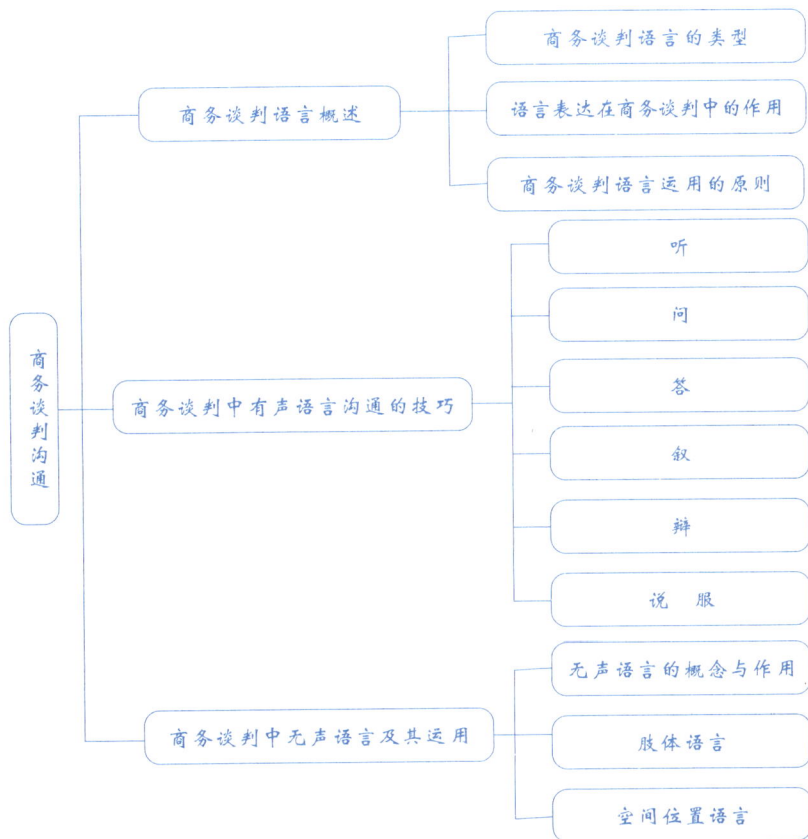

● 学习目标

- 重点掌握商务谈判中听、问、答、叙、辩、说服的基本原理
- 掌握商务谈判中听、问、答、叙、辩、说服的一般方法和技巧
- 了解商务谈判中的无声语言的原理及其运用

● 点睛之笔

　　商务谈判是通过信息沟通实现合作和获得利益的过程，信息沟通的效率和效果在一定程度上决定了谈判的结果。

　　一人之辩，重于九鼎之宝；三寸之舌，强于百万之师。

——刘勰

信息的沟通是谈判过程的重要形式，信息的占有、掌握和利用是影响谈判实力的最重要的因素。对方的真实需要是谈判信息输入部分的核心，争取更多的谈判利益、尽量减少向对方作出承诺是谈判信息输出部分的核心。谈判中沟通的精髓在于善于对核心信息进行加工处理。谈判的结果取决于沟通的结果，因此沟通的原理、方法、技巧对于谈判而言是非常重要的。

6.1　商务谈判语言概述

语言有狭义和广义两种。狭义的语言是指人类所特有的用来表达意思、交流思想的工具，是一种特殊的社会现象，由语音、词汇和语法构成一定的系统。[①]"语言"一般也包括它的书面形式，但在与"文字"并举时只指口语。广义的语言包括起沟通交流作用的各种信息载体，即不仅是语言、文字，还有眼神、表情、手势、体态，甚至人与人之间的距离。这些语言之外的沟通工具，都可算作无声语言。[②]

6.1.1　商务谈判语言的类型[③]

商务谈判的语言具有多样性的特点，从不同角度或依据不同的标准来划分，可以把它分成不同类型。

1.按语言的表达方式划分

（1）有声语言

有声语言是通过人的发声器官和听觉器官实现信息传递的。有声语言是自觉的、有意识的，因而主体是可以对之进行掩饰的。

（2）无声语言

无声语言又称体态语言，是指通过人的形体、姿态以及位置关系等非发声器官来表达的语言，一般理解为身体语言。这种语言借人的视觉传递信息、表达态度、交流思想。无声语言是不自觉的、无意识的，因而主体一般难以掩饰。

---

① 中国社会科学院语言研究所词典编辑室. 现代汉语词典［M］. 7版. 北京：商务印书馆，2016：1601.
② 李欣，卿成，曹仲元，等. 机关文书写作大辞典［M］. 北京：人民日报出版社，1993：644.
③ 孙长征，黄洪民，吕舟雷. 公关谈判与推销技巧［M］. 青岛：青岛出版社，1995：119-120.

人是复杂的动物，有声语言往往并不是思想的真实反映，相对而言，无声语言能比较真实地反映内心世界。在商务谈判中巧妙地运用这两种语言，可以产生珠联璧合、相辅相成，甚至是"此时无声胜有声"的绝妙默契的效果。

2. 按语言的行业特征划分

（1）行业语言

行业语言是指具有行业特色的专门术语。不同的行业都有专属于本行业的一些专门术语，如商务谈判中的"FOB""CIF"等，房地产中的"容积率""期房""现房""四通一平"等，军事领域中的"火力支援11点方向"等。行业语言的最大特点是准确、简明，即无歧义、效率高。

（2）法律语言

法律语言是指商务谈判所涉及的有关法律规定的用语。任何商务谈判的最终结果都是确定双方各自的权利与义务，其形式都是一份具有法律效力的文本文件（合同或协议）。所有的法律语言都尽可能多地争取权益，尽量避免向对方作出承诺、付出义务。语言中性化，即尽量避免使用褒义词和贬义词，是法律语言的另外一个特点。随着法律环境的变化，商务谈判要运用的法律语言有所不同。每种法律语言都有特定的内涵，不能随意地解释和使用。

（3）外交语言

外交语言是一种比较含蓄的语言。外交场合中，情况复杂多变，要求慎重稳妥，尽量避免作出无谓的承诺。因此，外交语言往往比较模糊、留有余地、富有弹性、保持主动、没有实质性承诺，如"一直在密切关注""深表遗憾""有待研究"等。在商务谈判中使用外交语言可表达己方的态度、观点和立场，同时能为谈判的进退留有余地。但外交语言要运用得当，如果过分使用外交语言，容易让对方感到无合作诚意，使人反感。

（4）文学语言

文学是以语言、文字为工具形象化地反映客观现实的艺术。文学作品往往抒发了作者的内心情感。文学语言最显著的特征就是富有感情色彩，具体表现为大量使用褒义词、贬义词，运用比喻、拟人、排比、双关等修辞手段。商务谈判过程中，在涉及谈判气氛友好、融洽、合作的问题时，使用文学语言可以有效地传递积极的情感，感染和影响对方情绪，调节谈判气氛。

6.1.2　语言表达在商务谈判中的作用

一个人请了几位朋友吃饭，其他朋友都到了，只差一位朋友。等了很长时间，主人的那位朋友还是没有来。他很着急，对在座的朋友说："真是的，该来的没来。"在座的朋友中有几位一听，便推脱有事先走了。这位主人见要等的人没等到，却又走了几位朋友，心里更是着急，接着说："不该走的却走了。"剩下的几个人一听，又有几个人推脱有事先走了。这时桌上仅剩下两位朋友，他一着急对他们说："我没说他们。"仅剩下的那两位朋友连忙起身，也走掉了。[①]

一人路过算卦摊位，算命先生为揽生意，主动测算其家事，说"父在母先亡"。此人惊其测算能力，遂付钱算卦。[②]

上述两例中，前者由于表达不当，没有准确表达自己的意思，产生了歧义，产生事与愿违的结果；后者语言富有弹性，可以适应多种情况。

在商务谈判中，沟通都是通过语言表达来实现的，说话的方式不同，对方接收的信息、作出的反应也就不同。商务谈判的背景复杂，因此很多时候我们所表达的内容，对方很难或者说不能够全部地理解，这也对翻译人员提出了较高的业务要求。总之，在商务谈判中，语言的表达是十分重要的。

1. 准确表述意图

在商务谈判中，谈判各方的社会背景、文化水平、法律意识、思想观念及语言表达能力有很大的差别，因此人们与合作伙伴之间的信息交流在客观上就存在无形的障碍。但是谈判工作是容不得半点含糊的，因为谈判是对各方权利、责任和义务的界定。要使这项工作顺利进行，就必须懂得对方的意思，同时要让对方明白己方的意思，这是对商务谈判中语言表达的最基本要求。在这种情况下，将己方的意图以一个最恰当的方式传递给合作伙伴就是语言表达的最基本的作用。

2. 说服对方

只要是谈判，当事方的利益就一定存在对立。在商务谈判中，谈判者会为各方的利益争执不下。谈判成功就是双方达成协议，所以说，谈判的过程是一个改变对方心理和行为的过程，也必然是一个说服对方的过程。谈判者要运用智慧，创造各种可能的方案来说服对方，使其接受己方的观点。当提出一个观点要对方理解和接受时，首先必须清楚地说明它的作用，特别是对对方的好处。许多经验表明，强调双方处境的相同、愿望的一致，要比强调双方的差异、分歧更能使人理解和接受。

---

① 中国民间文学研究会安徽分会. 民间笑话大观 [M]. 合肥：黄山书社，1987：174-175.
② 本社. 谈谈破除迷信 [M]. 北京：中国青年出版社，1963：26.

6.1.3　商务谈判语言运用的原则①

谈判不仅是科学，更是艺术。艺术仅凭理性思维和逻辑论证是远远不够的，艺术的影响因素很多且不确定，很难像科学那样井井有条、严谨缜密，更多的是依靠亲身实践中的感和悟。谈判的语言没有固定的模式，但可以大致地归纳出若干原则：

1.客观中性原则

谈判的当事方存在利益的对立，必然存在逆反心理。在处理对立的利益问题时，任何具有感情色彩的说服都会受到对方本能的抵抗和反对，都是难以奏效的。常见的现象就是使用褒义词或贬义词，这种带有感情色彩的词汇，很容易引起对方的对立情绪。而利用客观事实和不带有感情色彩的中性词汇来说服才有效果。所有的语言方法、技巧都必须遵循客观中性原则才能产生作用。任何一个讲道理的人，在客观事实面前都会认真思考、权衡利弊、为之所动。没有客观事实作为依据的豪言壮语、慷慨陈词，无论如何完美都会被认为是头脑发昏的胡话或者高明的忽悠之词。

2.逻辑性原则

逻辑是客观事物发展的规律体现，也是客观事物发展规律在人脑中的反映。逻辑是事物存在和发展的道理。谈判的实质是利益的合作和交换，合作和交换是平等的，是要讲道理的，即要符合逻辑。逻辑性原则的基本要求是：概念明确，判断准确，推理符合逻辑，论证具有说服力。从某种角度看，人类社会的存在和发展就是因为人们的言行都是符合逻辑的，谈判的成功依靠的就是逻辑的力量。通常人们所说的讲道理，其实就是讲逻辑。

3.轻重缓急原则

谈判是利益的合作和分割，牵涉到很多方面，影响因素众多，且相互之间关系错综复杂。逻辑关系是多种多样的，如形式与内容、现象与本质、原因与结果、局部与整体、偶然与必然、可能性与必然性、目的与手段等，分清这些关系才能更好地应对。矛盾有主要和次要之分，主要矛盾解决了，次要矛盾就会迎刃而解。内容决定形式，形式为内容服务；现象有时未必是本质的真实体现，要透过现象看本质；谈判的重点在于利益，而不是立场，立场只不过是利益的表现形

---

①　孙长征，黄洪民，吕舟雷. 公关谈判与推销技巧［M］. 青岛：青岛出版社，1995：120–122.

式。总之，要分清轻重缓急，掌握好谈判的分寸，把握住谈判的节奏。

6.2　商务谈判中有声语言沟通的技巧①

商务谈判依赖有效的语言表达技巧，这一点在谈判的磋商阶段表现得相当充分。谈判到这一阶段，常常会不断出现双方意见分歧和立场对峙的局面。此时，有声语言沟通的水平往往决定了谈判的下一步走向。谈判高手一定要善于驾驭有声语言沟通。

6.2.1　听②

倾听是沟通的基础，不能读懂对方就不能掌握其需要和行为，就不能说服对方，从而难以实现谈判目标。从这个意义上看，听比说更重要。很多人对善言者非常佩服，常常会模仿其说话所用的词汇、语气、语调、表情、手势等，其效果可想而知。其实善言者之所以善言，是因为他善听，能够很好地读懂听者才能很好地打动听者。洗耳恭听是最廉价的让步，这种让步是非实质性的让步，没有损失。因为人都有尊重的需要，多听是谈判者必须具备的一种修养，也是谈判成功的一种保证。

听不仅是运用耳朵这个听觉器官听，还指运用其他器官感知，如观察对方的表情与动作，设身处地地体会对方的情感和思路，用心体会对方的话外之音和动机，做到耳、眼、心、脑并用。

> **小案例6-1**
>
> 某教师中学时代的一位女同学，非常喜欢说话，每每都是高谈阔论、自然流畅。20世纪70年代的中学，男女生之间互不说话。两人毕业后第一次碰面，自然会有很多话，畅谈了2个小时。期间，90%的时间都是女同学滔滔不绝地讲，该教师几乎插不上话。两三次之后，该教师开始厌倦了，因为这位女同学说话的内容都不是他感兴趣的，对方根本不知道自己想听什么。后

① ［1］王金献，刘万安. 营销谈判学［M］. 开封：河南大学出版社，1990：132-141. ［2］牟传珩. 再赢一次——谈判的决策与对策［M］. 青岛：青岛海洋大学出版社，1993：154-180.
② ［1］袁其刚. 国际商务谈判［M］. 济南：黄河出版社，1995：38-41. ［2］关兰馨. 第一流的商务谈判［M］. 北京：中国发展出版社，1998：72-77.

来，每当在街上看到她时，这位教师就会假装没看见，尽量回避她。

资料来源　作者自己编写。

思考：在接触的10分钟中，90%的时间都是他自己在说而不倾听对方，这样的人八成是个爱啰唆、废话多的人。你同意这种说法吗？

1. 在商务谈判中倾听的作用

第一，倾听是了解对方需要的最佳途径。在谈判中，没有比了解对方的需要更重要的了。因为需要是行为的原始动力，欲掌握一个人的行为必先掌握其需要。谈判是改变对方行为的沟通活动，倾听是非常重要的。除对方的真实需要之外，还有很多其他的信息需要通过倾听获得。

第二，倾听是改善双方关系的必要手段，表明尊重对方，可以给对方留下良好的印象，有助于维持和改善双方友好、信任、合作的关系。

第三，倾听使人了解并掌握许多重要语言的习惯用法，这些习惯用法在谈判中往往会成为人们运用谈判策略的技巧之一。

第四，倾听对方的谈话，还可以了解对方态度的变化。有些时候，对方态度已经有了明显的改变，但是出于某种需要没有用语言明确地表达出来，这时可以根据对方"怎么说"来推测其态度的变化。

2. 妨碍倾听的因素

谈判中的有效倾听是指能够完整、准确、及时地理解对方谈话的内容和含义。在听的方面经常存在的问题是，有听的动作，但听的结果不能令人满意。心理学实验证明，一般情况下，听对方讲话的人仅能记住不到1/2的讲话内容，常常是只有1/3的讲话内容按原意听取了，1/3被曲解地听取了，另外1/3丝毫没有听进去；就是听进去的那1/3，不同的人对其的理解也是不完全相同的。[1]为什么人们"听"的效果会如此不理想呢？这就涉及心理学的知识了。

注意是心理活动对一定对象的指向和集中。注意有两个基本特征：

一是指向性，是指心理活动有选择地反映一些对象，而离开其余对象。指向性表现为对在同一时间出现的许多刺激的选择。

二是集中性，是指心理活动停留在被选择对象上的强度或紧张度。集中性表现为对干扰刺激的抑制，它的产生、范围和持续时间取决于外部刺激的特点和人的主观因素。[2]

---

[1]　樊建廷. 商务谈判［M］. 3版. 大连：东北财经大学出版社，2011：218.
[2]　叶奕乾. 普通心理学［M］. 上海：华东师范大学出版社，1997：891.

心理活动对一定对象的指向和集中，是伴随着感觉、知觉、记忆、思维、想象等心理过程的一种共同的心理特征。在听的过程中，是否注意了，决定听的效果。注意了就是听得积极，否则就是听得消极。积极地听能够调动所有的感觉和知觉器官参与，不仅是听觉，还有视觉和其他的感觉、知觉、记忆、思维、想象等心理过程的加入。积极地听有时会比说还要疲劳，因为听的人总要不断地调整自己的分析系统，修正自己的理解，以便与说话人同步思维。消极地听是听而不闻。在学校的课堂内，总是有一些"不遵守纪律"的学生会开小差、做小动作，在管理再先进、再严格的学校或班级，这种现象都不可能完全杜绝。这是因为人的心理活动规律决定了人不可能一直保持注意，即人们不可能在任何时候、任何情况下都全力以赴地倾听。

人们"听"的效果不理想的原因大致如下：

（1）注意力不集中

其原理前面已经论述过，不再赘述。人们在疲劳的状态下很容易注意力不集中。在商务谈判中以下原因会造成注意力下降而影响倾听：

❶ 旅途劳累，精力尚未恢复；

❷ 谈判任务压力太大，致使注意力不能从谈判压力中转移到倾听中；

❸ 连续谈判，筋疲力尽，产生厌烦的情绪。

谈判人员注意力的变化是有一定规律的：一般都是开始和结束时注意力集中。谈判开始时，大家精力都十分充沛，但这一阶段的时间很短。例如，1个小时的谈判，开始的精力旺盛阶段只有10分钟。如果是1周的谈判，头尾2天听的效果是最好的。中间的时间，往往都是在耗着，听的效率很低。当人们意识到双方即将达成协议时，精力会突然复苏、高涨，但时间也非常短暂。

（2）不良的倾听习惯

人们常常是边听边作出判断。若判断是肯定的，就会听下去；若判断是否定的，就会有所抵抗，从而影响全面、准确地读懂对方。在很多情况下，对方的表达并非与己方完全对立，只是前面一个片段稍有对立，而其后面的内容会有所解释，由于我们习惯于抵抗否定的内容，从而耽误了对后面内容的接收。这是听的过程中的一种不良习惯，常见于个性较强的人。

改正的方法是要将"听"与"判断"分开，听全了以后再作判断。有很多个性很强但成绩较差的中学生，喜欢辩论，好争胜负，在课堂上边听边判断；一旦发现教师的讲授与自己的理解不同，便会立即停止倾听，思考如何证明教师是错误的，结果一堂课就在他自己判断、寻找证据、如何论证中耽误了。其实，他所要进行的工作，教师在后面的论述中都已经作了清楚的阐述。这样的学生其实基础和能力一点儿也不差，只是倾听的习惯不好，改正后成绩就会立即提高。

152

（3）听和说的节奏差异

心理学研究证明，一般人说话的速度是每分钟120~180个字，而听和思维的速度大约是说的4倍。特别是在比较正规严肃的场合，说话会很正规，很少省略，这样，听就会省出很多时间，注意力就会分散、开小差。例如，政府官员在记者招待会上的答记者问，因为内容重要，说的时候很谨慎，其速度远远慢于听。对此，常用的办法就是作书面记录，其目的并非真实、全面地记录，旨在保持节奏吻合，保持注意力集中。

（4）思维方式的差异

有时在谈论一个问题时，双方是两种不同的思维类型。例如，有的人思维是收敛型的，有的则是发散型的；有的人阐述问题多用演绎法，有的人则用归纳法；有的人擅长理性思辨、逻辑论证，有的人则喜欢实例证明；有的人喜欢刨根问底，属于过程导向，有的人则目的导向意识强烈。凡此种种，不一而足，最终就造成了听和说的脱节。

（5）过于感性、情绪化

对于不合自己感情、兴趣、观点、立场、利益的话题，产生抵触和反抗情绪，犹如戴着有色眼镜观察事物，所看到的已经不是事物原貌，从而导致曲解、漏听。

（6）知识、语言水平

这是指受知识、语言水平的限制，特别是专业知识与外语水平的限制而听不懂对方的讲话内容。商务谈判总是就某个具体的产品或业务而言的，这就涉及大量的专业知识。如果对专业知识懂得太少，在谈判中一旦涉及这方面的问题就难以理解。涉外谈判与国内谈判相比较还有一个语言问题。语言不仅是一种表达工具，更是文化的体现。对于语言的理解不能只看作语言翻译的问题，更多的是对语言背后的文化的解读。不同的文化背景会造成语言理解上的歧义。特别是如果没有专业术语的约定，这种歧义就会更加明显。

（7）客观的环境因素

听是人的一种心理活动，人的心理与生理是相通的，生理上的不适会引起心理上的反应。谈判场所的客观环境对听是有影响作用的，如温度的高低、光线的明暗、音响的效果、座位是否舒适、空气是否新鲜流通，以及有无茶水供应等。

3.有效倾听的方法

（1）调整好身体状态

商务谈判往往不是几句话能够解决问题的，长时间的谈判需要注意力长时间集中，没有好的身体状态是难以完成任务的。因此，谈判前要保证充足的睡眠，避免大量饮酒。如果身体状态不佳，则可以考虑改期进行。谈判要注意调节，如茶歇、小憩、休会等。

（2）改正不良的倾听习惯

不要轻易打断对方，要学会把"听"与"判断"分开。善于倾听、善解人意也是一种美德，只有做到善解人意，才能善于表达、与人合作。

（3）利用笔记

听比说的速度快，多出的时间会开小差，利用做笔记的方法可以有效地改善听的效果，还可以起到帮助记忆、更好地提问、以示尊重的作用。做笔记并非一定要全部记录，有时是为了使听与对方的说在速度上合拍，集中注意力。

（4）有鉴别地听

有时对方说的水平较低，逻辑混乱，没有条理，在听的过程中还应该边听边整理，分清逻辑关系，理清条理层次。这样既可以避免误听、漏听，又可以更好地读懂对方。

总之，倾听是商务谈判语言表达技巧的重要组成部分，是谈判一系列行为的第一个环节。如果能从以上几方面努力，谈判过程中"听"的障碍就可以减轻或消除，也就很少或不会发生因听不见、听不清、没听懂而使双方相互猜疑、争执不下的现象。当然，策略上听的障碍就是另外一回事了。

6.2.2　问[①]

商务谈判中的问是指谈判一方要求对方陈述或解释某个问题。问看似简单，其实很有讲究。

1.提问的作用

（1）通过问得到想要得到的信息

己方想要得到的信息往往不能都在对方的陈述中得到，要提高谈判的效率，达到己方的谈判目的，就要提问。提问并不简单，很多情况下，人们往往是有疑惑却提不出明确具体的问题。提问也是一个梳理思路、抓住主要矛盾、分清逻辑关系和轻重缓急的过程。越是聪明的人，脑子里的问题就越多。学问学问，越学问题越多，越学越善于提问。

---

① ［1］袁其刚. 国际商务谈判［M］. 济南：黄河出版社，1995：33-34. ［2］关兰馨. 第一流的商务谈判［M］. 北京：中国发展出版社，1998：77-82.

（2）引导和控制谈判的方向

当谈判中谈论的内容偏离了预期的目标时，利用提问把话题引导到既定的轨道上是比较有效的方法。

（3）变被动为主动

提问是具有进攻性的，若一味地只是回答就会处于很被动的状态。在辩论赛中我们经常看到这样的情景，一方代表向对方进攻："请问对方辩友……"这个问题的答案也许只有 A 和 B 两个，不论哪个，进攻方都准备好了应对的方案，回答方处于被动的地位。但是，有经验的对手并不急于回答，而是向对方提问："这个问题很简单，我来回答，但是，在我回答之前，请对方辩友先回答我一个小小的问题。"于是难题轻而易举地化解掉了。

（4）回避难题，更好地回答

有时，对方的问题击中了我方的要害，这样的难题不便回答、不愿回答、不能回答，但是不回答又不行，这时反问也许是最好的回答。

小案例6-2

冷战时期，美、苏两个超级大国的核军备竞赛威胁着世界的和平，每年的核裁军谈判都是全世界瞩目的重大新闻事件。某年，两国达成了各自削减核弹头10%的协议。消息一出，立即引起轰动，全球的媒体对此一致好评。在时任美国国务卿基辛格博士举行的记者招待会上，有好事的记者问："削减10%的确令人鼓舞，但是，我们不知道准确的数值。请问，美国的'民兵'核弹头的基数是多少？"全场立即鸦雀无声，都不想放过这个敏感的问题。也有人替国务卿捏了一把汗，核弹头的基数肯定是国家机密，是不能说的。说是机密不能告诉你，显得很没有风度，也缺乏智慧；说不知道，岂不是陷入要么渎职要么撒谎的两难境地？充满智慧的博士出人意料地反问道："我可以告诉你，但你先要回答我一个问题。"该记者立即回答说"可以"。"请告诉我，核弹头基数是不是国家机密？"记者想，说"是"的话就没有答案了，于是选择说"不是"。基辛格于是接着说："那么你来告诉大家吧！"全场立即哄堂大笑，全都沉浸在博士的幽默机智所带来的欢乐之中，而对于那个令基辛格难堪的问题，再也没有人去注意了，基辛格轻松地化解了难题。

资料来源 卡尔布 M，卡尔布 B. 基辛格（下）[M]. 齐沛合，译. 北京：生活·读书·新知三联书店，1975：329.

思考：回顾一下自己经历过的类似尴尬场景，想象你当时应该用什么样的反问来化解难题。

2. 发问的技巧

（1）要提有准备的问题

提问都是有目的的，谈判也是有时间成本的，随意地提出没有明确目的的问题，既耽误时间，又影响谈判目标的实现。形成一个目的明确、逻辑清晰、形式精炼的提问往往是需要构思准备的，花一点时间也是值得的。提问的水平是思维水平的反映。

（2）使用适当的问句形式

问句的形式有很多种，比较常见和有效的有以下两种：

❶ 封闭式发问，就是一般只有肯定或否定两种简单、明确答案的发问。这种发问事先可以预计对方的回答，而且可能的答案只有两个，因此可以针对性地做好应对准备，容易控制谈判的方向和结果。在法庭上，公诉人或律师常常使用这种发问来询问对立的当事人或证人。当对方的回答超出预计的准备时，他们会告诉对方不要说那么多，只要说"是"还是"不是"、"看到了"还是"没有看到"、"在场"还是"不在场"。这也适用于生活中欲使问题简单、便于控制的场合。例如："你是喝咖啡还是茶？"不论什么答案，主人都便于控制。如果说："你想喝点什么？"也许客人要的是主人没有的果汁、苏打水，那么主人可能会被动或尴尬。与之相对应的是发散式发问，即答案很多，无法事先预计的发问。

❷ 诱导式发问。其利用诱导使对方的答案符合己方的意图。谈判的前提之一是利益的对立，所以谈判的双方必然会有对立的情绪，任何一方的陈述都容易招致对方的反抗，潜意识里都有逆反心理。诱导式发问的答案都来自对方，所以说服的效果会好得多。

小案例6-3

一个客户怒气冲冲地闯进经理的办公室，指责对方生产的某种机器的性能有问题，因为该机器在工作时温度很高。经理非常清楚，这不是机器有问题，而是正常的现象。但他并没有据理力争，而是平静地问："这种机器高出环境的温度好像有国家标准，是吗？""是的，那又怎么样？""我不记得那个具体数据了，你知道吗？""40度。""哦，你们车间的气温大概是多少度？""大约是35度。""那么35度加40度应该有70多度了啊！""哎呀，是我搞错了，我没有考虑到还要加上环境温度，不好意思啊！"于是，问题顺利解决了。

资料来源　费雪，尤瑞. 哈佛谈判技巧［M］. 黄宏义，译. 兰州：甘肃人民出版社，1987：46.

> 思考：
>
> （1）经理是否应该据理力争，把客户驳得哑口无言？
>
> （2）比较一下各种不同的结果。

（3）不要强行追问

一般情况下，问了两遍对方都予以回避或搪塞，就不要再问第三遍了。因为对于对方不愿意回答的问题，再问也不会有答案。还有一种情况就是问题涉及对方的隐私，追问既不道德，又违反人性。保护隐私属于安全需要，这是人的基本需要。如果一个人的安全需要受到威胁，他就会放弃其他需要来确保安全需要。

（4）不要提含有指责对方人品的问题

即使对方确有人品方面的问题，那也不是谈判要解决和能够解决的。从谈判的角度看，谈判的对方既不是敌人，也不是朋友，只是某一个业务项目的合作者；在谈判桌上，合作之外的事情与谈判无关。

（5）不要为了表现自己而提问

在生活中的某些场合，经常有以表现自己为目的的提问。例如，讲座的互动环节，经常会有听众向主讲人提出一些为了显示自己水平的问题。目的决定手段，这是想证明自己有价值，希望得到他人的认可与尊重。这都是正常的，也符合第2章阐述的社会学原理。但是谈判的目的绝对不是要表现和证明自己，而是达成协议，最终获得谈判利益。

（6）提问要尽量简短

提问过于冗长，答者记不住整个问题，不好回答，也给了对方回避问题的借口。对方会说："对不起，句子太长了，我没有听清楚，能否再说一遍？""不好意思，你的这个问题怎么和第一次说得不太一样，能否再说一遍？"因为句子长，你都不能保证每次都说得一样，最后，你自己都会觉得，这个问题很没趣。

6.2.3　答[①]

生活中的"答"和谈判中的"答"有什么区别？弄清这个问题才能真正掌握谈判中"答"的精髓。

> 小案例6-4
>
> 莉迪亚是中国某大学的一名美国留学生，刚开学就认识了很多热情的中

---

① 关兰馨. 第一流的商务谈判［M］. 北京：中国发展出版社，1998：82-87.

国同学。同学小珍的家就在学校附近。某天，她在教室与莉迪亚相遇，谈得很投机，分别时说了一句："明天有空到我家玩啊！"莉迪亚高兴地应道："好的。"第二天，莉迪亚特意打扮一番，带上小礼品乘兴而去；结果小珍不在家，莉迪亚扫兴而归。她内心不由得有些怨恨："不喜欢我可以直说啊！何必要逗我呢？"

资料来源　作者自己编写。

思考：

（1）生活中的这种邀请有什么规律？

（2）如何避免出现这种尴尬？

生活中的"答"和谈判中的"答"最本质的区别在于，前者一般不含有承诺的意思，即使有承诺的语句，一般也只是表示友好的形式，并非语句的本意，除非经过确认。小案例6-4中，小珍发出的邀请，不一定是真的邀请同学来家做客，更多的成分是向对方表示友好。但要注意，不同的文化背景，这种承诺的成分是有差异的。而谈判中的每一次回答都将被对方视为一种承诺，都是要负责任的。

同理，美国警察抓捕犯罪嫌疑人时，都会向其宣读一段米兰达警告："你有权保持沉默。如果你不保持沉默，那么你所说的一切都能够在法庭上作为控告你的证据。你有权在受审时请律师在一旁咨询。如果你付不起律师费，法庭会为你免费提供律师。你是否完全了解你的上述权利？"这条法律的本质，是为了保护嫌疑人因为不熟悉法律而作出无谓的承诺；但是你若执意要作出，就要承担义务了。谈判中你有权利不承诺，但承诺了的就要负责任。

谈判的一方都尽可能多地获得谈判权益，尽可能少地向对方作出承诺，这也是所有谈判的基本思路和目标。由此可见，谈判高手和"低手"在谈判的最终结果上的区别，就在于回答时作出承诺的多少。高手总是能够作出最少的承诺，低手总是作出无谓的承诺。要达到高手的境界，需要进行专门的训练，多实践、多总结，最后熟能生巧。

1. 避免作出无谓的承诺

这一点恐怕是答的技巧中最重要的一条了，因为这与最终的谈判结果直接有关。

小案例6-5

由于马夫的疏忽，齐景公的一匹心爱之马死掉了。齐景公知道后大怒，一气之下决定处死这个马夫。众大臣力阻，但是无效。最后，齐景公竟然扬言，谁再阻止就杀谁。当时齐景公有称霸中原之意，需要收买人心，招贤纳士，树立良好的国家形象，杀马夫显然是不明智的。于是大家找到晏子，希望他能说服齐景公，晏子应允了。

　　齐景公见到晏子便问："你也准备劝说我吗？"晏子说："不是的，这个马夫是该杀。"齐景公就放心了。晏子建议，要让马夫服罪，杀他之前应宣布他的三大罪状，齐景公答应了。行刑前，晏子对马夫说：

　　"第一条，你身为国君的马夫，由于渎职致使国君的马死于非命，你该死不该死？"

　　"我该死。"

　　"你使国君因为一匹马的死亡而杀掉了养马人，使得人人皆知国君爱马不爱人，得一不仁不义之名，你该不该死？"

　　"我该死。"

　　"你因为渎职害死了国君的马而被杀，又因为你的被杀让国君名声受损，严重地损害了齐国的形象，耽误了国君日后成为诸侯盟主的大业，你该不该死？"

　　这次还没等马夫说话，齐景公就听不下去了，立即挥手示意放人。于是晏子成功地智救马夫。

资料来源　《晏子春秋·内篇谏上第二十五》。

　思考：

（1）这个案例中，承诺是什么？

（2）晏子如何回避了承诺？

2.留有思考的时间，不要立即回答

　　经过思考后的回答肯定更加完善，花费一点儿时间也是值得的，况且是没有副作用的。如果每次对方刚一提出问题就立即回答，就会有被对方牵着鼻子走之嫌。不是很熟悉的人之间，交往中要适当矜持，因为有实质利益上的对立。立即答应对方，在对方看来，轻易得到的东西往往都不会珍惜，所以不要太随和了，要避免陷入被动。

3.根据对方的真实动机答复

　　有时对方对问题本身的答案并不在意，醉翁之意不在酒，而是在意你回答的态度、方式、言外之意等。

拓展阅读6-1

4. 不要彻底回答

回答就意味着作出承诺，所以回答时无须超出对方问题的范围，作过多的回答并不一定有益。心理学研究表明，人的注意力的宽度是有限的，答得过多不但无效，还有可能对重要的回答产生负面效果。此外，言多必失，弄不好还会产生意外的麻烦。

拓展阅读6-2

5. 答非所问

这是指对A问题故意回答B问题的答案。前面我们论述过，在谈判桌上你的问答都会被对方视为一种承诺，是承诺就要付出相应的责任。因此，谈判高手遇到难以回答的问题时，为了避免作出无谓的承诺，答非所问就是一种有效的回答技巧。

拓展阅读6-3

6.幽默，顾左右而言他

　　谈判中经常会遇到难以回答的问题，而且提问者对答案很在意，不回答不行，答非所问不行，直接回答也不行。此时，最好的办法就是装傻或者采用幽默的方式（故作误解也是一种幽默的形式），即故意错误地理解成另外一个问题。所以说，谈判高手往往也是幽默高手。幽默需要有实力、机智，是自信和心理优势的体现，是一种优秀的心理品质。

拓展阅读6-4

　　总而言之，谈判不是上课，不是老师提问学生，谈判中对难以回答的问题，很少有针对问题的确定而简明的回答。回答的要诀在于知道该说什么、不该说什么，而不必考虑所回答的答案是否针对问题。

7.以问代答

　　一般而言，提问是进攻，回答属于防守。一味防守会很被动，进攻是最好的防守。小案例6-2所举的基辛格反问记者的例子在这里也可以用来说明这一点。

8.寻找借口，回避回答

　　当对方的问题难以回答而陷入被动时，可以借口没有听清楚而要其重述。如果对方的问题很复杂、很长，就更是顺理成章的事情。在对方重述的时候，己方就可以赢得思考的时间和对策；若需要，还可以再次提出这样的要求。有时，对方因为问题过于复杂难以复述而感到无趣，最终放弃提问。

　　作为谈判的团队，成员之间应该足够默契。当主谈人员陷入被动难以回答问题时，其他成员可以非常自然地打岔，如："王经理，有你的电话，厂里有紧急情况报告。"这时主谈人员就可以借机出去，暂停回答；等他回来时，问题也许就化解了。

6.2.4　叙

叙和答是不同的：答是基于对方的提问，有针对性地、被动地阐述；叙是基于己方的立场、观点、方案主动地阐述。答和叙都是阐述。[1]

1.入题[2]

合唱有两个基本问题必须解决：一是第一句歌词的音调高低；二是发声的时间一致。于是，唱歌之前有一段器乐演奏的前奏，有了前奏，众人就有了发音的参照，歌才唱得好。谈判也是一样，有些问题一上来就直接阐述，由于对方的思维、节奏、情感、态度等都还没有准备好，接受的效果也许不好，这就需要有个入题的过程。

入题的原理与第5章的开局时营造有利的谈判气氛相同，这里不再赘述。有些谈判中的叙是不需要入题过程的。例如，在长期合作关系的例行谈判中，双方谈判人员都十分熟悉，议题比较简单，这类谈判的合作性远远大于对立性。

2.叙的技巧

（1）通俗易懂

任何行为都是作为手段而为某种目的服务的，谈判的目的是取得与对方的合作，获得一定的利益。这就决定在叙的过程中，语言要通俗易懂。华丽的辞藻、冷僻的术语、深奥的公式、专业细节的论证只适合在口才表演、应聘面试、大学校园等锻炼和表现才能的环境中使用，在谈判中不宜使用。

（2）简明扼要，具有条理性

人的心理活动能力是有限的，当认知对象超过7个时，人们就会难以把握。在叙的过程中，要善于把同一属性的对象归为一类，并理清主次、从属、因果、并列等诸多性质的关系，做到有条理、有层次。这样才能叙述问题清楚，解决问题有效；否则，头绪纷繁，杂乱无章，事倍功半。

（3）紧扣主题，抓主要矛盾

任何事物都是由多个矛盾组成的，其中必有一个是主要矛盾。主要矛盾解决了，其他矛盾就会迎刃而解，就会事半功倍；如果脱离了主要矛盾，不但主要问题解决不了，次要问题也解决不了。

---

[1]　黄玉萍.《国际商务谈判》自考指导与题解［M］. 北京：知识出版社，2002：158-160.
[2]　斯科特. 贸易洽谈技巧［M］. 叶志杰，卢娟，译. 北京：中国对外经济贸易出版社，1986：92.

（4）保持中性，留有余地

谈判双方利益对立，带有感性色彩的夸张用语不但于事无补，反而会加重本来就有的逆反心理和抵抗倾向。例如，说"这是全市最低价，找不到更低的同类产品了"，对方就会想到"一分价钱一分货"；说"同类产品都是保修1年，售后服务48小时之内响应；我们的产品终身保修，24小时内响应"，对方就会认为"为什么会比别人的售后更好呢？肯定质量不行，总是需要修理"。留有余地，使用比较中性的语言，效果反而会更好。

（5）四两拨千斤，以柔克刚

对敌人进攻，有时硬顶虽然可以取胜，但"杀人一万，自损三千"并不可取；若能四两拨千斤，那才是最高境界。太极拳与其他拳种最大的区别在于柔，其所有的动作轨迹都不是折线，而是弧线，对敌人的进攻不是直接反击，而是先接住，顺其方向略向侧方引导一段距离，而后作出反击。太极拳充满了辩证的哲理，已经不仅是一个拳种了，还是一种普遍的文化现象，其原理在很多方面都具有启发性。在谈判中，对方的进攻有时很激烈、很有敌意，即使己方有实力说服他，也应该采取柔的方法；否则，赢得争论的胜利，却失去订单。通常比较有效的方法是采用以下的句型：

"是的，你说得很对……但是……"

"看得出来，你很内行，佩服……不过，我认为……"

这种句型就如同太极拳中的野马分鬃招式，不硬顶，先顺他一下，在他的尊重需要得到满足，逆反倾向有所减弱后，再给予反击，这样效果会非常好。

小案例6-6

在汽车城的某品牌展位，一位顾客用一种强烈不满的口吻对汽车销售人员说："在与你们厂这款车功能相同的车中，全国就数你们厂的最贵，你们厂家也太不厚道了！"

销售人员并没有立即反驳，而是说："这位先生很在行嘛，很精通汽车啊！是的，我们这款的确是最贵的，与同类的×××牌相比，约贵出3 000元，这的确是一笔不小的数目啊！不过，这款车百公里油耗比×××牌省2.5升，按年行驶1万公里、现行的油价计算，每年可省1 700元左右。如果考虑以后油价上涨等因素，每年省下的钱还不止这么多。"

听完这样的解释后，这位顾客的态度友好得多了，说道："这么一说，还真是这个理。油价涨得多降得少，油耗指标越来越重要了。下周二，我来办理购车手续吧！"

资料来源 作者自己编写。

163

> 思考：设想一下，如果销售人员引经据典，振振有词，毫不相让，则可能会出现一些什么结果？

（6）用积极的、肯定的语言结尾

谈判往往不是几句话就能解决问题的，有时需要一整天或者很多天，期间就要分成若干时间单元。在每个单元结束时，要用积极的、肯定的语言。例如："今天上午，我们虽然没有什么实质性的进展和成果，但是你们坚持原则、一丝不苟的作风给我们留下了深刻的印象。我们相信，下午的谈判只要我们怀着诚意，采用长远的眼光，采取适当的、灵活的、双赢的策略，一定会有收获的。"如果使用消极、否定的语言，将会对下一个单元的谈判产生不利的影响。

前摄抑制和后摄抑制原理是"用积极的、肯定的语言结尾"的心理学理论依据，也符合现实生活中的经验。大学毕业后的若干年后想起某位同学，当年在大学第一次见到他时的情景和最后在车站挥手送别的情景一定会记忆深刻。

6.2.5 辩

谈判总有利益的对立，争辩在谈判中是不可避免的。辩最能反映谈判的特点，是谈判技巧最典型的体现。辩又是听、答、叙的综合。毫无疑问，善辩是谈判高手的必要条件。辩需要掌握如下影响因素及规律：

1.观点明确，立场坚定

辩的目的是论证自己的观点，反驳对方的观点。手段是利用客观的事实，进行逻辑论证。在辩的过程中，一定要坚持手段为目的服务的原则。有些人在辩的过程中脱离了原来的目的，最后变成了单纯要赢得气势，要对方服软、认输，结果自己的观点没有得到证明或者在最后证明对方的观点是对的。一定要牢固地树立谈判是达成协议、拿到订单、获得利益的理念，争论的胜负只是手段，并不重要。我们宁愿争不过对方，也一定要坚持获得利益。

2.思路敏捷、严密，逻辑性强

谈判是平等的，谈判的目的是靠说理实现的。肌肉发达、孔武有力、声音洪亮、人多势众都不起决定性的作用，只有客观的事实和逻辑的力量才是最有力的。任何人都应该屈服于事实和逻辑，除非他是不讲道理的人。

三国时，诸葛亮兵出祁山，司马懿指使郑文诈降。为了使诸葛亮中计，秦朗追来，要诛杀叛贼。为证明自己的诚意，郑文提刀上马，只一个回合便斩秦朗于马下。谁知，诸葛亮立即下令处死郑文，郑文不服。诸葛亮说："司马懿是何人？他非常了解麾下武将的功夫，怎么会派一个回合就被你打死的武将来抓你呢？"[①]

具有有利的事实，再加上概念明确、判断准确、推理符合逻辑、论证具有说服力，谈判的目的就不难达到了。

3. 抓主要矛盾，不纠缠细枝末节

主要问题解决了，次要问题都会好办的。在不影响主要问题的前提下，有些细枝末节的问题可以放一放或者让一让。

4. 保持公正和适当中性，把握好节奏

语言不要过于感性和夸张，那样容易激起对方的情绪，不利于合作。客观公正才具有说服力，忌用贬义词，更不能使用侮辱、诽谤、尖酸刻薄的语言。不追求讲话时的气势，更看重对方接受的效果。中性一点的语言和语气，对方也许更容易接受。所谓节奏，就是有规律地重复。谈判中优势和劣势、进攻和防守、紧张和放松等都是不断变化重复的，这就是谈判的节奏。辩论时你来我往，犹如滚滚波涛，时而处于优势，时而处于劣势。处于优势时，要保持冷静，留有余地，轻狂放纵、得意忘形都是不明智的，优势随时都会化为乌有，变成劣势；处于劣势时，要沉着冷静，从容不迫，切不可泄气慌乱、丧失斗志，要坚信，坚持下去会有转机的。优势和劣势如同波峰和波谷，是相互转换的。

5. 人格魅力和风度的作用

辩论胜负的主要影响因素是客观的事实及运用、逻辑的力量等。除此之外，辩论者本人身上所具有的一些优秀品质也会对辩起到积极的促进作用。周恩来总理在国际政坛和谈判界享有很高的评价，受到很多国家政要的尊敬和钦佩。在历次重大的谈判中，只要他出现在谈判桌上，难辩的议题往往就会很好地解决。1972年，《中美上海联合公报》的谈判就是经典例证。所以说，谈判者的人格魅力和风度也是谈判实力的影响因素之一。

魅力是能够产生积极作用的吸引人的力量。人格是个人的气质、性格、能力等特征的总和，是一个人的道德品质的体现，是人能作为权利、义务的主体的资格。人格魅力就是源于人格因素的魅力。相对于金钱、权力、相貌等而言，人格魅力是最具有震撼力、可持续发挥作用的。风度是一个人内在实力的自然流露，

---

① 改编自：罗贯中. 三国演义 [M]. 福州：海峡文艺出版社，1973：627-628.

是不可以模仿的。风度往往是一个人独有的个性化标志。拥有科学的宇宙观和合乎现实规律的人生观、价值观，具有高尚情操的审美情趣，同时做到光明磊落、堂堂正正，具有丰富的内在实力，充满自信，信念坚定，意志顽强，宽容大度，诙谐幽默，你就会自然而然地拥有魅力和风度了，你谈判的辩的能力就自然而然地强大了，其他的外在形式都将不是问题。例如，周总理的姿势有个独特之处，就是右臂微微弯曲置于身前。很多人误以为只要像他那样就会有风度，结果适得其反。其实周总理的右臂弯曲是骨折的后遗症，但因为他颇有实力，所以他的这种外在形式成为独特的迷人风度。每个人都希望自己有风度，风度只有通过打造内功、拥有实力才能具备。

谈判是利益的合作，谁都愿意和品格高尚、诚信善良、智慧大度的人合作，具有人格魅力和风度就等于具有更强的谈判实力，就可以减少很多因为不信任而产生的担心、咨询、质疑、解释、辩解、争论，从而增强了辩的能力和效果。同样，在后面的"说服"沟通中，人格魅力和风度也具有积极的意义和作用。

6.2.6 说服

说服和辩一样，都是听、问、答、叙的综合运用。谈判双方的利益是对立的，要实现合作，使己方利益最大化，前提就是让对方改变或部分改变观点和行为。改变就要依靠说服，说服既是实现谈判目的的重要手段，又是实现谈判目的的前提。

1.取得信任

谈判既有利益的对立，又需要合作。要想与人合作，必先取得对方的信任。说服时，不要总是站在自己的立场上阐述问题，而应该站在对方的立场上，设身处地地从对方的利益和角度阐述，这样就能较好地弱化对方本能的逆反心理和抵抗倾向，比较容易取得对方的信任。在社会心理学中，有一个"自己人效应"的原理，就是当对方有你和他是"一伙的"的认同感时，本能的逆反心理和抵抗倾向就会消失，沟通效果就会很好。

2.寻找共同点，营造友好气氛

在第3章中，本书对气氛问题已经有过详细的阐述，其道理在说服过程中也是相同的。在说服遇到阻力难以深入时，寻找能够引起共鸣的产生愉悦感的话题，有助于形成认同感和自己人效应，调节谈判的气氛，而适宜的气氛有利于说服的效果。

拓展阅读6-5

6.3　商务谈判中无声语言及其运用

6.3.1　无声语言的概念与作用

无声语言，顾名思义，就是通过行为来传递和沟通思想的语言。无声语言主要有肢体语言、空间位置语言两类。前者包括眼神、表情、四肢的动作方式和静态姿势。后者是指人与人沟通时空间位置的状态。这些状态及其变化都在传达着某种信息。

信息是事物运动的状态与方式的反映形式。谈判信息就是与谈判利益有关的事物的运动状态与方式的反映。无声语言所反映的信息主要是谈判者的心理活动。

无声语言与有声语言的本质区别在于：在有声语言中，其主体是有意识的、自觉的，因而，主体对有声语言是可以加以掩饰的；在无声语言中，一般而言，其主体是无意识的、不自觉的，所以是无从掩饰的。

只有经过特殊训练的人才能掩饰无声语言，如间谍。人类是非常复杂的动物，很多情况下，说的其实与内心想的是不相同的。例如在很多作品中，女孩对心仪之人并不会直接表白心意，而是说一些相反的话，如"讨厌""真笨"等。如果在交往中只会注意倾听语言本身，就很难做到善解人意了；不仅要"听其言"，更要"观其行""察言观色"。谈判高手更应该是善于观察言行的人。

行为能够表达内心、传递信息，但并不是所有的行为都可以，这里涉及信息学的基本原理，即信息传递的本质。

在我国周朝，为了确保国家的安全，通过烽火台的昼烟夜火来传递边塞状况。但是烟火只能传递简单的两种情况——安全和不安全，无法传递详细的信息，如我方失守了几座城池、伤亡多少兵力、敌方是哪一个国家、敌军将领是

167

谁、有多少兵力等。在当今的互联网时代，主流计算机中央处理器的时钟主频达到 3.8G 以上，即每秒钟可以将 0 和 1 排列组合成 25 亿位，任何一个常用的汉字都可以用 0 和 1 的组合代替。我国于 1980 年发布了《信息交换用汉字编码字符集基本集》（GB2312—1980），该汉字标准能表示 6 763 个汉字。根据该标准，一个汉字占用 16 位，3.8G 意味着理论上每秒钟可以传输约 38 亿个汉字。

对昼烟夜火与计算机通信这两种信息传递方式进行比较，就不难发现，信息传递的本质就是信息媒介本身的变化，媒介本身变化越丰富，就越能对应事物运动的状态与方式，相对应的信息就越多；越是缺乏变化的媒介，其传递信息的价值就越小。眼睛、面部等部位的形状变化比较丰富，所以在这些部位可以观察到一些有价值的信息。而在脚趾、头发等没有变化或变化非常少的部位，就得不到什么有价值的信息。

无声语言在商务谈判中主要有辅助和替代作用。有声语言可以掩饰，所以未必是真实的意思，有故意撒谎的情况，也有不便于直说的成分。因此，对方说话时，可以在听有声语言的同时，配合着观察无声语言，辅助自己阅读对方。对方不说话的时候，仍然可以通过无声语言辅助了解对方的内心。有的思想或情感，通过无声语言传递的效果更加准确有效，可以起到替代语言的作用，如握手、鼓掌、拥抱、亲吻、微笑、流泪、沉默等，更高级的、更有技术含量的无声语言的接收，就是观察嘴角的变化。地震中，亲人埋在废墟下的痛苦折磨是难以忍受的，当亲人最后生还相见的那一刻，语言是多余的，拥抱或者哭泣等无声语言的沟通效果是最好的，一切尽在不言中。

6.3.2　肢体语言①

1.眼神

眼睛一般被认为是面部最具有沟通功能的部位，被誉为"心灵的窗口"。单独的眼睛可能是没有什么效果的，眼神应该是眼睛和面部的组合。根据前面阐述的信息传递的原理，我们可以理解为，眼神是非常富有变化的，每一种眼神都对应着某一种心理活动，即眼神携带着大量的信息。眼神变化所代表的心理活动常见的有：

（1）与人交谈时，眼睛注视对方的时间

相互交谈时，视线对着对方脸部的时间，一般而言应该占一半的时间，如果

---

① 成志明. 涉外商务谈判［M］. 南京：南京大学出版社，1991：100-108.

基本不看，说明对方对所述事情不感兴趣；如果长时间凝视说话的人，则说明对方只对谈话者本人感兴趣，对所谈内容不感兴趣。

（2）眨眼

眨眼是一种正常的生理现象，持续时间为0.1秒。眨眼与心理状态有直接关系。使用紫外线摄像机测量眼周围神经和肌肉的电感应，科学家可以辨出，眨眼的频率和持续时间往往是由惊恐、厌烦、气愤等心理状态决定的。研究表明，我们平常比惊恐时眨眼次数少一些；读小说的人1分钟眨眼8次；进行谈话的人比平常眨眼次数多；汽车司机行驶在繁华街道上的眨眼次数比高速公路上要少一些；当司机从另一辆汽车旁驶过时，或从反光镜向后看时，眨眼次数要少一些。在1秒钟之内连续眨眼，这是神情活跃、对某事物感兴趣的表现，有时也可理解为由于个性怯懦或羞涩不敢正眼直视而作出不停眨眼的动作。在正常的情况下，一般人每分钟眨眼5~8次，每次眨眼一般不超过1秒钟。时间超过1秒钟的眨眼表示厌烦、不感兴趣，或表示自己比对方优越，有藐视对方、不屑一顾的意思。[1]

（3）其他变化

倾听对方谈话时，几乎不看对方，那是企图掩饰什么的表现。眼神闪烁不定，是一种反常的举动，常被视为掩饰的一种手段或行为上的不诚实。瞪大眼睛看着对方是对对方有很大兴趣的表示，但这会令对方不自在。一般情况下，人们都会回避目光的对视，尤其是异性之间；如果异性长时间对视，那就是所谓的"放电"了。人在处于喜欢或兴奋的感情时，往往眼睛炯炯有神；当消极、戒备或愤怒时，往往愁眉紧锁、目光无神、神情呆滞。

凡此种种，不一而足。很多眼神是无法用文字描述的，只能在实践中意会。

2.嘴角

嘴角是最富有变化的部位（包含面部肌肉的运动），因而也能反映内心世界。嘴角在反映人的心理方面丝毫不逊色于眼睛，但很少有人知道。嘴负责说话、进食，这些都是复杂精细的运动，有很多小的肌肉参与，两边的嘴角和天目穴构成的三角形是面部神经最为丰富、敏感的地带。1950年，加拿大神经外科医生怀尔德·格雷夫斯·潘菲尔德（Wilder Graves Penfield）绘制出躯体感觉和运动的皮层定位图（如图6-1所示）。面部（尤其是嘴）和手指的感觉和运动神经最丰富，占用了大量的大脑皮层的神经细胞。由于这两个部位的功能强大，占用大量的大脑皮层空间，二者占用的空间超过了整个大脑的50%。这也

① 卢自民，作志忠. 现代商贸谈判学［M］. 西安：陕西人民出版社，1994：447.

可以说明，面部和手指是最富有变化的器官。

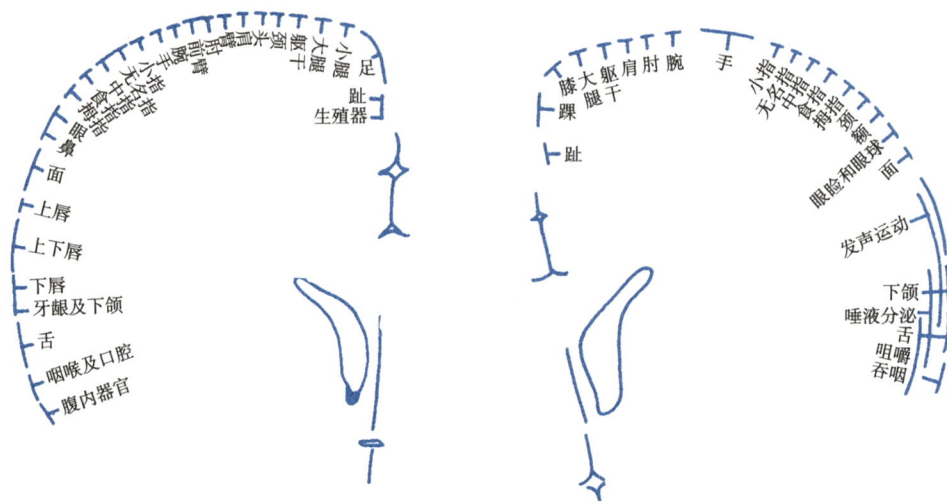

（a）躯体感觉皮层定位图　　　　（b）运动皮层定位图

图6-1　人体器官感觉和运动功能对应的大脑皮层示意图

资料来源　郭淑琴，王燕．普通心理学［M］．北京：光明日报出版社，1989：49.

嘴每天不停地运动，嘴角的形状和变化非常丰富，所以携带了大量可以反映心理活动的信息。仔细观察就会发现，每个人的各种嘴角形状都有其个性化的意义，接触一段时间熟悉之后，可以根据嘴角形状和变化准确地判断其心理。这种嘴形及其变化是难以描述的，以下的描述只是大致的，还要根据具体的场合酌情调整：

❶ 紧紧地抿住嘴，往往表现出意志坚决；

❷ 吸起嘴，是不满意和准备攻击对方的表示；

❸ 受到挫折时，咬嘴唇意味着自我惩罚；

❹ 注意倾听对方话语时，嘴角会稍稍向后拉或向上拉；

❺ 不满和固执时，往往嘴角向下。

3.微笑

微笑是眼睛、嘴巴、面部肌肉的综合运动，也是三者的形状组合。眼神、嘴角、微笑构成了最有信息价值的无声语言。微笑是人际沟通最好的润滑剂，它没有语言那样的差异，因此不像语言那样具有地域性。不同文化背景下的所有人的微笑的含义都是相同的，都是可以读懂的。

心理学家曾经做过一个有趣的对比试验：

第一种情况是，两个初次见面的异国的陌生人，其中一位用生硬难懂的英语向对方问好，但说话时表情冷漠，结果另一位反应非常冷淡。

第二种情况是，一个人用同样难懂的英语咒骂对方，不同的是，骂的时候面带笑容，结果对方立即给予了友好热情的响应。

可见，陌生人初次相见，表达友好的最佳方式就是微笑。美国社会心理学家艾伯特·梅拉比安认为信息的全部表达=55%表情+38%声音+7%语言。[①]享有国际声誉的希尔顿酒店集团成功的最大秘诀就是"微笑服务，宾至如归"。希尔顿酒店的老板经常问员工："你今天对客人微笑了没有？"

4. 上肢的动作语言

上肢主要是指手指部位，因为手指变化丰富，手臂和肩膀的变化很少。下肢和身体等部位虽然也能传递一些有价值的信息，但相比较而言，远不如上肢，其原理前面已有论述。

（1）手势

手势是最常见的无声语言，它携带的信息比较多，在所有的无声语言中，仅次于表情组合（指眼睛、嘴角与面部的组合）。一般而言，手势有如下含义：

❶ 说话时使用手势往往是比较自信的标志。

❷ 缺乏自信时，整个身体比较紧张，四肢受到拘束。

❸ 握拳表现出向对方挑战或自我紧张的情绪。握拳使人肌肉紧张、能量集中，一般只有在遇到外部的威胁和挑战而准备进行抗击时才会如此。

❹ 用手指或铅笔敲打桌面，或在纸上乱涂乱画，表示对对方的话题不感兴趣、不同意或不耐烦。

❺ 吸手指或指甲的动作是婴儿行为的延续，成年人作出这样的动作是个性或性格不成熟的表现，即所谓"乳臭未干"。

❻ 手与手连接放在胸腹部的位置，反映了谦逊或略带不安的心情，歌唱家、获奖者、等待被人介绍时常有这样的姿势。

❼ 两臂交叉于胸前，表示防卫或保守；两臂交叉于胸前并握拳，则表示怀有敌意。

❽ 握手是商务谈判中的常见动作。握手的本意是向对方表示友好。它起源于原始人，他们在狩猎或战争时，手中常持有石块和棍棒等武器保卫自己。陌生者

---

① 张海荣. 现代推销理论与技巧［M］. 北京：团结出版社，1999：188.

相遇，为了满足安全需要，若互相没有恶意，就会放下手中的东西，并伸开手掌，让对方摸掌心，表示手中未持武器。握手时，手掌出汗，表示兴奋、紧张或情绪不稳定；用力过大，表明此人好斗、个性较强，或者为人热情、主动，是急性子，而柔弱绵软的握手，意味着是个保守、温和、懦弱、含蓄或有城府的对手；手掌向下，力求靠近自己身体的握手多数表示是极具支配欲望的人，而手掌向上，可能是比较温和厚道或者善于后发制人的对手；用两只手握住对方的一只手并上下摆动，往往是热情欢迎、真诚感谢、有求于人的意思。

（2）其他的肢体无声语言

❶ 耸肩，中国人几乎不使用这个肢体动作，而在西方国家，这是比较常见的无声语言，国际商务谈判中也会经常见到，一般表示否定、不同意、无奈、遗憾等消极的意思。在耸肩的同时，双手还会掌心向上作出一个向上托起的动作加以配合。肩膀往往是最先表露潜意识情感的部位。

❷ 摇动足部或抖动腿部，可能是等待一个重要的又没有把握的结果时紧张的表现，也可能是轻视不屑且不耐烦的标志。心中有其他的事情，急于离开但又不能离开现场时，多会出现这种现象。男性足踝交叉而坐，表示处于压抑的状态。女性足踝交叉及膝盖并拢地坐，表示拒绝对方或处于一种防御性的心理状态，尽管此时她的有声语言并没有明显的防御和抵抗之意。如果频频变换架腿姿势是情绪不稳定或焦躁、不耐烦的表现。张开腿而坐，表明此人自信，有安全感，对对方没有戒备心理，是容易接近和合作的。

❸ 在谈判间隙举行的社交活动中，如果某人总是选择靠墙而立，说明他缺乏安全感，不太合群，比较内向；不停走动，喜欢与人打招呼，往往具有比较强的表现欲。

无声语言是多种多样的，很多还是只可意会，不可言传的。无声语言所表达的意思与以上所述有时未必完全吻合，有时会因环境而异，只能作为一般的参考，精确的意思还需要当事人根据具体情况作一些修正。再者，由于主体的差异较大，人与人之间的无声语言也是不会完全相同的。因此，无声语言也不是万能的。

6.3.3　空间位置语言①

人与人的空间位置也是非言语交往的一种特殊形式。在人际交往与谈判活动中，通常能够直觉地体会到，与人交往应该保持多大的空间距离，人们

---

① ［1］王承璐．人际心理学［M］．上海：上海人民出版社，1987：241-248．［2］彭沉雷，徐幸起．公关礼仪［M］．上海：上海人民出版社，1991：50-52．

也总是按照与人的关系而自觉地调整着与他人的相隔距离。因为在一般谈判场合，对一个人是靠近还是疏远，就等于在有意或无意地表示对他是亲密还是戒备。

如果你故意靠近某人坐下，甚至已接触到那人的身体，那么会发生什么情况呢？结果往往是，那人开始时很不自然地尽可能往一旁挪动，或者皱起眉头瞥你一眼。如果你还是不知趣地往他身边靠近，他就可能站起身来，不满却又无可奈何地瞪你一眼拂袖而去。那么，你又是否想过，在他的心理方面又是什么原因在起作用呢？是什么因素在支配着他的这种无意识活动呢？

美国谈判学专家罗伯特·索默（Robert Sommer）经过观察和实验研究，认为人具有一个心理上的个人空间，它就像一个无形的"气泡"一样，为自己割据了一定的"领土"；一旦这个"气泡"被人触犯，就会感到不舒服或不安全，甚至恼怒起来。这就类似于物质的场，场虽然看不见，但客观存在，物质之间的相互作用都是先通过场产生的。场有一个空间范围。人们都有一种保护自己的个人空间的需要，这并非表示拒绝与他人交往，而只是想在个人空间不受侵占的情况下自然地交往。个人空间实际上是使人在心理上产生安全感的"缓冲地带"，一旦受到侵占，就会作出两种本能的反应：一是觉醒反应，如手脚的许多动作不自然，眨眼的次数增加等；二是阻挡反应，如挺直身子，展开两肘呈保护姿势，避开视线接触。如果实在忍无可忍，就会退而避之了。

例如，在一间宽敞而空旷的阅览室里，只有一名学生在阅读，如果另一名学生在她身旁坐下，她就会产生本能的厌恶情绪。"闯入者"靠她越近，她的不自然动作就越多，显得有点心神不定；当靠近她只有7~8厘米时，也许已到了她能忍受的极限，她有70%的可能性是愤愤地走开了。如果从后进来的学生角度看，我们虽然不能断定他会坐在哪里，但我们可以肯定他最不会坐在哪里，那就是先来的学生座位的对面或紧挨着的旁边。因为他挤破了前者的"气泡"，进入了对方的场，双方的场相互干扰。

在谈判交往中应该注意，不要随便轻易地闯入对方的个人空间，那样是不明智的，也是不够礼貌的举止。

1.空间位置的划分

谈判双方交往中的个人空间需要多大呢？这就需要考虑到各种具体情况，如交往对象、交往内容、交往场合、交往心境等主客观因素。美国爱德华·霍尔（Edward T. Hall）博士在1966年出版的《隐藏的维度》（The Hidden Dimension）一书中将人与人之间的空间位置关系进行了大致的划分（见表6-1）。

表6-1　　　　　　　　　　　　空间位置类别及比较

空间位置类别	定义及适用对象
公众距离	大于3.7米，无交往、无干扰的空间，适用于不认识也无须交往的人
社交距离	1.2~3.7米，一般交往空间，适用于业务伙伴、上下级等
个人距离	46~120厘米，友好交往空间，适用于亲朋好友、同事、同学、师生等
亲密距离	46厘米以内，最亲密的交往空间，适用于夫妻、恋人、父母与幼小的子女之间

（1）亲密距离

这是人际交往中的最小间隔，即通常所说的"亲密无间"，是最为亲密的关系距离，多见于夫妻、恋人、父母与幼小的子女之间。其距离为46厘米以内。在如此近的距离内，有很多非语言形式可以传递信息，如耳鬓厮磨、体温、体味等。他们之间的"人场"是相吸引的，双方在这样的"人场"中，各自都会在生理和心理上感到很舒适。这种舒适还能促进沟通，沟通的效果会很好。能够靠得这么近这一行为本身，其实也是传递了爱慕、心仪、亲密、贴心等内心的情感信息。但在不具有这样一类内心情感的谈判交往中，谈判人员理所当然地就不能靠近对方到这个程度；否则，会引起对方的不安全感、厌恶、反抗、拒绝，最后适得其反地影响谈判的过程。比较私密的问题也不宜在开放的空间展开；否则，沟通的结果也会适得其反。一位小伙子在不合时宜的场合向心仪的姑娘求婚，结果对方并没有常见的幸福、自信之感，反而当众断然拒绝了这个愣头青的请求。事后姑娘恼怒地说："他竟在离我2.5米之外的地方谈这件事。"[①]

（2）个人距离

个人距离为46~120厘米，虽不能像亲密关系距离那样传递很多无声语言的信息，但能实施亲切握手、拍肩搭背等友好动作，从而传递一定的沟通信息。这是与亲朋好友、要好的同学和同事交往的空间，也包括真诚的师生之间的交往。他们之间几乎没有戒备、防卫的心理倾向，相互之间非常信任，长期友好合作且趣味相投的业务伙伴也可进入这一空间。关系一般、素昧平生的人可以短时间地在这个空间尝试交流，切不可不识时务地不顾对方感受以老朋友自居，长时间在此逗留。

---

① 佚名. 气泡——一个有趣的心理现象［N］. 吴家禄，译. 青年报，1981-08-07.

（3）社交距离

社交距离为1.2~3.7米，一般出现在工作环境、社交场合和谈判场合。在这样的距离中，能够反映个人的比较私密属性的信息就被屏蔽了。由于社交距离相隔较远，声音就比较洪亮，所以是开放的。亲密和个人距离，由于相距很近，可以感受到诸如体温、呼吸、体味、肌肤等所有微小的视觉、听觉、味觉、嗅觉和触觉等私密信息。如果说亲密和个人距离体现了个人比较私密的关系，社交距离则体现了比较公开的工作关系。

谈判过程中保持社交距离，并不仅是因为相互关系不够亲密，还有使交往更加正规和庄重之意。例如，为了体现庄重、严肃、正规，在企业或国家领导人之间的谈判、工作招聘时的面试、论文答辩时的师生对话等过程中，保持社交距离是必不可少的。

（4）公众距离

相距在3.7米以上，就属于公众距离了。在这个界限之外，人际沟通近乎为零，不相识也不需沟通，所以就会视而不见，听而不闻。

上述空间位置关系是相对的，也是可以转换变通的。亲密关系也并非一直都是这个距离。一般关系的人交谈一段时间后，感到比较融洽时不妨拍拍对方的肩膀，以示友好；如果对方能够接受，社交关系就可上升为友好关系了。

2.谈判中的个人空间

个人空间的范围不是固定不变的，它会随着个性、心境、社会地位、文化背景、环境条件等因素的变化而变化。

（1）个性

内向、孤僻之人，不轻易敞开自己的心扉，所以这类人的空间"气泡"较大，他人不容易接近；反之，外向、开朗之人，喜欢结交朋友，十分愿意与人交心，当然他们的空间"气泡"就小一些。

（2）心境

心境是一种深入的、比较微弱而持久的情绪状态，如得意、忧虑等。[1]

心境具有弥漫性，不是关于某一事物的特定体验，而是由一定情景唤起后在一段时间里影响主体对事物的态度的体验。处在某种心境中的人，往往以同样的情绪状态看待一切事物。心境与通常所说的"心情"比较一致。

另外，心境还具有持久性，可以持续几小时、几天甚至更长的时间。[2]

---

[1]　中央人民广播电台理论政法部. 成才之路［M］. 北京：广播出版社，中国社会科学出版社，1981：111.
[2]　曹日昌. 普通心理学（下）［M］. 北京：人民教育出版社，1979：69.

愉快、悠然、宁静等积极的心境会缩小个体的交往空间；反之，忧郁、沮丧、忧愁等消极的心境会扩大交往的空间。"我现在心情不好，离我远点"就是这种原理比较典型的体现。

（3）社会地位

社会地位不同，个人空间就会有差异。地位尊贵的人物，隐私更需要保护，所以比较矜持，不轻易让他人接近自己，在公众场合往往会比较谨慎，刻意地与下属和人群保持一定的距离，地位越高，这个空间距离就会越大；反之，地位低的人比较放得开，隐私较少，所以个人空间距离较小。

（4）文化背景

文化的概念很广，释义众多，《现代汉语词典》的解释为：文化是指人类在社会历史发展过程中所创造的物质财富和精神财富的总和，特指精神财富，如文学、艺术、教育、科学等。[①]但此解释过于宏观、抽象，在人际交往的领域用"文化是指一个国家或民族的历史、地理、风土人情、传统习俗、生活方式、文学艺术、行为规范、思维方式、价值观念等"来解释更为贴切。不同的文化背景下的民族在个人空间行为上是有差异的。有研究表明：地中海国家的人交往时允许较多的身体接触，相互靠得较近；北欧国家的人相互离得较远，很少有身体接触。同是欧洲国家，法国人与英国人交谈时，法国人总是保持较近的距离，甚至呼吸都会呼到对方脸上，而英国人感到很不习惯，步步退让，维持适合于自己的空间范围。同是美洲国家，对两个成年的北美人来说，最适宜的交谈距离是相距一臂至 1.2 米，而南美人喜欢近一些。所以，不同文化背景的人在交往时，常会因个人空间的不同需要而产生误解，一方会觉得另一方粗俗无礼，另一方则会觉得对方冷淡傲慢，这样就可能影响谈判双方之间的融洽与沟通。

（5）环境条件

前面所述的个人空间划分都是在理想的环境中的，在现实生活交往中，由于受到环境条件的限制，理想的个人空间经常被破坏。在这样的场合下，个人的空间距离就会相应地伸缩调节。在拥挤的公共汽车或电梯上，人们无法维持原有的自己的个人空间，只好降低标准，容忍别人靠得很近。为了减轻由此造成的不适感，人们常会采取一些相应的行为，如双臂抬起，置于胸腹部之前；尽量侧转身，避免近距离地对视。

总之，掌握了谈判活动和人际交往中人们所需要的个人空间及适当的交往距离的概念和原理，并能掌握这种个人空间因个性、心境、地位、文化背景、环境条件等方面的差异，就能有意识地选择与谈判对手交往的最佳空间距离，从而改

---

① 中国社会科学院语言研究所词典编辑室. 现代汉语词典［M］. 7 版. 北京：商务印书馆，2016：1371-1372.

善谈判的效率和效果，更好地实现谈判目标。

关键词

无声语言　封闭式发问　魅力　人格　信息传递的本质

复习与思考

第6章即测即评

一、简答题

1. 有声语言和无声语言的区别及谈判意义分别是什么？
2. 为什么说和听很重要？
3. 问除了得到想要得到的信息作用之外，还有什么作用？
4. 生活中的答与谈判中的答有什么实质性的区别？
5. 叙和答的异同点是什么？
6. 在激烈的讨价还价中如何运用太极原理？举例说明之。
7. 在说服过程中如何运用心理学的需要驱动原理？举例说明之。
8. 人际交往的空间距离原理与物质的引力场、电磁场有何异同？
9. 信息传递的本质是什么？为什么人的某些部位（如眼睛、嘴角）的变化可以反映其内心世界，有的部位（如脚趾、耳朵）却不可以？其中的原理是什么？
10. 通过本章学习，检讨自己的沟通能力，找出自己存在的不足之处和改进方向。

二、案例分析题

案例1　　　　　　费曼的"滑稽"沟通

美国物理学家理查德·菲利普斯·费曼（Richard Phillips

Feynman）由于在量子电动力学方面的贡献，获得1965年的诺贝尔物理学奖。他是一个幽默风趣的人。

1945年，费曼开始在康奈尔大学工作。当他第一次参加那里的社交舞会时，他和跳舞的几个女孩互相问了一些问题。当下支曲子响起时，她们往往以各种理由拒绝了费曼的邀舞请求。费曼很纳闷。

他又和一个女孩跳舞，女生问了通常的问题。

女孩问："你是大学部的还是研究生部的学生？"（在该学校，由于一些学生在部队待过，所以显得年龄大一些）

费曼答："不，我是一名教授。"

女孩问："啊？你教什么？"

费曼答："理论物理。"

女孩问："我想，您莫非还研究过原子弹？"

费曼答："是的，战争期间我在洛斯·阿拉莫斯①。"

女孩说："您真是一个该死的骗子！"

说完，她就走开了。由此，他才知道问题出在跳舞时他和女孩们的对话上。他所回答的未经思索的实话，在女孩们听来像是不真实的自夸，把女孩们吓跑了。因此，下次他再与女孩跳舞时，就不直接回答女孩们的问题。

女孩问："你是新生吗？"

费曼答："嗯，不。"

女孩问："您是个研究生？"

费曼答："不。"

女孩问："您是干什么的？"

费曼答："我不想说。"

女孩问："为什么您不肯告诉我？"

费曼答："我不愿意……"

女孩们愿意继续与费曼交谈了，还满怀同情地以大二学姐的口气告诉他，不要因为这个年龄还是一个大一新生就觉得尴尬，这没有什么不合适的。

资料来源　[1] 徐葆耕，齐家莹. 我们都是未解之谜 [M]. 北京：光明日报出版社，1995：328-329. [2] 费曼. 别逗了，费曼先生——怪才历险记 [M]. 王祖哲，译. 长沙：湖南科学技术出版社，2005：170-177.

① 洛斯·阿拉莫斯（Los Alamos）位于美国新墨西哥州，是美国最重要的核武器设计部门所在地。

问题：

1. 这个案例体现了哪些人的本性（社会性）？
2. 该案例在人际交往上给了我们哪些启发？

案例 2　　　　　　　谈判中的真诚赞美

美国著名的柯达公司创始人乔治·伊斯曼成为美国巨富之后，不忘社会公益事业，捐赠巨款在罗彻斯特建造音乐学院、纪念馆和戏院等。为承接这批建筑物内的座椅，许多制造商展开激烈的竞争。但是，找伊斯曼谈生意的商人无不乘兴而来、败兴而归，毫无所获。正是在这样的情况下，美国优美座位公司的经理亚当森前来会见伊斯曼，希望能够得到这笔价值 9 万美元的生意。

伊斯曼的秘书在引见亚当森前就对亚当森说："我知道您急于得到这批订单，但我现在可以告诉您，如果您占用了伊斯曼先生 5 分钟以上的时间，您就没希望了。他是一个很严厉的大忙人。所以您进去以后要快快地讲。"亚当森微笑着点头称是。

亚当森被引进伊斯曼的办公室后，看见伊斯曼正埋头于桌上的一堆文件，于是静静地站在那里仔细地打量起这间办公室来。过了一会儿，伊斯曼抬起头发现亚当森，便问道："先生有何见教？"秘书将亚当森作了简单的介绍后，便退了出去。

这时，亚当森没有谈生意，而是说："伊斯曼先生，在我们等您的时候，我仔细地观察了您的这间办公室。我本人长期从事室内的木工装修，但从来没见过装修得这么精致的办公室。"

伊斯曼回答说："您提醒了我差不多忘记了的事情。这间办公室是我亲手设计的。当初刚建好的时候，我喜欢极了；但是后来一忙，一连几个星期都没有机会仔细欣赏一下这个房间。"

亚当森走到墙边，用手在木板上一擦，说："我想这是英国橡木，是不是？意大利的橡木质地不是这样的。"

"是的，"伊斯曼高兴地站起身来回答说，"那是从英国进口的橡木，是我的一位专门研究室内细木的朋友专程去英国为我订的货。"

179

伊斯曼心情极好，便带着亚当森仔细地参观起办公室来了。他把办公室内所有的装饰一件件向亚当森作介绍，从木质谈到比例，又从比例说到颜色，从手艺谈到价格，然后详细介绍了他设计的过程。

此时，亚当森微笑着聆听，饶有兴致。亚当森看到伊斯曼谈兴正浓，便好奇地询问起他的经历。伊斯曼便向他讲述了自己苦难的青少年时代的生活，母子俩如何在贫困中挣扎，自己发明柯达相机的经历，以及自己打算为社会所作的巨额捐赠……亚当森由衷地赞扬他的美德。

进来之前秘书警告过亚当森，会谈不要超过5分钟。结果，亚当森和伊斯曼谈了一个小时又一个小时，一直谈到中午。

最后，伊斯曼对亚当森说："上次我在日本买了几把椅子，放在我家的走廊里，由于日晒都脱了漆。昨天我上街买了油漆，打算由我自己把它们重新漆好。您有兴趣看看我的油漆表演吗？好了，到我家里和我一起吃午饭，再看看我的手艺。"午饭以后，伊斯曼便动手把椅子一一漆好，并深感自豪。直到亚当森告别的时候，两人都未谈及生意。

最后，亚当森不但得到了大批的订单，而且和伊斯曼结下了终生的友谊。

资料来源　卡内基. 怎样赢得友谊并影响他人［M］. 卢丹怀，等译. 北京：宝文堂书店，1988：131-135.

问题：

1.此案例与"商道即人道"的道理有何关系？

2.此案例具有普遍意义，在谈判实践中如何加以运用？

案例3　　　　　故意误会的妙用

丹麦一家大规模的建筑公司，准备参加德国在中东的某一工厂全套设备的招标工程。经过详细的研究分析，在技术上经过充分的讨论，该公司相信自己比其他竞争对手有更优越的条件，中标是很有希望的。

在同德方经过一段时间的谈判后，丹麦公司方面想早点结束谈判，抓紧时间早日达成协议。可是，德方代表认为应该继续进行会谈。在会谈中，德方一位高级人员说："我们进行工程招标时，对金额部分采取保留态度，这一点你们一定能够理解的。现在我要说点看法，这可能很伤感情，就是请贵公司再降2.5%。我们曾把同一提案告诉了其他公司，现在只等他们回答，我们便可作出决定了。对我们来讲，选谁都一样。不过，我们是真心同贵公司做生意的。"

丹麦方面回答："我们必须商量一下。"

一个半小时以后，丹麦人回到了谈判桌旁。他们故意误解对方的意思，回答说，他们已经把规格明细表按照德方所要求的价格编写，接着又一一列出可以删除的项目。德方看情况不对，马上说明："不对，你们搞错了。本公司的意思是希望你们仍将规格明细表保持原状。"接下来的讨论便围绕着规格明细表打转，根本没有提到降价的问题。

又过了一个小时，丹麦方面准备结束会谈，于是向德方提出："你们希望降价多少?"德方回答说："如果我们要求贵公司削减成本，但规格明细表不作改动，我们的交易还能成功吗?"这个回答其实已经表明对方同意了丹麦公司的意见。于是，丹麦公司向对方陈述了该如何工作，才能使德方获得更大利益。德方听了之后表现出极大的兴趣。丹麦方面还主动要求德方拨出负责监察的部分工作，交由丹麦公司分担。这样一来交易谈成了，德方得到了所希望得到的利益，丹麦公司也没有作出什么让步。

在谈判中，当对方发现你误解了他的意思时，往往会赶紧修正。这样一来，对方便在无意间承受了说明自己情况的压力。这时候优势往往跑到你这边来，使你在谈判中处于有利的地位。丹麦人故意误会、巧得利益的事例，生动地说明了这一点。

资料来源　温克勒. 讨价还价技巧［M］. 光积昌，胡庄君，译. 北京：机械工业出版社，1988：187-188.

问题：

1. 此案例体现了本章介绍的什么原理?

2. 联系自己的实际，谈谈在生活中你是如何运用这一原理的。

案例4　　　　荀息说服晋献公

公元前658年，有虞、虢二国与晋国相邻，晋国总想吞并二国，但二国唇齿相依，难以如愿。

晋献公发愁，大夫荀息献计，说："用贵重的物品贿赂虞公，让他借道给我们伐虢。灭了虢国之后，虞国就不难搞掂了。只是需要动用大王的两件宝物，不过，我想大王可能会不舍得。"

晋献公问道："什么宝物？"

荀息说："就是那匹您最喜爱的千里马和那一对名贵的玉璧。"

晋献公很是不悦："那怎么行呢？那可是我的至宝，绝不能轻易送人！"

晋献公的态度很坚决，一般的人是难以说服他了。但是，荀息的说服能力很强，他是这么进行说服的："我也知道那是您的心爱之物，但是您要想到这么两点：一是我们借道伐虢，虢国是没有防备的，灭虢是肯定的；虢灭了，虞自然不能生存。宝马和玉璧不久自然回到您的手中。二是您担心这些宝贝会受到损伤吧？告诉您吧，虞王也是一个像您一样的爱宝如命的人，他拿到这些宝物之后，一定也会像您那样珍惜的，绝不会损伤这些宝物一丝一毫的。"

晋献公听后，点头称是，随即将宝马和玉璧交付使者，于是就有了"假途灭虢"的历史典故。

资料来源　编者根据冯梦龙《东周列国志》第二十五回"智荀息假途灭虢，穷百里饲牛拜相"节选改编。

问题：

1. 荀息是用什么方法说服晋献公的？这体现了什么理论？

2. 这一历史典故给了我们什么启发？你在生活中是否有过类似的经历？

第7章
商务谈判中的礼仪与礼节

内容体系

学习目标

点睛之笔

7.1　商务谈判礼仪与礼节概述

7.2　商务谈判礼仪的类型

7.3　商务谈判中的礼节

关键词

复习与思考

商务
谈判

BUSINESS
NEGOTIATION

● 内容体系

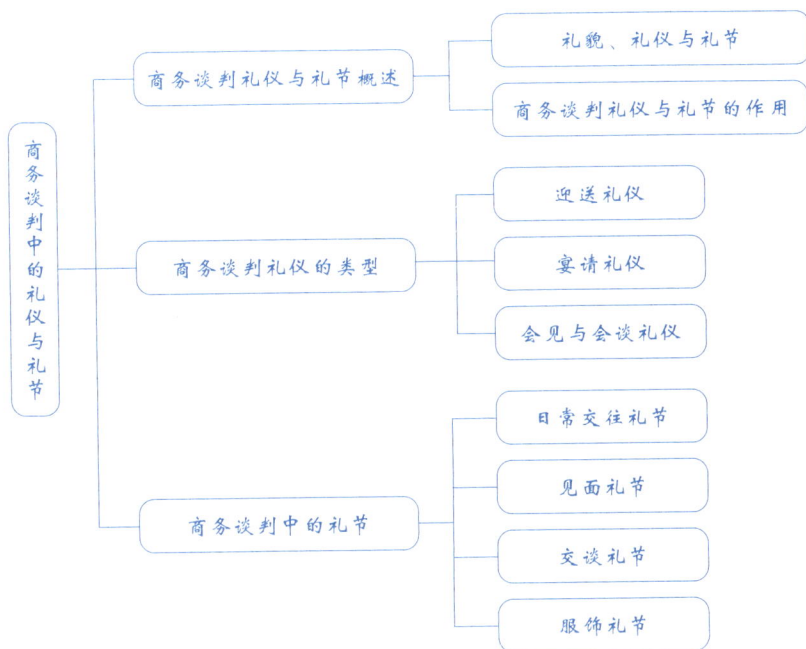

● 学习目标

- 掌握商务谈判礼节的相关内容
- 了解礼仪的基本含义，了解商务谈判礼仪的基本类型并掌握其应用

● 点睛之笔

爱人者，人恒爱之；敬人者，人恒敬之。

——孟子

人无礼则不生，事无礼则不成，家无礼则不兴，国无礼则不宁。

——荀子

君子不恶人，亦不恶于人。

——苏轼

7.1 商务谈判礼仪与礼节概述

7.1.1 礼貌、礼仪与礼节[①]

礼貌、礼仪与礼节是三个互有区别又相互联系的概念。相对而言，礼貌是指个人在处理与他人的关系时的主观意识，是道德品质的一种，属于内容；礼仪与礼节是指符合道德的行为及其规范，是礼貌的体现，属于形式。根据内容决定形式、形式反映内容并为内容服务的原理，一个人的礼貌意识决定了他的礼仪与礼节行为，而他的礼仪与礼节形式是他的礼貌意识的反映。有礼貌而不懂礼仪与礼节就容易失礼，虽然有对他人尊敬友好的心意，却没有相应的效果，在与人交往时往往会出现尴尬、紧张、手足无措等情况，进而影响了相互之间的合作。而没有礼貌意识，只学些表面的礼仪与礼节形式，那只能是机械模仿、故作姿态、虚情假意。因此，讲礼貌、懂礼仪与礼节应当是内在品质与外在形式的统一。

礼仪与礼节严格地说是有区别的，但这个区别难以说清，目前有很多种解释。

有人认为：礼仪是"如何做"，礼节是"做什么"。例如，谈判双方初次见面，相互握手表示友好，这是见面的礼节问题；谁先伸手、握住的时间长短和用力大小则是握手礼仪。请客人吃饭时，必须请客人先入座、先拿筷子，这是饮食的礼节问题；宴请过程座位如何安排、席间何时致祝酒词、如何敬酒等，则是礼仪问题。

有人认为：礼仪的文化内涵要相对深些，它侧重于社会交往中人们在礼遇规格、礼宾次序等方面应遵循的行为规范，多用于较大规模或较为隆重的场合。礼仪是指社交活动中，自始至终以一定的程序、方式来表现的完整行为。而礼节多指交往过程中的个别行为。

商务谈判是人与人的利益对立与合作，必然受到道德的制约。在商务谈判中应该做到什么和如何做是商务谈判的礼仪与礼节。这虽然不是谈判本身的内容，但对谈判的进程和结果有重要的影响，也是谈判的方法和手段之一。一位成功的谈判人士也应该是一位熟悉商务谈判礼仪与礼节的行家，国际商务谈判的高手要熟知世界其他国家和地区的商务礼仪与礼节。

---

① 张文俊，魏莉. 礼貌修养［M］. 北京：中国旅游出版社，1993：17-19.

7.1.2 商务谈判礼仪与礼节的作用[①]

如前所述，礼仪与礼节是一种方法和手段，因为有些问题的产生和解决都是和礼仪与礼节有关的。做得不好，会产生摩擦和阻力，节外生枝，谈判破裂；做得好，能提高谈判效率，激活创意，促进合作，有利于实现双赢。商务谈判礼仪与礼节的具体作用如下：

1. 沟通的作用

礼仪与礼节是形式，反映了人的内心价值观念以及对谈判的态度。所以说，礼仪与礼节本身就是在沟通，是一种心灵的沟通、无声的沟通。商务谈判活动是一种双向的活动，双方能否融洽地沟通交流，决定了谈判能否成功。良好的礼仪会使人与人之间的感情得到良好沟通，从而有利于建立良好的人际关系，促使商务交往的成功；反之，则会给对方不好的印象，造成人际关系紧张，进而影响到商务活动的顺利运行。

2. 树立自身形象的作用

运用商务谈判礼仪与礼节的基本目的是树立和塑造企业及个人的良好形象，展示个人的文化修养和职业道德。对于商务谈判人员来说，商务谈判的礼仪与礼节是思想水平、文化修养、交际能力的外在表现；对于企业而言，商务谈判的礼仪与礼节是企业价值观念、道德理念、员工整体素质的集中体现，是企业文明程度的重要标志。商务谈判就是双方的合作，合作就必须让对方感到自己是可以信赖的、稳重敬业的、真诚的，这些都可以在一定程度上通过商务谈判的礼仪与礼节表现并传递给对方。商务谈判的礼仪与礼节是直接塑造商务人员形象、间接塑造企业形象的有效方法和手段。

3. 协调润滑作用

在谈判过程中会不可避免地出现一些激烈的争执和分歧，而商务交往和谐发展的调节器之一就是商务谈判的礼仪与礼节。遵循礼仪与礼节会缓解谈判双方之间的障碍，化解矛盾，消除误会，处理好分歧，促使谈判成功，建立友好合作的关系。从心理学的角度看，人都有被尊重的需要，礼仪与礼节在操作层面上也起到了满足对方被尊重的需要，还可以消除由于某种缺陷或劣势原因造成的自卑、

---

① 刘平. 商务礼仪［M］. 北京：中国财政经济出版社，2005：4-5.

胆怯等消极心理，促使谈判更加流畅顺利。

7.2 商务谈判礼仪的类型

7.2.1 迎送礼仪[①]

在社会交往中，有许多社交礼仪需要遵守，而其中的"迎来送往"是常见的社交礼仪之一。在国际交往中，对外国来访的客人，通常都要视对方的职务和访问性质，以及两国关系等因素，安排相应的迎送活动。对应邀前来的访问者，无论对方职务如何，在他们抵离时，均应安排相应职务人员前往抵达和离开地点迎送。这就需要遵守一定的规格和标准。

1.确定迎送规格

确定迎送规格，主要依据来访者的职务和访问目的，适当考虑双方的关系，同时要注意国际惯例，综合平衡。谈判是平等的沟通，从理论上讲，主要的迎送人员都要与来宾的职位相当，或者由职位相当的人士或副职代替。总之，主人职务总要与客人相差不大，同客人对口、对等为宜。但实际中由于各种原因，往往做不到完全对等。当事人不能出面时，无论作何种处理，应主动向对方作出解释，并真诚地表示歉意。不对等的迎送是可以理解的，但不作解释、不表示歉意的行为就意味着不对等是理所应当的了，这是很不礼貌的。其他迎送人员不宜过多，本着对等的公平、平等原则安排即可。如果事关重大，则安排规格较高的迎送也是可以的。为避免造成厚此薄彼的印象，非有特殊需要，破格接待一般尽量少用。

2.掌握抵达和离开的时间

应该准确掌握来宾乘坐飞机（火车、船舶）的抵离时间，及早通知全体迎送人员和有关单位。由于天气变化等意外原因造成飞机（火车、船舶）等不准时的情况，应及时通知相关人员和单位。迎接人员应在飞机（火车、船舶）抵达之前到达机场（车站、码头），送行则应在客人登机（火车、船舶）之前抵达。如果安排献花，则需要用整洁、鲜艳的鲜花，并且献花者通常由儿童或年轻女性承担，也有些国家是由女主人向女宾献花。献花应安排在迎送的主要领导人与客人握手之后。

---

① ［1］《外事工作手册》编委会. 外事工作手册［Z］. 北京：航空工业部第一技术情报网，1983：6.［2］赵宏. 中国秘书实用大全［M］. 北京：法律出版社，1991：124-126.

3.介绍

如果客人与迎接人员以前不熟悉，则双方见面时需要互相介绍。介绍通常分为两种情况：

一是双方人员都作介绍，此时通常是先将前来欢迎的人员介绍给来宾；

二是只介绍一方，介绍时应按照被介绍人员的职位从高到低依次介绍。

4.迎送工作中的具体事务

首先，如果被迎送者是职位高的客人，则应该事先在机场（车站、码头）安排贵宾休息室，并准备饮料等其他必需物品。

其次，安排车辆，预订房间。如果条件允许，在客人到达之前就可以将车辆和房间号码通知客人，也可将房间、车辆表做好，打印出来，在客人到达时及时发到每个人手中，或通过对方的联络秘书转达。这样既可避免混乱，又可以使客人心中有数，主动配合。

最后，指派专人协助办理出入境手续及机票（车、船票）和行李提取或托运手续等事宜。如果对方是人数众多的重要的代表团，应先将主要客人的行李取出（最好请对方派人配合），及时送往住处，以便更衣。另外，客人抵达住处后，一般不要马上安排活动，应让对方稍作休息，起码给对方留下更衣时间。

7.2.2　宴请礼仪①

宴请是国际交往中最常见的交际活动之一。目前国际上通用的宴请形式有宴会、招待会、茶会、工作餐等。在实际工作中，通常要根据活动目的、邀请对象以及经费开支等各种因素来确定采用何种宴请方式。

1.宴会

宴会通常包括国宴、正式宴会、便宴、家宴等种类。按其举行的时间，宴会又有早宴（早餐）、午宴、晚宴之分，其隆重程度、出席规格以及菜肴的品种与质量等均有区别。一般来说，晚上举行的宴会较之白天举行的更为隆重。正式的宴会，一般来说，座位都要事先安排好，有主次座位之分，有餐前讲话、席间致辞、祝酒词等，因此，参加宴会要有所准备。

---

① 《外事工作手册》编委会. 外事工作手册［Z］. 北京：航空工业部第一技术情报网，1983：14-32，48-51.

(1) 国宴

国宴（state banquet）是规格最高的正式宴会，是国家元首或政府首脑为国家的庆典或为外国元首、政府首脑来访而举行的。宴会厅内要悬挂国旗，并且要安排专门乐队演奏国歌及席间乐，同时举行席间致辞或祝酒。

(2) 正式宴会

正式宴会（banquet/dinner）除不挂国旗、不奏国歌以及出席规格不同外，其余安排大体与国宴相同，有时亦安排乐队奏席间乐。宾主均按职位就座。外国人对宴会服饰比较讲究，往往从服饰上体现宴会的隆重程度，所以许多国家举办正式宴会，都会在请柬上注明对客人服饰的要求。另外，正式宴会对餐具、酒水、菜肴道数、陈设，以及服务员的装束、仪态都要求很严格。

(3) 便宴

便宴即非正式宴会，常见的有午宴（luncheon）、晚宴（supper），有时亦有早餐（breakfast）。这类宴会形式较简洁，可以不安排席位，不作正式讲话，菜肴道数亦可酌减。西方人的午宴有时不上汤和烈性酒。便宴较随便、亲切，宜用于日常友好交往。

(4) 家宴

家宴即在家中设便宴招待客人。西方人喜欢采用这种形式，以示亲切友好。家宴往往由主妇亲自下厨烹调，家人共同招待，有时客人也可以下厨一起帮忙。

2.招待会

招待会（reception）是指各种不备正餐、较为灵活的宴请形式。招待会上都会备有食品、酒水饮料，但不安排席位，中间可以自由活动。常见的招待会有：

(1) 冷餐会

冷餐会（自助餐）（buffet/buffet-dinner）的特点是不排席位，菜肴以冷食为主，也可用热菜，连同餐具陈设在菜桌上，供客人自取。客人自由活动，并多次取食。酒水会陈放在桌上或者由招待员端送。冷餐会通常会在室内或院子里、花园里举行，可设小桌、椅子，自由入座，也可以不设座椅，站立进餐。根据主、客双方职务，招待会的规格、隆重程度可高可低，举办时间一般在12时至14时、17时至19时。在官方正式活动中，如果宴请宾客的人数众多，则通常会采用这种宴会形式。

在我国，如果要举行大型冷餐会，往往用大圆桌，设座椅，但是只安排主宾席座位，其余各席不固定，食品与饮料均事先放置桌上，招待会开始后自动进餐。

（2）酒会

酒会又称鸡尾酒会（cocktail），形式较活泼，便于广泛接触交谈。酒会的招待品以酒水为主，略备小吃；不设座椅，仅置小桌（或茶几），以便客人随意走动。酒会举行的时间亦较灵活，中午、下午、晚上均可。请柬上往往注明整个活动延续的时间，客人可在其间任何时候到达和退席。鸡尾酒是用多种酒配成的混合饮料。酒会上不一定都用鸡尾酒，通常酒类品种较多，并配以各种果汁，不用或少用烈性酒。食品多为三明治、小香肠、炸春卷等各种小吃，以牙签取食。饮料和食品由招待员用托盘端送，或部分放置在小桌上。

近年来国际上举办大型活动采用酒会形式逐渐普遍。庆祝各种节日、欢迎代表团访问，以及举办各种开幕、闭幕典礼、文艺演出前后，往往举行酒会。自1980年起，我国国庆招待会也改用酒会形式。

3.茶会

茶会（tea party）是一种简便的招待形式，举行的时间一般在16时左右（亦可在上午10时）。茶会通常设在客厅，不用餐厅。厅内设茶几、座椅，不排席位。但如果是为了某贵宾举办活动，入座时应有意识地将主宾同主人安排坐到一起，其他人随意就座。茶会，顾名思义，就是请客人品茶。因此，茶叶、茶具的选择要有所讲究，或具有地方特色。茶会一般用陶瓷器皿，不用玻璃杯，也不用热水壶代替茶壶。外国人一般用红茶，略备点心和地方风味小吃。

4.工作餐

工作餐按用餐时间分为工作早餐（working breakfast）、工作午餐（working lunch）、工作晚餐（working dinner），是现代国际交往中经常采用的一种非正式宴请形式（有的时候由参加者各自付费），利用进餐时间，边吃边谈。在代表团访问中，往往因日程安排不开而采用这种形式。此类活动一般只请与工作有关的人员，不请配偶。双边工作进餐往往排席位，尤以用长桌更便于谈话；若用长桌，其座位排法与会谈桌席位安排相仿。

5.有关宴请活动的组织工作

（1）确定宴请的目的、名义、对象、范围与形式

宴请的目的是多种多样的，可以为某一个人，也可以为某一事件，如为代表团来访（作为驻外机构，可以为本国代表团前来访问，也可以为驻在国的代表团前往自己的国家访问），为庆祝某一节日、纪念日，为外交使节或外交官员的到（离）任，为展览会的开幕、闭幕，为某项工程动工、竣工等。在国际交往中，

还会根据需要举办一些日常的宴请活动。

确定邀请名义和对象的主要根据是主、客双方的职位，也就是说主、客职位应该对等。例如，作为东道国宴请来访的外国代表团，出面主人的职位和专业一般同代表团团长对口、对等，职位低使人感到冷淡，规格过高亦无必要。又如，外国使馆宴请驻在国部长级以上官员，一般由大使（临时代办）出面邀请，低级官员邀请对方高级人士就不礼貌。通常，如果请主宾偕夫人出席，主人若已婚，则一般以夫妇名义发出邀请。在我国，大型正式活动以一人名义发出邀请，日常交往小型宴请则根据具体情况以个人名义或以夫妇名义出面邀请。

邀请范围是指请哪些方面人士，请到哪一级别，请多少人，主人一方请什么人出来作陪。这都要综合考虑多方因素，如宴请的性质、主宾的职务、国际惯例、对方对我方的做法，以及当前政治气候等。

邀请范围与规模确定之后，即可草拟具体邀请名单。被邀请人的姓名、职务、称呼，以及对方是否有配偶都要准确。多边活动尤其要考虑政治关系，对政治上相互对立的国家是否邀请其人员出席同一活动，要慎重考虑。

宴请采取何种形式，在很大程度上取决于当地的习惯做法。一般来说，正式、规格高、人数少的，以宴会为宜；人数多，则以冷餐会或酒会更为合适；妇女界活动多用茶会。

目前各国礼宾工作都在简化，宴请范围趋向缩小，形式也更为简洁。酒会、冷餐会被广泛采用，而且中午举行的酒会往往不请配偶。不少国家招待国宾宴会只请职务较高的陪同人员，不请随行人员。我国也在进行改革，提倡多举办冷餐会和酒会，以代替宴会。

（2）确定宴请时间、地点

宴请的时间应对主、客双方都合适。驻外机构举行较大规模的活动，应与驻在国主管部门商定时间。注意不要选择对方的重大节假日、有重要活动或有禁忌的时间。例如，对信奉基督教的人士不要选13日，更不要选13日星期五。伊斯兰教徒在斋月内白天禁食，宴请宜在日落后举行。小型宴请应首先征询主宾意见，最好选择适当时机口头当面约请，也可用电话联系。主宾同意后，时间即被认为最后确定，可以按此约请其他宾客。

官方正式隆重的活动，一般安排在政府、议会大厦或宾馆内举行，其余则按活动性质、规模、形式、主人意愿及实际可能而定。选定的场所要能容纳全体人员。举行小型正式宴会，在可能条件下，宴会厅外另设休息厅（又称等候厅），供宴会前主客简短交谈用，待主宾到达后一起进宴会厅入席。

（3）发出邀请和请柬格式

各种宴请活动均发请柬，这既是礼貌，亦是对客人起提醒、备忘之用。便宴经约妥后，可发亦可不发请柬。工作餐一般不发请柬。请柬一般提前一周至两周发出（有的地方须提前一个月），以便被邀请人及早安排。已经口头约妥的活动，仍应补送请柬，在请柬右上方或下方注上"To remind"（备忘）字样。需安排座位的宴请活动，为确切掌握出席情况，往往要求被邀者答复能否出席。遇此，请柬上一般用法文缩写注上"R.S.V.P."（请答复）字样；如果只需不出席者答复，则可注上"Regrets only"（因故不能出席请答复），并注明电话号码；也可以在请柬发出后，用电话询问能否出席。

请柬内容包括活动形式、举行的时间及地点、主人的姓名（如果以单位名义邀请，则用单位名称）。请柬行文不用标点符号，所提到的人名、单位名称、节日名称都应用全称。中文请柬行文中不提被邀请人姓名（其姓名写在请柬信封上），主人姓名放在落款处。中外文本请柬的格式与行文差异较大，注意不能生硬照译。请柬可以印刷，也可以手写，但手写字迹要美观、清晰。

请柬信封上被邀请人的姓名、职务书写要准确。国际上习惯对夫妇发一张请柬，而在我国，遇到需凭请柬入场的场合，则夫妇每人一张。正式宴会，最好能在发请柬之前排好席次，并在信封下脚注上席次号。请柬发出后，应及时落实出席情况，准确记载，以安排并调整席位。即使是不安排席位的活动，也应对出席率有所估计。

（4）选菜

宴请的酒菜根据活动形式和规格，在规定的预算标准以内安排。选菜不以主人的爱好为准，主要考虑主宾的喜好与禁忌。例如，对伊斯兰教徒用清真席，不用酒，甚至不用任何带酒精的饮料；对印度教徒不能用牛肉；佛教徒吃素；也有的客人因身体原因不能吃某种食品。如果宴会上个别人有特殊需要，那么可以单独为其上菜。菜肴道数和分量都要适宜，不要简单地认为海味是名贵菜而泛用，其实不少外国人并不喜欢，特别是海参。在某个地区举办宴会，宜用有当地特色的食品、名酒等招待宾客。无论哪一种宴请，事先均应开列菜单，并征求主管负责人的同意；获准后，如果是宴会，就可印制菜单，菜单一桌两三份，至少一份，讲究的也可每人一份。

（5）席位安排

正式宴会一般均排席位，也可只排部分客人的席位，其他人只排桌次或自由入座。无论采用哪种做法，都要在入席前通知到每一位出席者，使大家心中有数。现场还要有人引导。大型的宴会，最好是排席位，以免混乱。

依据国际惯例，桌次高低以离主桌位置远近而定，右高左低。桌数较多时，要摆桌次牌。同一桌上，席位高低以离主人的座位远近而定。依据外国习惯，男女穿插安排，以女主人为准，主宾在女主人右上方，主宾夫人在男主人右上方。

我国习惯按各人职位排列，以便于谈话。如果有夫人出席，则通常把女方排在一起，即主宾坐男主人右上方，其夫人坐女主人右上方。两桌以上的宴会，其他各桌第一主人的位置可以与主桌主人位置同向，也可以以面对主桌的位置为主位。

礼宾次序是排席位的主要依据。在排席位之前，要把经落实出席的主、客双方名单分别按礼宾次序开列出来。除了礼宾顺序之外，在具体安排席位时，还需要考虑其他一些因素。举办多边活动时需要注意客人所属国之间的政治关系，政见分歧大、两国关系紧张者，尽量避免安排到一起。此外，应适当照顾各种实际情况。例如，职位大体相同、使用同一语言者，或属同一专业者，可以排在一起。译员一般安排在主宾右侧。在主宾席是长桌时，译员也可以考虑安排在对面，便于交谈。若一些国家忌讳以背向人，译员的座位则不能作此安排；在他们那里用长桌做主宾席时，主宾席背向观众的一边和下面第一排桌子背向主宾席的座位均不安排坐人。在许多国家，译员不上席，为便于交谈，译员坐在主人和主宾背后。

以上是国际上安排席位的一些常规，遇特殊情况，可灵活处理。若遇主宾职位高于主人，为表示对他的尊重，可以把主宾摆在主人的位置上，而主人坐在主宾位置上，第二主人坐在主宾的左侧；但也可按常规安排。如果本国出席人员中有职位高于主人的，譬如部长请客，总理或副总理出席，则可以由职位高者坐主位，主人坐职位高者左侧；但少数国家亦有将职位高者安排到其他席位上的习惯。主宾有夫人，而主人的夫人又不能出席，通常可以请其他身份相当的妇女做第二主人。如果无适当身份的妇女出席，那么可以把主宾夫妇安排在主人的左右两侧。

席位排妥后着手印制座位卡。我方举行的宴会，中文安排在上面，外文安排在下面。卡片的字应尽量印得大些，以便于辨认。便宴、家宴可以不放座位卡，但主人对客人的座位要有大致安排。

（6）现场布置

宴会厅和休息厅的布置取决于活动的性质和形式。官方正式活动场所的布置应该严肃、庄重、大方，不要用红绿灯、霓虹灯装饰，可以少量点缀鲜花、刻花等。

宴会可以用圆桌，也可以用长桌或方桌。一桌以上的宴会，桌子之间的距离要适当，各个座位之间也要距离相等。如果安排乐队演奏席间乐，则不要离得太近，乐声宜轻。宴会休息厅通常放小茶几或小圆桌，与酒会布置类同；若人数少，也可按客厅布置。

冷餐会的菜台用长方桌，通常靠四周陈设，也可根据宴会厅情况，摆在房间的中间；若坐下用餐，则可摆四五人一桌的方桌或圆桌。座位要略多于全体宾客人数，以便客人自由就座。

酒会一般摆小圆桌或茶几，以便放花瓶、烟缸、干果、小吃等；也可在四周放些椅子，供妇女和年老体弱者就座。

（7）餐具的准备

根据宴请人数和酒、菜的道数准备足够的餐具。餐桌上的一切用品都要十分清洁卫生。桌布、餐巾都应清洗干净并熨平。水杯、酒杯、筷子、刀、叉、碗、碟等，在宴会之前都应洗净擦亮。如果是宴会，就应该准备每道菜撤换用的菜盘。

中餐用筷子、盘、碗、匙、小碟等。水杯放在菜盘上方，右上方放酒杯，酒杯数目和种类应配合所上酒的品种。餐巾叠成花，插在水杯中或平放在菜盘上。我国宴请外国宾客，除筷子外，还摆上刀和叉。酱油、醋、辣椒油等佐料，通常一桌数份。公筷、公勺应备有筷、勺座，其中一套摆在主人面前。餐桌上应备有烟灰缸、牙签。

西餐具的摆设与中餐不同。西餐具有刀、叉、匙、盘、杯等。刀分食用刀、鱼刀、肉刀（刀口有锯齿，用以切牛排、猪排）、奶油刀、水果刀等。叉分食用叉、鱼叉、龙虾叉；匙有汤匙、茶匙等。杯的种类更多，茶杯、咖啡杯均为瓷器，并配小碟，水杯、酒杯多为玻璃制品，不同的酒使用的酒杯规格亦不相同。宴会上几道酒，就配有几种酒杯。公用刀叉规格一般大于食用刀叉。

西餐具的摆法是：正面放食盘（汤盘），左手边放叉，右手边放刀。食盘上方放匙（汤匙及甜食匙），再上方放酒杯，右起烈酒杯或开胃酒杯、葡萄酒杯、香槟酒杯、啤酒杯（水杯）。餐巾插在水杯内或摆在食盘上。面包、奶油盘在左上方。吃正餐，刀叉数目应与菜的道数相等，按上菜顺序由外至内排列，刀口向内。用餐时应按此顺序取用。撤盘时，一并撤去使用过的刀叉。

6. 宴请程序及现场工作

主人一般在门口迎接客人。官方活动，除男女主人外，还有少数其他主要官员陪同主人排列成行迎宾，通常称为迎宾线。其位置宜在客人进门存衣以后进入休息厅之前。客人握手后，由工作人员引进休息厅。若无休息厅，则直接进入宴会厅，但不入座。

在有些国家的官方隆重场合，客人（包括本国客人）到达时，有专责人员唱名。

休息厅内有相应职务的人员照料客人，由招待员送饮料。

主宾到达后，由主人陪同进入休息厅与其他客人见面；若其他客人尚未到齐，则由迎宾线上其他官员代表主人在门口迎接。

主人陪同主宾进入宴会厅，全体客人就座，宴会即开始。若休息厅较小或宴会规模较大，则可以请主桌以外的客人先入座，贵宾席最后入座。

若有正式讲话，各国安排讲话的时间不尽一致。一般正式宴会可在热菜之后甜食之前由主人讲话，接着由客人讲；也有一入席双方即讲话的。冷餐会和酒会的讲话时间则更灵活。

吃完水果，主人与主宾起立，宴会即告结束。

外国人的日常宴请在女主人为第一主人时，往往以她的行动为准。入席时女主人先坐下，并由女主人招呼客人开始就餐。餐毕，女主人起立，邀请全体女宾与之共同退出宴会厅，然后男宾起立，尾随进入休息厅或留下抽烟（吃饭过程中一般是不能抽烟的）。男女宾客在休息厅会齐，即上茶（咖啡）。

主宾告辞，主人送至门口。主宾离去后，原迎宾人员顺序排列，与其他客人握别。

家庭便宴较随便，没有迎宾线。客人到达，主人主动趋前握手。若主人正与其他客人周旋，未发觉客人到来，则客人应前去握手问好。饭后若无余兴，即可陆续告辞。通常，男宾先与男主人告别，女宾与女主人告别，然后交叉，再与家庭其他成员握别。

工作人员应提前到现场检查准备工作。若是宴会，则事先将座位卡及菜单摆上。座位卡置于酒杯或平摆于餐具上方，勿置于餐盘内。菜单一般放在餐具右侧。

席位的通知，除请柬上注明外，现场还可：

❶ 在宴会厅前陈列宴会简图，图上注明每人的位置；

❷ 用卡片写出出席者的姓名和席次，发给本人；

❸ 印出全场席位示意图，标出出席者姓名和席次，发予本人；

❹ 印出全场席位图，包括全体出席者位置，每人发给一张。

这些做法各有特点，人多的宴会宜采用后者，便于通知。各种通知卡片，可利用客人在休息厅时分发。有的国家是在客人从衣帽间出来时，由服务员用托盘将其卡片递上。如果是口头通知，则由礼宾人员在休息厅通知每位客人。

如有讲话，要落实讲稿。通常双方事先交换讲话稿，举办宴会的一方先提供。代表团访问，欢迎宴会东道国先提供，答谢宴会则由代表团先提供。双方讲话由何人翻译，一般事先谈妥。

7. 应邀赴宴礼仪

客人接到宴会邀请（请柬或邀请信），能否出席要尽早答复对方，以便主人安排。一般来说，对注有"R.S.V.P."（请答复）字样的，无论出席与否，均应迅速答复；注有"Regrets only"（不能出席请复）字样的，则不能出席时才回复，但也应及时回复。经口头约妥再发来的请柬，上面一般都注有"To remind"（备忘）字样，只起提醒作用，可不必答复。答复对方，可打电话或复以便函。

在接受邀请之后，不要随意改动。万一遇到不得已的特殊情况不能出席，尤其是主宾，应尽早向主人解释、道歉，甚至亲自登门表示歉意。

应邀出席一项活动之前，要核实宴请的主人、活动举办的时间和地点、是否邀请了配偶，以及主人对服装的要求。活动频繁时尤应注意，以免走错地方，或主人未请配偶却双双出席。

出席宴请活动，抵达时间迟早、逗留时间长短，在一定程度上反映对主人的尊重，应根据活动的性质和当地的习惯掌握。迟到、早退、逗留时间过短被视为失礼或有意冷落。职位高者可略晚到达，一般客人宜略早到达，但也不要过早，以免给主人增加麻烦。一般客人要等主宾退席后再陆续告辞。出席宴会，各地习惯略有不同，一般正点或晚一两分钟抵达都是可以的；在我国则正点或提前两三分钟或按主人的要求到达。出席酒会，可在请柬上注明的时间内到达。确实有事需提前退席，应向主人说明后悄悄离去；也可事前打招呼，届时离席。

抵达宴请地点，先到衣帽间脱下大衣和帽子，然后前往主人迎宾处，主动向主人问好。如果是节庆活动，则应表示祝贺。

参加他国庆祝活动，可以按当地习惯以及两国关系，赠送花束或花篮。参加家庭宴会，可酌情给女主人送少量鲜花。

（1）入座

应邀出席宴请活动，应听从主人安排。如果是宴会，则在进入宴会厅之前，先了解自己的桌次和座位，入座时注意桌上座位卡是否写着自己的名字，不要随意乱坐。若邻座是年长者或妇女，则应主动协助他们先坐下。

（2）进餐

入座后，主人招呼，即开始进餐。

取菜时，不要盛得过多。盘中食物吃完后，如不够，可以再取。若由招待员分菜，需增添时，待招待员送上时再取。如果是本人不能吃或不爱吃的菜肴，勿显露出难堪的表情，当招待员上菜或主人夹菜时，也不要拒绝，可取少量放在盘内，并表示"谢谢，够了"。

吃东西要文雅。闭嘴咀嚼，喝汤或吃食物不要发出声音。若汤、菜太热，可稍待凉后再吃，切勿用嘴吹。嘴内的鱼刺、骨头不要直接外吐，用餐巾掩嘴，用手（吃中餐可用筷子）取出，放在菜盘内。

吃剩的菜，用过的餐具、牙签，都应放在盘内，勿置桌上。嘴内有食物时，切勿说话。剔牙时，用手或餐巾遮口。

（3）交谈

无论是主人、陪客还是宾客，都应与同桌的人交谈，特别是左右邻座。不要只同几个熟人或只同一两个人说话。邻座若不相识，可先自我介绍。

（4）祝酒

作为主宾参加外国举行的宴请，应了解对方祝酒习惯，即为何人祝酒、何时祝酒等，以便作必要的准备。碰杯时，主人和主宾先碰，人多可同时举杯示意，不一定碰杯。祝酒时注意不要交叉碰杯。在主人和主宾致辞、祝酒时，应暂停进餐，停止交谈，注意倾听，也不要借此机会抽烟。奏国歌时应肃立。主人和主宾讲完话，与贵宾席人员碰杯后，往往到其他各桌敬酒，遇此情况应起立举杯。碰杯时，要目视对方致意。

宴会上相互敬酒表示友好，活跃气氛，但切忌喝酒过量。喝酒过量容易失言，甚至失态，因此必须控制在本人酒量的1/3以内。

（5）宽衣

在社交场合，无论天气如何炎热，都不能当众解开纽扣脱下衣服。小型便宴，若主人请客人宽衣，男宾可脱下外衣搭在椅背上。

（6）喝茶或咖啡

喝茶或咖啡，如愿加牛奶、白糖，可自取加入杯中，用小茶匙搅拌后，茶匙仍放回小碟内；通常牛奶、白糖均用单独器皿盛放。喝茶或咖啡时右手拿杯把，左手端小碟。

（7）食用水果

吃梨、苹果，不要整个拿着咬，应先用水果刀切成四或六瓣，再用刀去皮、核，然后用手拿着吃。削皮时刀口朝内，从外往里削。香蕉先剥皮，再用刀切成小块吃。橙子用刀切成块吃，橘子、荔枝、龙眼等则可剥了皮吃。其余如西瓜、菠萝等，通常都去皮切成块，吃时可用水果刀切成小块用叉取食。

（8）水盂

在宴席上，上鸡、龙虾、水果时，有时送上一小水盂（铜盆、瓷碗或水晶玻璃碗），水面上漂有玫瑰花瓣或柠檬片，供洗手用（曾有人误为饮料，以致酿成笑话）。洗时两手轮流沾湿指头，轻轻涮洗，然后用餐巾或小毛巾擦干。

（9）纪念物品

有的主人为每位出席者备有小纪念品或一朵鲜花；遇此，可说一两句赞扬小礼品的话，但不必郑重表示感谢。有时，外国访问者把宴会菜单作为纪念品带走，有时还请同席者在菜单上签名留念。除主人特别示意作为纪念品的东西外，各种招待用品，包括糖果、水果、香烟等，都不要拿走。

（10）致谢

有时在出席私人宴请活动之后，往往致以便函或名片表示感谢。

（11）餐具的使用

中餐的餐具主要是碗、筷，西餐则是刀、叉、盘子。通常，宴请外国人吃中餐，亦以中餐西吃为多，既摆碗、筷，又设刀、叉。刀、叉的使用方法是右手持刀，左手持叉，将食物切成小块，然后用叉送入嘴内。欧洲人使用时不换手，即从切割到送食均以左手持叉。美国人则切割后，把刀放下，右手持叉送食入口。就餐时按刀、叉顺序由外往里取用。每道菜吃完后，将刀、叉并拢摆放在盘内，以示吃完；若未吃完，则摆成八字或交叉摆，刀口应向内。吃鸡、龙虾时，经主人示意，可以用手撕开吃；否则，可用刀、叉把肉割下，切成小块吃。切带骨头或硬壳的肉食，叉子一定要把肉叉牢，刀紧贴叉边下切，以免滑开。切菜时，注意不要用力过猛，以免撞击盘子发出声音。不容易叉的食品，或不易上叉的食品，可用刀把它轻轻推上叉。除喝汤外，不用匙进食。汤用深盘或小碗盛放，喝时用汤匙由内往外舀起送入嘴；即将喝尽，可将盘向外略托起。吃带有腥味的食品，如鱼、虾、野味等均配有柠檬，可用手将汁挤出滴在食品上，以去腥味。

（12）遇到意外情况

宴会进行中，由于不慎而发生异常情况，如用力过猛，使刀、叉撞击盘子而发出声响，或餐具摔落地上，或打翻酒水等，应沉着冷静。餐具碰出声音，可轻轻向邻座（或向主人）说一声"对不起"。餐具掉落可由招待员送一副。酒水打翻溅到邻座身上，应表示歉意，协助擦干；若对方是妇女，只要把干净餐巾或手帕递上即可，由她自己擦干。

7.2.3　会见与会谈礼仪[①]

会见包括接见（召见）和拜会（拜见）。职位高的人士会见职务低的，或是主人会见客人，这种会见一般被称为接见或召见。职位低的人士会见职位高的，或是客人会见主人，这种会见一般被称为拜会或拜见。接见和拜会后的回访，被称为回拜。

会谈是指双方或多方就某些重大的政治、经济、文化、军事问题，以及其他共同关心的问题交换意见。会谈也可以指洽谈公务，或就具体业务进行谈判。一般说来，会谈内容较为正式，政治性或专业性较强。

---

① 《外事工作手册》编委会. 外事工作手册［Z］. 北京：航空工业部第一技术情报网，1983：6-14.

1.会见座位的安排

会见通常安排在会客室或办公室，宾主各坐一边。某些国家元首会见还有其独特的礼仪程序，如双方简短致辞、赠礼、合影等。我国习惯在会客室会见，客人坐在主人的右边，译员、记录员安排坐在主人和主宾的后面。其他客人按礼宾顺序在主宾一侧就座，主方陪见人在主人一侧就座。座位不够可在后排加座。

2.会谈座位的安排

双边会谈通常用长方形、椭圆形或圆形桌子，宾主相对而坐，以正门为准，主人在背门一侧，客人面向正门。主谈人居中。我国习惯把译员安排在主谈人右侧，但有的国家亦让译员坐在后面，一般应尊重主人的安排。其他人按礼宾顺序左右排列。记录员可安排在后面；若参加会谈人数少，也可安排在会谈桌就座。

小范围的会谈，也有不用长桌，只设沙发，双方座位按会见座位安排。

3.会见和会谈中的具体注意事项

❶ 提出会见要求，应将要求会见人的姓名、职务，以及会见什么人、会见的目的告知对方。接见一方应尽早给予回复，约妥时间。若因故不能接见，应婉言解释。

❷ 作为接见一方的安排者，应主动将会见（会谈）时间和地点、主方出席人、具体安排及有关注意事项通知对方。作为前往会见一方的安排者，应主动了解上述情况，并通知有关的出席人员。

❸ 准确掌握会见、会谈的时间、地点和双方参加人员的名单，及早通知有关人员和有关单位做好必要安排。主人应提前到达。

❹ 会见、会谈场所应安排足够的座位。若双方人数较多，厅室面积大，主谈人说话声音低，宜安装扩音器。会谈若用长桌，应事先排好座位图，现场放置中外文座位卡，卡片上的字体应工整清晰。

❺ 若有合影，应事先排好合影图，人数众多应准备架子。合影图一般由主人居中，按礼宾次序，以主人右手为上，主客双方间隔排列。第一排人员既要考虑人员职位，也要考虑场地大小（能否都摄入镜头）。一般来说，两端均由主方人员把边。

7.3　商务谈判中的礼节①

7.3.1　日常交往礼节

1.遵守时间，不失约

这是国际交往中极为重要的礼节。无论参加何种活动，都应按约定时间准时到达。如果过早，那么会使主人因准备未完成而感到难堪；若迟到时间过久，则因为让主人和其他客人等候时间过久而失礼。若因故迟到，要向主人和其他客人表示歉意。万一因故不能应邀赴约，应礼貌地尽早通知主人，并以适当方式表示歉意，因为失约是很失礼的行为。

2.尊重老人和妇女

这是一种美德。在社交场合，应注意：

❶ 上下楼梯、车辆，进出电梯，应让老人、妇女先行，并主动予以照顾。

❷ 对同行的老人、妇女，男士应帮助提拿较重物品。

❸ 进出大门主动帮助老人、妇女开门、关门，帮助他们穿（脱）外套。

❹ 同桌用餐，两旁若是老人或妇女，男士应主动照顾，帮助他们入（离）座等。

3.尊重各国风俗习惯

不同的国家、民族，由于不同的历史、宗教等因素，各有特殊的风俗习惯和礼节，均应予以尊重。例如，在某些国家，如印度、印度尼西亚、阿拉伯国家等，不能用左手与他人接触或用左手传递东西；在佛教国家，不能随便摸小孩头顶；在使用筷子进食的东方国家，用餐时不可用一双筷子来回传递，也不能把筷子插在饭碗中间；在东南亚一些国家，忌讳坐着跷大腿；在伊朗，称好不伸大拇指；在保加利亚、尼泊尔等一些国家，摇头表示赞赏，点头表示不同意等。这些风俗习惯若不注意，会使人误以为对他们不尊重或闹出笑话。新到一个国家或初次参加活动，应多了解、多观察；不懂或不会做的事，可仿效别人。

---

① 《外事工作手册》编委会．外事工作手册［Z］．北京：航空工业部第一技术情报网，1983：42-48，53-55.

4.举止

举止应落落大方、端庄稳重，表情自然诚恳、和蔼可亲。站立，身子不要歪靠在一旁，不半坐在桌子或椅子背上。坐时，腿不摇，脚不跷。坐在沙发上不要摆出懒散的姿势。在公共场所，不要趴在桌子上、躺在沙发上。走路脚步要轻，遇急事可加快步伐，不可慌张奔跑。谈话时，手势不要过多，不要放声大笑或高声喊人。在图书馆、博物馆、医院、教堂等公共场所，都应保持安静。在隆重的场合，如举行仪式、听讲演、看演出等，要保持肃静。

5.吸烟

在一些地方和场合，吸烟是被禁止的，如剧场、商店、教堂、博物馆、会议厅等。火车、轮船、飞机往往区分吸烟区与禁烟区。在工作、参观、谈判和进餐中，一般不吸烟，也不要边走边吸烟。进入会客室或私人住宅、办公室等，不知道是否允许吸烟时，可询问一下主人。若有妇女在座，应征得她的同意。主人不吸烟，又未请吸烟，则最好不吸烟。在场人多或同座职位高的人士不吸烟时，则一般不吸烟。

7.3.2 见面礼节

1.介绍

在交际场合结识朋友，可由第三者介绍，也可自我介绍相识。为他人介绍，要先了解双方是否有结识的愿望，不要贸然行事。无论自我介绍还是为他人介绍，都要自然。例如，正在交谈的人中，有你所熟识的，便可趋前打招呼，这位熟人顺便将你介绍给其他客人。在这些场合亦可主动自我介绍，讲清姓名、职务、单位（国家），对方则会随后自行介绍。为他人介绍时还可说明与自己的关系，便于新结识的人相互了解与信任。介绍具体人时，要有礼貌地以手示意，正确的手势是：手心朝上，手指指向被介绍者，不可用手指指点被介绍者。

介绍也有先后之别，应把职位低、年纪轻的先介绍给职位高、年纪大的，把男士先介绍给女士。如果是正式的政务和商务场合，在介绍某一方时，按照职位先高后低的顺序介绍。先后顺序的原则是，高者、长者、女士享有优先知情权。介绍时，被介绍者除妇女和年长者外，一般应起立；但在宴会桌、会谈桌上可不必起立，被介绍者只要微笑点头即可。

2. 握手

　　握手是大多数国家相互见面和离别时的礼节。在交际场合中，握手是司空见惯的事情。一般在相互介绍和会面时握手。遇见朋友先打招呼，然后相互握手，寒暄致意。关系亲近的，则边握手边问候，甚至两人双手长时间地握在一起。在一般情况下，握一下即可，不必用力。但年轻者对年长者、职位低者对职位高者，则应稍稍欠身，双手握住对方的手，以示尊敬。男士与女士握手时，往往只握一下女士的手指部分。

　　握手也有先后顺序，应由主人、年长者、职位高者、女士先伸手，客人、年轻者、职位低者、男士见面先问候，待对方伸手再握。先后顺序的原则是，职位高者、年长者、女士享有优先选择权。多人同时握手致意不要交叉，待别人握完再伸手。男士在握手前应先脱下手套、摘下帽子。握手时双目注视对方微笑致意，不要看着第三者握手。

　　主人主动、热情、适时地握手是很必要的，这样做会增加亲切感。

　　握手除了是见面的一个礼节外，还是一种祝贺、感谢或相互鼓励的表示。若对方取得某些成绩与进步，对方赠送礼品以及发放奖品、奖状、发表祝词和讲话后等，均可以握手来表示祝贺、感谢、鼓励等。

　　军人戴军帽与对方握手时，应先行举手礼，然后握手。

　　此外，有些国家还有一些传统的见面礼节，如东南亚佛教国家是双手合十致意，日本人是行鞠躬礼，我国旧时传统是抱拳。对这些礼节应有所了解，在一定场合也可使用。

　　在西方，亲人、熟人之间见面多是拥抱、亲脸、贴面颊等。夫妻之间是拥抱亲吻，父母与子女之间是亲脸、亲额头，兄弟姐妹平辈的亲友都是贴面颊。一般在公共场合，关系亲近的妇女之间是亲脸，男子之间是抱肩式拥抱，男女之间是贴面颊，晚辈对长辈一般亲额头，男士对尊贵的女宾往往亲一下手背（手指）以示尊敬。在一些欢迎宾客的场合或祝贺、感谢的隆重场合，在官方或民间的仪式中也有拥抱的礼节，有时是热情友好的拥抱，有时则纯属礼节性的。这种礼节，一般是两人相对而立，右肩偏下，右手扶在对方左后肩，左手扶在对方右后腰，按各自的方位，两人头部及上身向左相互拥抱，然后头部及上身向右拥抱，再次向左拥抱后，礼毕。

3. 致意

　　公共场合远距离遇到相识的人，一般是举右手打招呼并点头致意。西方男子若戴礼帽，还可施脱帽礼，即两人相遇可摘帽点头致意，离别时再戴上帽子。有时与相遇者侧身而过，从礼节上讲，也应回身说声"你好"，用手将帽子掀一下。

与相识者在同一场合多次见面，只点头致意即可。对一面之交的朋友或不相识者，在社交场合均可点头或微笑致意。

在外交场合遇见职位高的领导人，应有礼貌地点头致意或表示欢迎，不要主动上前握手问候。只有在领导人主动伸手时，才向前握手问候。若遇到职位高的熟人，一般也不要径直去问候，而是在对方应酬活动告一段落之后，再前去问候致意。

4. 名片

有人说，名片像一个人的履历表，递送名片的同时，也是在告诉对方自己是谁、住在何处及如何联络等。由此可知，名片是每个人最重要的书面介绍材料。在商务谈判开始时，尤其是当双方是初次合作时，名片也经常成为送礼时的附件。精美的名片使人印象深刻，但发送名片的时机与场合可是一门学问。

（1）发送名片

首先要把自己的名片准备好，整齐地装在名片夹、盒或口袋中，放在易于掏出的口袋或皮包里。不要把自己的名片和他人的名片或其他杂物混在一起，以免用时手忙脚乱或掏错名片。递送名片时最好是站起来；如果自己坐着，待对方走过来时，应站起来，问候对方后再交换名片。职位较低的人或是客人要先递出名片。如果对方来的人多，则应先与主人或职位较高的人交换名片。递交名片要用双手或右手，用双手拇指和食指执名片两角，让文字正面朝向对方，递交时要目光注视对方，微笑致意，可顺带一句"请多多关照"。破旧名片应尽早丢弃，与其发送一张破损或脏污的名片，不如不送。

（2）接收名片的礼仪

对方双手递送名片时，收名片者也要用双手去接。拿到对方名片时，应先仔细地看一遍，同时确认一下对方的头衔。若是站着讲话，则应该将名片拿在齐胸的高处；若是坐着，就放在视线所及之处，不可直接放在桌子上或是口袋里。在交谈时，不可弯折、玩弄对方的名片。收到别人送的名片应妥善保存，以防丢失。

7.3.3　交谈礼节

商务谈判的过程就是一个交谈的过程，因此一定离不开双方之间的交谈。交谈不只是在谈判过程中，在谈判的间歇同样存在。交谈的话题也并非局限于与谈判相关的问题，还可能是生活中的方方面面。所以，恰当地、有礼貌地交谈不仅能增进双方的了解、友谊和信任感，而且能促进谈判更加顺利有效地进行。所以，交谈中需要注意一些礼节事宜。

谈话的表情要自然，语言和气亲切，表达得体。说话时可适当做些手势，但动作不要过大，更不要手舞足蹈。谈话时切忌唾沫四溅。

参加别人谈话要先打招呼；别人在个别谈话，不要凑前旁听。若有事需与某人说话，则应待别人说完。第三者参与谈话，应以握手、点头或微笑表示欢迎。谈话中遇有急事需要处理或离开，应向谈话对方打招呼，表示歉意。

谈话话题一般不要涉及疾病、死亡等事情，不谈一些荒诞离奇、耸人听闻、低级淫秽的事情；一般不询问妇女年龄、婚否，不径直询问对方履历、工资收入、家庭财产、衣饰价格等私人生活方面的问题。与妇女谈话不说对方"长得胖""身体壮""保养得好"之类的话。对方不愿回答的问题不要追问，对方反感的问题应表示歉意，或立即转移话题。一般谈话不批评长辈、职位高的人员，不议论东道国的内政；不讥笑、讽刺他人，也不要随便议论宗教问题。

谈话中要使用礼貌语言，如"你好""请""谢谢""对不起""打扰了""再见"等。

一般见面时先说："早安！""晚安！""你好！""身体好吗？""夫人（先生）好吗？""孩子们都好吗？"

对新结识的人常问："你这是第一次来我国吗？""到我国来多久了？""这是你在国外第一次任职吗？""你喜欢这里的风景吗？""你喜欢我们的城市吗？"

分别时常说："很高兴与你相识，希望有再见面的机会。""再见，祝你周末愉快！""晚安，请向朋友们致意！""请代问全家好！"

7.3.4 服饰礼节

古今中外，着装从来都体现一种社会文化，体现一个人的文化修养和审美情趣，是一个人的职位、气质、内在素质的无言展示。从某种意义上说，服饰是一门艺术，服饰所能传达的情感与意蕴甚至不是语言所能替代的。在不同场合，穿着得体、适度的人，给人留下良好的印象，而穿着不当，会损害自身的形象。在社交场合，得体的服饰是一种礼貌，一定程度上直接影响着人际关系的和谐程度。在商务谈判过程中，我们的着装应注意一定的原则和事项。

1.着装的TPO原则

T（time）代表时间、季节、时令、时代；P（place）代表地点、场合、职位；O（object）代表目的、对象。着装的TPO原则是世界通行的着装打扮的最基本的原则。它要求人们的着装要与时间、场合和个人职位相协调。

根据TPO原则，着装时应注意以下几个问题：

（1）与职业、场合、交往目的和对象相协调

这应该是商务谈判着装的最核心原则。商务谈判是利益的合作，合作就得让对方感到有安全感、信任感。尤其是女士，佩戴适当的饰品是必要的，但应该比对方低调一些；否则，可能使对方有异样的心理，在合作条件上不肯让步，影响合作。所以，谈判中最符合职业、场合、交往目的的服装是：男式西装、女式套装。这些服装具有庄重、略微保守、严谨、守信、敬业的属性，最能使对方有安全感和信任感，是谈判的首选服装。时装体现的是轻松、休闲、散漫的气息，这与稳重、守信用、可靠、安全感不相吻合。皮装、牛仔装更是冒险、不羁的体现。在国际商务谈判中，着装还应考虑对方国家和民族的习俗禁忌。

（2）与自身条件相适应

选择服装首先应该与自己的年龄、职位、体形、肤色、性格和谐统一。年长和职位高者，应选择款式简单而面料质地讲究的服装，不宜太新潮；年轻人着装则以朴素、整洁而不失年轻人的青春气息为宜。另外，着装应考虑自身的形体条件：

❶ 身材矮胖、颈粗、圆脸形者，宜穿深色低V形领、大U形领套装，浅色高领服装则不适合；

❷ 身材瘦长、颈细长、长脸形者，宜穿浅色、高领或圆领服装；

❸ 方脸形者，宜穿小圆领或双翻领服装；

❹ 身材匀称、形体条件好、肤色好的人，着装范围则较广，可谓"浓妆淡抹总相宜"。

总之，着装最基本的原则是和谐美，上下装呼应和谐，饰物与服装色彩相配和谐，与职位、年龄、职业、肤色、体形和谐，与时令、季节、环境和谐等。

2.服装色彩的意义与搭配

颜色是电磁波波长的函数，定义域在0.44微米到0.77微米之间，值域为紫、蓝、青、绿、黄、橙、赤。颜色不仅是一种物理光学现象，也是一种视觉感受的心理现象。

不同的色彩有着不同的主观感受，以中间的绿色为界，波长较长的颜色为暖色调，波长较短的颜色则为冷色调。

❶ 红色象征热烈、活泼、兴奋、富有激情；

❷ 粉红色象征活泼、年轻、明丽、娇美；

❸ 橙色象征开朗、欣喜、活跃；

❹ 黄色象征明快、鼓舞、希望、富有朝气；

❺ 绿色象征安详、活泼、幼嫩；

❻ 蓝色象征深远、沉静、安详、清爽、自信、幽远；

❼ 紫色象征华丽、高贵；

❽ 黑色象征沉稳、庄重、冷漠、富有神秘感。

颜色也有反差对比的概念。"万绿丛中一点红"就是因为红与绿有较大的反差对比，因此一点红就特别醒目。"万蓝丛中一点黄""万红丛中一点绿"的道理都是一样的。着装的颜色搭配原则是和谐，忌讳反差对比太大。红衣服、绿裤子难看的原因就在这里。利用对比色（明亮度对比或相互排斥的颜色对比）搭配，一定要掌握好颜色的面积比例关系。对比色与主色调的面积之比一定要很小；否则，效果就会很糟糕。如果对比色运用得当，会有相映生辉、耳目一新的亮丽效果。

所谓搭配和谐，就是颜色要相近。颜色相近的本质，是波长长度相近，如红色与橙色、黄色与黄绿色等。服装的色彩是着装成功的重要因素。

服装配色以"整体协调"为基本准则。全身着装搭配最好不超过三种颜色，而且以一种颜色为主色调，颜色太多则显得乱而无序、不协调。灰、黑、白三种颜色在服装配色中占有重要位置，几乎可以和任何颜色相配，并且都很合适。着装配色和谐的几种比较保险的办法是：

一是上下装同色，即套装，以饰物点缀。

二是同色系配色。利用同色系中深浅、明暗度不同的颜色搭配，整体效果比较协调。

3.饰物礼仪

饰物指与服装搭配、对服装起修饰作用的其他物品，主要有领带、围巾、丝巾、胸针、首饰、提包、手套、鞋袜等。饰物在着装中起着画龙点睛、协调整体的作用。佩戴首饰应与脸型、服装协调。

在商务谈判这种社交场合中，不宜佩戴太多、太豪华的饰物。因为对方往往是你的客户，是你的服务对象，如果你的饰物非常豪华，远远超过了客户，那么会使对方心理不平衡，看着豪华的饰物，想着你的报价，认为你的价格水分太多，利润都到你的饰物上面去了，所以不利于与对方的合作。

饰物主要用于女士，但是女士在佩戴饰物时，要注意两类饰物最好不戴：

一是贵重的珠宝饰物，这与谈判身份不合；

二是过分展示性别魅力的首饰（胸针、脚链等），这会分散对方的注意力，诱使对方想入非非，既不尊重他人，也不尊重自己。

男士饰物不宜太多，否则会少了阳刚之气和潇洒之美。一条领带、一枚领带夹，以及某些特殊场合下在西装上衣胸前口袋上配一块装饰手帕，就够了。

总之，饰物的选用也应遵循TPO原则，重要的是以和谐为美。

4. 穿着西装的礼仪

西装以其设计造型美观、线条简洁流畅、立体感强、适应性广泛等特点而越来越深受人们青睐。尤其在重要的商务和政务场合中，西装几乎成为世界通用的服装，可谓男女老少皆宜。西装的选择和搭配是很有讲究的。选择西装既要考虑颜色、尺码、价格、面料和做工，又不可忽视外部线条和比例。西装必须裁剪合体，整洁笔挺。在商务谈判的过程中，西装最好选择色彩较暗、沉稳，且无明显花纹图案，但面料高档的单色西装。

穿着西装应遵循以下礼仪：

（1）上下装颜色应一致

在搭配上，西装、衬衫、领带其中应有两样为素色。

（2）穿皮鞋

西装配皮鞋，便鞋、布鞋和运动鞋都不合适。

（3）衬衫的颜色与西装相协调

配西装的衬衫颜色应与西装颜色协调，不能是同一色。白色衬衫配各种颜色的西装效果都不错。正式场合男士不宜穿色彩鲜艳的格子或花色衬衫。

（4）讲究纽扣系法

西装纽扣有单排、双排之分，纽扣系法有讲究：

❶ 双排扣西装，应把扣子都扣好。

❷ 单排扣西装，一粒扣的，系上端庄，敞开潇洒；两粒扣的，只系上面一粒扣显得洋气、正统，都不系显得潇洒、帅气，全扣和只扣第二粒不合规范；三粒扣的，系上面两粒或只系中间一粒，都符合规范要求。

（5）保持西装整体线条

西装的上衣口袋和裤子口袋里不宜放太多的东西。穿西装，内衣不要穿太多，春秋季节只配一件衬衫最好，冬季衬衫里面也不要穿羊毛衫，可在衬衫外面穿一件羊毛衫。穿得过分臃肿会破坏西装的整体线条美。

（6）注意领带的颜色、图案与系法

穿西装在正式场合必须打领带，其他场合不一定都要打领带。打领带时，衬衫领口的纽扣必须系好；不打领带时，衬衫领口的纽扣应解开。领带的颜色、图案要与西装相协调。领带的长度以触及皮带扣为宜，领带夹戴在衬衫第四、五粒纽扣之间。

（7）摘掉西装袖口的商标

西装袖口的商标应摘掉；否则，不符合西装穿着规范，在高雅场合会贻笑大方。

（8）注意西装的保养

保养、存放的方式，对西装的造型和穿用寿命影响很大。高档西装要吊挂在通风处并常晾晒，注意防虫与防潮。西装有皱褶时，用熨斗熨平。

关键词

接见　拜见　着装的 TPO 原则

复习与思考

第7章即测即评

一、简答题

1. 礼貌、礼仪和礼节三者之间的逻辑关系是如何表述的？

2. 礼节和礼仪在商务谈判过程起着什么作用？

3. 礼节和礼仪是谈判成功的必要条件还是充分条件？

4. 在某个特定的场合，如果我不熟悉应有的礼节和礼仪，我应该如何应对？应对的原则是什么？

5. 商务谈判中迎送礼仪的具体做法有很多，其中共有的本质属性是什么？

6. 会见、接见、拜见之间的区别和联系有哪些？

7. 对商务谈判中的着装并没有严格的规定，但其中应该掌握的原则是什么？

8. 握手礼节中出手先后有讲究，其中的原则和原理是什么？

9. 人员介绍时先后有顺序，其中的原则和原理是什么？

10.商务谈判中的着装要求为什么是端庄稳重、略微保守？

11.商务谈判中为什么牛仔服、踩脚裤、皮夹克、时装都是不合适的？请说明其深层次的道理。

二、案例分析题

关于穿着的思考

王女士经营一家小型保健食品企业。她潜心学习，虚心求教，刻苦努力，近几年比较顺利；但苦于规模较小，又缺乏资金，降低进价成了重要的问题。她亲自到中药材产地考察采购。经过精心比较权衡，王女士选择了三家谈判对象。当地属于欠发达的偏远地区，供应商也都是一些小微企业，谈判的对方收入水平不高，穿着普通。为显示自己有经济实力，增强谈判实力，王女士精心刻意地打扮了一番，项链、手镯、戒指、胸针都齐全，且都是有档次的名牌。王女士显得珠光宝气，财大气粗。她本以为谈判会很顺利，但对方在价格上坚决不让步，超出了自己预设的上限，谈判最终以失败告终。

资料来源　作者自己编写。

问题：

1.谈判穿着的一般原则是什么？

2.王女士的穿着哪里出了问题？

第8章

商务谈判风格

内容体系

学习目标

点睛之笔

8.1　商务谈判风格概述

8.2　商务谈判风格国别差异的影响因素

8.3　部分国家商人的谈判风格

关键词

复习与思考

商务
谈判

BUSINESS
NEGOTIATION

● 内容体系

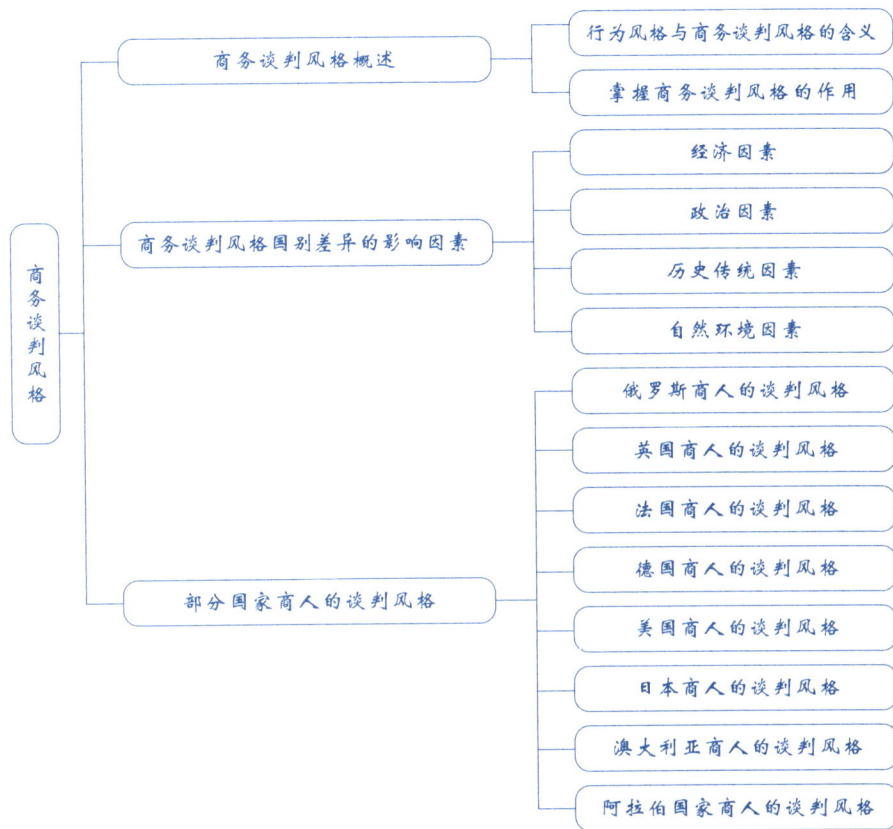

● 学习目标

- 重点掌握商务谈判风格的含义与作用
- 掌握主要贸易国商人的谈判风格

● 点睛之笔

百里不同风，十里不同俗。

入乡随俗。

8.1　商务谈判风格概述

8.1.1　行为风格与商务谈判风格的含义

1.行为风格的含义

《现代汉语词典》对"风格"的定义是：一个时代、一个民族、一个流派或一个人的文艺作品所表现的主要的思想特点和艺术特点。[①]风格是抽象的，需要借助其他的外在形式才能体现。今天，"风格"一词不仅被用于文艺作品，还被广泛地用于其他方面，如某人下棋的风格（棋风）、某学校的风格（校风）、某人穿衣打扮的风格、某人言谈举止的风格、某国商人谈判的风格等。事实证明，风格是可以感触到、认知把握的，对其他事物能够产生作用。到目前为止，对谈判领域中的行为风格还没有理想的定义，但这并不影响我们对风格的研究。通过大量的观察、比较、研究，我们可以明确以下几点：

（1）风格的本质和内容是个人内在的抽象

风格不是物质，它没有重量、形状等物质的属性。风格的本质和内容是个人内心的人生观、价值观、价值取向、审美情趣，即个人有什么样的内心世界就会有什么样的风格。风格的外在差异很多，但其实质都是个人内心世界的差异。

（2）风格表现为具有一定特色的现象和形式

风格的本质和内容是抽象的，但任何抽象的本质和内容都必定有相应的外在的现象和形式表现。风格不是一般的表现，而是具有特色的表现；否则，就不能被称为风格。例如，一名演员的表演已经形成一种风格，因为其在词汇、表情、动作等外在的表演现象和形式上具有特色，同时这些外在的现象和形式反映了表演者内心的人生观、价值观、价值取向、审美情趣。这些外在的特色已经形成稳定的、自成体系的、人们可识别的固定模式。这就类似于商业中的CIS（企业识别系统）中的VI（视觉识别）、BI（行为识别）与MI（理念识别）的关系。VI和BI是由MI决定的，MI是抽象的，它必须通过形象的VI和BI来表现。

（3）风格是内容与形式的统一体

任何抽象的内容都必定要通过具体的形式表现出来，任何具体的形式也一定反映着某种抽象的内容。内容决定形式，形式反映内容。这是哲学和逻辑学的基

[①]　中国社会科学院语言研究所词典编辑室．现代汉语词典［M］．7版．北京：商务印书馆，2016：388.

本原理。运用到风格这一问题上，风格体现了个人的内心世界，有什么样的内心就有什么样的风格，研究和塑造风格必须先研究和塑造内心世界。

在以上认识的基础上，依照《现代汉语词典》的解释思路，我们尝试着将行为风格定义为：人们在独特的言谈举止及其组合中所表现出的内在的人生观、价值观、审美情趣等主观意识的特点。独特的言谈举止及其组合是风格的形式和现象，人生观、价值观、审美情趣等主观意识是风格的内容和本质。这里的风格不局限于文艺作品，可以包括所有的行为过程。

2.商务谈判风格的含义

商务谈判风格是谈判人员在谈判过程中表现出来的能够反映其商务谈判观念乃至价值观念的具有显著特征的可识别的语言行为模式。①

8.1.2 掌握商务谈判风格的作用②

风格既是一种主观意识，又是一种行为方式。商务谈判风格必然会对商务谈判的进程和结果产生影响。因此，研究商务谈判风格是很有必要的。

1.避免无谓的误解和摩擦，有助于合作

熟悉对方的风格，在言谈举止方面就能更好地找到双方都感兴趣的话题，形成更多的共同点。这样，在谈判开局就营造良好的谈判气氛，有助于双方的合作，在谈判过程中还能减少无谓的误解和摩擦，提高谈判的成功率。特别是在文化背景差异较大的谈判中，这一作用显得更加突出。例如，不了解伊斯兰教的人和信仰伊斯兰教者进行谈判，很可能因为言谈举止的不当而失去一笔生意，可能以后也无法合作了。

2.为制定适宜的谈判策略、增强谈判实力服务

策略是可以实现目标的方式、方法、措施、经验、技巧、战术等解决方案的集合。制定策略要充分考虑对方对己方行为的反馈，而风格不同的对方对己方的行为作出的反馈是不一样的，所以，事先制定策略时必须了解对方因为风格的不同而做出的不同的反馈行为。显然，对方的商务谈判风格是影响谈判的因素之

---

① [1]赵大生，王鲁捷.涉外公共关系与谈判交往技巧［M］.北京：科学技术文献出版社，1989：168-169.［2］高程德，张国有.企业管理（下卷）［M］.北京：企业管理出版社，1992：297.
② 樊建廷.商务谈判［M］.大连：东北财经大学出版社，2001：374.［2］郭芳芳.商务谈判教程——理论·技巧·实务［M］.上海：上海财经大学出版社，2006：166-167.

一，了解这些信息对于增强谈判实力是非常有作用的，这一点在前面章节的学习中已经十分清楚了。

8.2 商务谈判风格国别差异的影响因素

不同的国家或民族的商务谈判的风格千差万别，要掌握这些差别及其规律，就应该先从其影响因素入手。人与人的风格差异很复杂，影响因素很多、很隐蔽，研究起来是很困难的，但研究国别差异就要简单一些了。

8.2.1 经济因素

经济因素表现为国内生产总值、经济结构、收入水平、消费水平等。经济因素对商务谈判风格肯定有影响。收入水平和消费水平较高者，对生活质量的要求较高，对闲暇就会看得很重。闲暇是能够做自己愿意做的事情的时间。因此，这样的人一般而言会倾向于守时、惜时，要求速战速决，准时开始谈判，按时完成谈判。而收入水平和消费水平较低者，更加关注收入，对闲暇比较迟钝，谈判中往往会比较拖沓。除了对待时间的方式外，还有诸如隐私、个人的空间距离等其他问题也体现出一些规律。一般而言，经济水平与隐私和空间距离的要求呈正相关关系。例如，日本由于是一个岛国，其经济结构是典型的外向型，资源和部分产品都要依赖进口，这样的经济因素迫使其几乎所有的企业都要对外开放，都要善于对外交流、对外谈判，所以日本人是最善于国际商务谈判的，这是全世界的共同评价。

8.2.2 政治因素

政治是上层建筑，是经济的集中体现，各种政治力量、政治制度都是经济现象的反映；当然，政治对经济也会产生作用。政治因素是指能够影响商人谈判风格的国家体制、制度、政策、法律等因素。一党执政的国家，所有的商人在某些政治问题上的态度和反应会比较一致。而多党执政的国家，商人的态度和反应会比较多元化。国家法律的差异也会造成谈判风格的差异。例如，在正常的招待和贿赂界限划分问题上，由于不同国家的法律不同，在谈判中谈判人员在这一行为方面会有很大的差异。

8.2.3　历史传统因素

　　风格是文化现象，具有传承性，有什么样的历史就可能有什么样的风格。历史上长期落后而被动挨打的国家，其国民的行为风格往往是比较低调的，当遇到利益对立时，常常表现得含蓄委婉。而历史上长期处于强大的国家，其国民的行为风格就会倾向于开朗，喜欢把问题摆到桌面上，要求公开、透明、公正。这个道理在高考录取阶段也表现得很典型。高分考生和低分考生对录取有着截然不同的态度，高分者希望所有的录取工作公开、透明，一定要本着公平的原则；低分考生则希望录取工作灵活一些、变数多一些，最好能够有些可以利用的有利条件。

　　除了实力因素之外，文化传统也是重要的因素。东亚国家人民长期受到儒家思想的影响，倾向于委婉、含蓄、忍让，集体重于个人，个人的权力较小。西方国家人民则相反，比较张扬、直接、直率，个人权力较大。

拓展阅读8-1

8.2.4　自然环境因素

　　自然环境因素应该是最原始的影响因素。经济、政治、历史的差异都不是最原始的差异，这些差异的原因即最原始的原因，应该是自然环境。自然环境的影响因素有很多，其中最为原始的因素应该是气候和地貌。这里两个主要因素又派生出土壤、水文、生物、耕作制度的差异。这些自然因素的差异又逐渐派生出诸多的人文差异。

　　相对而言，地貌的影响不是很突出，而气候因素表现突出。气候差异主要表现在气温和降水两个方面。简单地说，长期阴雨绵绵的地区，人们常具有内向含蓄的性格。例如，在温带海洋性气候的西欧地区，典型的英国人是温文尔雅、含蓄内向的。在冬季温暖湿润、夏季炎热干燥的地区，人们更容易爆发内心的激情，会显得热情奔放、不拘小节，典型的代表是地中海式气候下的南欧诸国：在法国南部、意大利、葡萄牙、西班牙，人们比较开朗外向、热情浪漫。

自然环境影响着生产方式，而生产方式直接关系到行为风格。我国东北地区地大物博，土地资源丰富，没有太多精力去精耕细作，人就显得很大度、粗犷；加之气候寒冷，一年之中近半年处于农闲状态，农闲期间，亲朋好友经常小聚聊天，因此大都能说会道、热情开朗。江南水资源充足，人口密集，耕地资源相对紧张，所以精耕细作、精打细算，普遍感情细腻、机智灵巧。

总之，谈判风格的形成受到上述诸多因素的影响，其他一些次要的影响因素在此不再赘述。以上所述的影响因素是针对一个国家（民族）的平均情况而言的，若是针对某一个人，也许会有较大的误差，这一点需要特别强调。

8.3　部分国家商人的谈判风格

商务谈判的风格是一种文化现象，具有明显的地域性和国别性，同一国家的商人在很多方面具有共性，以国家为研究对象比较方便和实用。

8.3.1　俄罗斯商人的谈判风格[①]

俄罗斯的全称为俄罗斯联邦，首都是莫斯科，领土面积居世界第一位，是典型的地大物博的国家。俄罗斯全国人口约为 1.4556 亿（截至 2021 年）[②]。俄语是俄罗斯的官方语言。俄罗斯国民多信奉东正教，其次为伊斯兰教。5 月 9 日是俄罗斯胜利节（又称胜利日，纪念卫国战争胜利）；6 月 12 日是俄罗斯日。俄罗斯的进口产品主要以粮食、轻工业品为主；出口以重工业品、能源产品为主。值得一提的是，俄罗斯的煤炭和石油资源非常丰富，是一个典型的能源大国。每年4—6 月为俄罗斯的度假季节，不宜进行商务往来。圣诞节前后两周及复活节前后一周也不宜访问，其他月份可以。在俄罗斯，无论公私单位，拜访前都要事先预约时间，不要"突然袭击"。

[①] 黄克海，徐高林. 怎样与俄国人做生意［M］. 北京：北京工业大学出版社，1994：199-202.
[②] 本章的各国人口数据来自聚汇数据的城市数据查询平台（https://population.gotohui.com）。

1. 俄罗斯人的性格特征与谈判风格

俄罗斯领土广袤，横贯亚欧，人口稀少，人均资源非常丰富。这样的自然环境及其相应的生产方式，造就了俄罗斯人粗犷豪爽、豁达大度、不拘小节的性格特征；加之地处高纬度地区，气候寒冷，酒成了必需品。在与俄罗斯人的谈判中，饮酒几乎成为不可或缺的项目。伏特加在俄罗斯深受欢迎，多用来招待客人。俄罗斯人惯于社交，重视人际关系。在俄罗斯，交往的双方相互熟悉后才共进午餐、晚宴。最好在离开俄罗斯前再邀请他们吃饭。饮酒的数量往往与谈判达成协议的可能性成正相关关系。

在与客户谈话中，忌讳使用宾主不分之措辞。在客户面前，切忌发牢骚或者抱怨，因为你要明确与客户见面的目的，不是为博取对方同情和听你抱怨、发牢骚的，他们是来谈生意的。到过俄罗斯的人都会知道，在中午12：01，即下班时间去办事，会被礼貌地告诉你他要下班了。这在俄罗斯很正常，因为时间观念不同。因此，与俄罗斯人打交道一定注意时间问题。

2. 谈判中要注意的事项

俄语是俄罗斯人的骄傲，俄罗斯人对其国家的历史和语言有着独特的自豪感。如果你想要角逐俄罗斯广大的市场，则流利的俄语是必备的条件。如果你的俄语不太好，就必须另外请1~2位精通俄语的人同行。由于语言问题而使得对方以为你不重视他们的国家、民族，从而导致丧失谈判基础而失败，将是最大的遗憾。

俄罗斯人对自己的传统文化也是相当珍视与自豪的。要与俄罗斯人建立商业关系，你就不能对他们的风俗、艺术、历史文化等所知甚少。他们的商人喜欢与"有文化"的人共事，特别是对俄罗斯传统文化有兴趣的人。当他们发现一个外国人以很认真的态度来下功夫探索俄罗斯文化时，那种惊异与感动会使他们很愿意和你打交道。

初到俄罗斯，不要急着直接与预期的商业伙伴联络，应该多花点时间寻求适当的引荐渠道，最好再认识一些对俄罗斯工商界很熟悉的人。可不要小看了这种接触，通过他们，不但能使你到俄罗斯做生意的想法成为事实，而且能使你一帆风顺。大部分俄罗斯人认为，过分注重眼前的交易、不思建立长久合作关系的人是不可靠的。

俄罗斯人的思维方式与做事方法相当"规矩"，固执而不易变通。如果你不迁就他们固有的方式，想在俄罗斯市场上占有一席之地，简直就是不可能的事情。和俄罗斯人商讨事情时，语气要和蔼、温和、委婉，切忌妄下最后通牒，据理力争只会阻碍协议的达成。有时候，只是一声"不"，都可令俄罗斯人无法接受，他们会认为你这个人不但没礼貌，而且无诚意，因为俄罗斯人不仅重视生意本身，更重视做生意的人。

俄罗斯企业讨厌跟年轻人商谈。他们的公司不但有这种尊老的倾向，而且不相信年轻的领导真正具有实权，真正代表其公司利益。在俄罗斯，没有15~20年的工作经历是不允许代表公司的。

8.3.2　英国商人的谈判风格①

英国的全称为大不列颠及北爱尔兰联合王国，人口为6 753万（截至2021年），首都是伦敦。英国是由大不列颠岛（包括英格兰、苏格兰、威尔士）以及爱尔兰岛东北部的北爱尔兰和一些小岛（海外领地）组成的。英国地处西欧，属于温带海洋性气候，冬暖夏凉，降水季节分布均匀，全年多阴雨、雾天气。伦敦是世界著名的雾都。

英国的经济实力、军事实力曾显赫一时，殖民地遍及世界各地。绝大多数的英国人都信奉基督教。除英语外，英国各地区都有自己的官方语言。

英国主要进口工业原料、食品、矿物和燃料，出口主要以机器、运输设备和化工产品为主，贸易对象主要是欧盟成员及美国。

1.英国人的性格特征与谈判风格

英国人的性格总的说来保守，在温文尔雅、彬彬有礼的背后又给人一种清高和难以接近的印象。英国人与人接触，开始总是保持一段距离，然后才慢慢地接近。从性格上来看，英国人生性内向、沉默，不喜欢夸夸其谈，比较务实，尤其是受过高等教育的人士，表现得很自谦。他们把夸夸其谈视为缺乏教养。英国人在商务谈判中遇到纠纷，也会毫不留情地争辩。所以说，英国人的性格是外柔内刚，清高而有分寸。与英国人多加接触，取得了他们的信任，就会感到他们还是十分亲切、热情的。

英国人讲究礼貌，颇具绅士风度，善于与人打交道，待人友好。英国人最大的特征是，无论社会地位高低，都是各人依自己的想法定下日常生活的准则，而不随便附和他人。在闲谈时，他们很少表现自己，偶然发表意见，也用"依我看来，似乎是……""如果我没有记错……"等语句作为开场白。

---

① ［1］介和. 怎样同外国人谈生意［M］. 北京：中国商业出版社，1988：106-118.
［2］张恒杰，张西萍，梅生贵. 国际商务谈判要略［M］. 北京：东方出版社，1994：236-238. ［3］袁其刚. 国际商务谈判［M］. 济南：黄河出版社，1995：343-345.

英国是社会等级制度明显的国家，虽然目前等级制度没有以前那么严格，但依然存在。与英国人交谈要避免涉及政治、宗教、皇家是非问题，最好谈论英国的历史、文化遗产、喂养的宠物等。当然，在吃不准的情况下，最平稳保险的话题首推天气了。因为英国多阴雨天气，人们对什么时候雨停、什么时候天晴都是感兴趣的。另外，英国人讨厌客人问及他们的私事和向其打听别人或别人公司之事。特别是苏格兰人、威尔士人和北爱尔兰人还讨厌人们把他们统称为英国人，若以不列颠人相称，则会令所有人满意。

英国人在接受他人馈赠礼品时，往往都要当面打开，无论礼物价格高低，主人都会给予赞赏，并表示谢意。他们对我国民族特色的工艺品很感兴趣，如民间手工艺品、绘有熊猫图案的纪念品、艺术陶瓷等。他们还喜欢马，视马为勇敢的象征，但视孔雀为恶鸟。

绝大多数英国人因宗教信仰原因而忌讳"13"和"星期五"；如果遇上星期五恰好又是13日，则被视为双倍不吉利，人们外出、办事、谈话都格外谨慎。宴请时一桌不要安排13人，客房不要安排在13楼（在国内诸多高级商务酒店中，楼层号没有13）。

英国人谈判时不喜欢商品价格的经常波动，而喜欢稳扎稳打。他们对薄利多销的产品看不上眼。在贸易纠纷中，英国人不会轻易道歉，他们认为自己的所作所为都非常完美。凡是自己想做的事，英国人都会想尽办法很具有逻辑性地表现出来。

他们一般不行拥抱礼，相互之间也很少拥抱，甚至父子之间也是如此。英国人也很少跟别人握手，甚至跟常见面的朋友也不握手。只有在第一次介绍相识，或朋友之间很久没见面，或在长途旅行之前告别时才握手。

2. 谈判中要注意的事项

在同英国人谈判时，要做到以礼相待；否则，会被认为不具有"修养与风度"，谈判起来会出现阻碍。另外，要注意英国人的"清高"气节，这是所谓绅士风度的另一面。在必要的时候，利用英国人的"修养与风度"，指出其技术、价格上的问题，使其窘迫而放弃其固执的立场，也不失为一良策。

英国人在谈判过程中喜欢设置"障碍"，只要他们认为有某一细节没有解决，就绝不会同意签字。如果这时你过于急躁，将你的意思强加于他，不但不能成功，反而增加对方的反感；若是耐心说服，并辅之以有说服力的客观证明材料，则可以给他们以好感，从而增大成功的机会。

8.3.3　法国商人的谈判风格①

法国的全称为法兰西共和国，首都为巴黎，人口为 6 545 万（截至 2021 年）。其居民主要是法兰西人，法语为官方语言。法国居民中很多人信奉天主教。法国国庆节是 7 月 14 日。法国是一个工业发达的国家，生产和资本的集中程度较高。法国的对外贸易比较发达，对外贸易对于法国具有非常重要的地位。法国进出口商品结构是与其国内工农业及其他行业的发展紧密联系的。出口商品以机械、汽车、钢铁、化工产品和粮食为主。法国的时装和化妆品享誉世界。法国主要进口燃料、工业原料和生丝。法国的主要贸易对象是欧盟诸国。法国的西北部地区属于温带海洋性气候，东南部地区属于地中海式气候。

1. 法国人的性格特征与谈判风格

法国人的爱国热情是世人皆知的。法国人早就对英语作为世界性语言感到不满，认为法语是世界上最美的语言，不讲英语和法语的国家应该把法语作为第二语言，而非英语。尽管他们英语都很流利，但他们还是要求谈判用法语。你没必要过于恭维法国人，但你也不应该给他们上"世界各民族均有优缺点"的课；否则，你会后悔的。

法国盛产名酒，酒也就成为法国人生活中不可缺少的一部分，称得上是一种"酒文化"。此外，法国人喜欢喝咖啡。喝酒或咖啡，可以当作与法国人进行精神、感情交流的好机会，但应记住不要在这个时候谈生意；否则，会被认为只看重钱，而不懂生活。

8 月是法国全国休假的日子，人们都前往海滩等风景胜地享受假期的欢乐，再也无心顾及生意上的事情，最好避免在这个时候前去拜访。

在人际交往之中，法国人对礼物十分看重，但又有其特别的讲究；宜选具有艺术品位和纪念意义的物品，不宜是刀、剑、剪刀、餐具或是带有明显的广告标志的物品。男士向一般关系的女士赠送香水，也是不合适的。在接受礼品时，若不当着送礼者的面打开其包装，则是一种无礼的表现。

当你要拜访某位法国人时，最好事先约定并应准时前往。入室前轻声叩门，得到允许才可进入。若有意外事件，使你不能按时到达，应通知对方，法国人对迟到的客人是难有耐心等待的。进入房间后，要和所有的人握手。你必须这样

---

① [1] 介和. 怎样同外国人谈生意 [M]. 北京：中国商业出版社，1988：126-132. [2] 张恒杰，张西萍，梅生贵. 国际商务谈判要略 [M]. 北京：东方出版社，1994：239-240. [3] 袁其刚. 国际商务谈判 [M]. 济南：黄河出版社，1995：357-359.

做，不能嫌麻烦。假如你想在握手上省点时间，那么以后会有真正的麻烦等着你，而且分别时你应该记住再重复一遍。

法国人视鲜艳颜色为高贵颜色，视马为勇敢的象征，视孔雀为恶鸟，忌核桃。法国的国花是鸢尾花。法国人大多喜爱蓝色、白色与红色，所忌讳的色彩主要是黄色与墨绿色。法国人所忌讳的数是"13""星期五"。

法国人热情、开朗，善于言谈，注重生活情趣，比较浪漫。他们天性乐观，在生活上讲究舒适安逸，对物品要求新颖美观、华丽和名贵。

法国人谈判时往往表现友好，急于取得成果。在谈判的过程中，法国人经常会通过纪要、备忘录或协议来记载已谈过的内容，以促成交易。他们对价格要求严格，条件比较苛刻。法国人的谈判风格是轻松又不失顽强。

值得一提的是，法国人尽管不喜欢客人迟到，但对自己的要求似乎没那么严格。在法国进行商务活动的外国人应学会入乡随俗，忍耐一些，不要去苛求他们。在社交场合，他们有时准时，有时不准时，而且迟到时总有冠冕堂皇的借口，如交通堵塞等。一般说来，在宴会之类的场合，主宾地位越高，其来得就越迟。

2.谈判中要注意的事项

法国人在谈判开局阶段往往聊一些社会新闻或文化生活等话题，以此培养感情，逐渐转入正式话题；一旦到了最后要作决定的阶段，就会高度集中精力，运用才智来对付各种情况。所以，对于这一点我们不但要尽量迎合其习惯，而且需要有一定的警惕性，不要被最初阶段的闲聊气氛或友好气氛冲昏了头脑。

法国人谈判喜欢先画出一个原则性轮廓，然后进行各个细节谈判。法国人的特点是对签订贸易契约不太认真。我方谈判人员可以适当宽容他们，但在原则问题上绝不能马虎，一定要用书面形式加以确定。对于初次相识的贸易伙伴，法国人往往比较谨慎，先进行试探性的小额订货；如果合作愉快，订单就会慢慢多起来。与他们做生意，一定要认真执行合同，他们对交货期非常重视，制定这些条款时要估量自己的生产能力，不可盲目签约。另外，如果随意提价，则他们会认为你是不可信任的。

法国人在生意场上给人以乐观、开朗、热情、较易接近的印象，但这并不能反映他们的全部内涵。有经验的谈判人员知道，法国人在谈判中也是善于使用诡计的。如果你受他们表面的影响而掉以轻心，就有上当吃亏的危险。

法国人个人办事的权力很大，企业组织机构精练。人与人之间等级观念较强，竞争激烈。在商谈时，担任主职的人可以马上毫不留情地作出决定，这一点与日本人恰恰相反。故同法国人谈判时我们也应事先将该作决定的事情讨论好，以免引起他们的不愉快。

8.3.4　德国商人的谈判风格①

德国的全称为德意志联邦共和国，首都是柏林，人口为8 320万（截至2021年），主要是德意志人，通用德语。德国人主要信奉基督教。德国统一的象征是勃兰登堡门，10月3日是国庆日。

1.德国人的性格特征与谈判风格

德国人非常注重规则和纪律，做事情十分认真。凡是有明文规定、明确禁止的，德国人都会自觉遵守。在一些人眼中，许多情况下，德国人近乎呆板，缺乏灵活性，甚至有些不近人情。德国人很讲究清洁和整齐，不仅注意保持自己生活的小环境的清洁和整齐，而且十分重视大环境的清洁和整齐。通常来讲，同德国人打交道没有太多的麻烦。多数情况下，他们都比较干脆。凡是他们能办的，他们都会马上告诉你"可以办"；凡是他们办不到的，他们也会明确告诉你"不行"，很少摆架子，或者给人以模棱两可的答复。

和西方许多国家相似，德国人比较注意礼仪。两人相遇时，不管是否认识，也不管在路上或者办公室、宾馆、电梯等地方，都相互打招呼，问声"您好"。朋友见面以握手为礼，告别时亦如此。十分要好的、长时间未见的朋友相见或长期分开时可以相互拥抱。在正式场合，仍有男子对女子行吻手礼，但多做个吻手的样子，不必非要吻到手背上。在交往过程中，大多数人往往用"您"以及姓氏之前冠以"先生"或"女士（夫人）"作为尊称；只有亲朋好友和年轻人之间互相用"你"以及名字称呼。对女性，不管其婚否或长幼，都可以称"某女士"，但对已婚妇女应以其夫姓称之。

送礼在德国也很受重视。应邀去别人家做客时，客人一般都带礼物。在德国和其他西方国家，女士在许多场合下都受到优先照顾。如进门、进电梯、上车等，都是女士优先。男士要帮女士开轿车门、挂衣服、让座位等。女士对此只说声"谢谢"，而不必感到不好意思，或者认为对方不怀好意。在同人交谈时，德国人很注意尊重对方，不询问对方的私事（如不问女性的年龄、不问对方的收入等），也不拿在场的人开玩笑。就餐谈话时，德国人不隔着餐桌与坐得较远的人交谈，怕影响别人的情绪。

---

① ［1］介和. 怎样同外国人谈生意［M］. 北京：中国商业出版社，1988：120-126. ［2］张恒杰，张西萍，梅生贵. 国际商务谈判要略［M］. 北京：东方出版社，1994：235-236. ［3］袁其刚. 国际商务谈判［M］. 济南：黄河出版社，1995：307-317.

一般来说，德国人较严肃、认真、自信、固执，讲信誉，尊重契约，办事严谨。在谈判中，德国人多表现为性格刚强，坚持己见，大多数人缺乏融通性。作为他们的谈判对手，你必须做好知难而上的准备。无论你的公司信誉多么卓著、产品质量标准多么高，你都不要想当然地认为他们会买你的账。你必须用证据表明你的产品标准可以满足交易规定的各方面标准，并表明你信守承诺的确定性；他们对你的评价如何，也取决于你在多大程度上使他们相信你的承诺。

德国人做生意都凭借自己的本事，其谈判风格是严谨、稳重。他们认为，公司只是提供商业活动的场所而已，因此，生意的做法都是个人式的。在进行商务交涉的时候，个人的意见或行动对商业活动有着重大的影响。

在个人关系上，他们拘泥于礼节，对有头衔的人一定要称呼头衔；体现在穿着上，德国人习惯于在大部分时间里穿礼服。

他们在谈判中，会凭借对本国产品的信心而坚持己见，以本国产品来作为衡量的标准。

在谈判之前，德国人会作充分的准备，不仅是对谈判的标的物，还包括对他们潜在的交易对象进行详尽研究。因此，德国人精于讨价还价。一旦决定购买某件商品，他们就千方百计地迫使对方让步，常常在签订合同的前一分钟还在争取使对手让步。

德国人的时间观念强，要求谈判者在谈判时务必准时到达；如若不然，他们那种不信任的厌恶心理就会溢于言表。一般来说，订立了契约之后，他们就绝对依约履行，所以，在订约以后，对交货日期或付款日期要求稍为宽限等变更或解释都会不予理会。由于德国人谈判风格严谨、稳重，他们喜欢强调自己方案的可行性，而不愿向对手作较大让步。这使人觉得他们很固执，毫无讨价还价的余地。

2. 谈判中要注意的事项

基于对德国人的性格特征与做事风格的研究，我国谈判者就可以做到心中有数，采取有针对性的谈判做法——做好充分的谈判准备。德国人谈判前有这种特点，我们也不能打无准备之仗，仓促上阵。由于德国人在谈判中缺乏灵活性，不肯轻易作出重大让步，所以我们应有措施来对付其"顽固"的立场。德国人喜欢直截了当，既要言之有理、有物，又不可暴露自己，求成心切。谈判时，我们要不卑不亢，坚持客观标准，既不能自高自大、盛气凌人，也不可低三下四、没有原则。

另外，与德国人签订经济合同，必须认真制定索赔和仲裁条款。我国的对外

商务谈判

经济贸易纠纷有许多原因，合同条款不严密是重要原因之一。订立此类条款时应争取将仲裁地点定为中国，对我方来说情况比较熟悉。若对方不同意，一般有在第三国仲裁和在被诉方国家仲裁两种选择。

8.3.5 美国商人的谈判风格①

美国的全称为美利坚合众国，首都是华盛顿哥伦比亚特区，人口是 3.3218 亿（截至 2021 年）。美国大多数居民信奉基督教。7 月 4 日是美国独立日。

美国经济发达，人口众多，人均收入水平高，市场容量巨大。在经济结构中，美国农业发达，是世界最大的农产品特别是粮食的出口国。但与农业相比，美国的工业占绝对优势。美国的能源消耗居世界第一，在大多数高科技领域，如核能、电子、航空、航天、生物技术、新能源、新材料、激光工业等，都是世界最先进的。美国每年专利出口数额之大，令其他国家望尘莫及。美国的工业以制造业为主体，一度有"三大支柱"之称的钢铁业、汽车业和建筑业，在工业经济中有着举足轻重的地位。美国每年吸收大批来自世界各国的优秀人才，以此促进经济发展。人们从世界各地来到美国这块土地上繁衍、生息，创造了辉煌的文明。美国的政治、经济在国际上处于举足轻重的地位。

1. 美国人的性格特征与谈判风格

美国是一个较年轻的国家，发展历史短，而且是一个大的移民国家。美国人认为，人们之间没有受人命令的道理，只要自己能做的事，就自己去做；他们也反感别人特别关心自己的事情。如在中国，同事和朋友之间说一句"你多穿点衣服，小心感冒"，这是很正常的事，给人以亲切之感；美国人却不这样认为，他们觉得这是对方在小瞧自己，把自己当成一个小孩来对待了。美国的老年人总希望自己以充满青春活力的姿态出现在别人面前，因而在上楼梯或上下车时，都不要别人搀扶。他们认为被人搀扶是有失体面的事情，会感到不快。在美国，个人的行动去向、年龄、身体、婚姻状况和工资收入都是隐私，他人询问这类事情，会被认为没有教养、不懂规矩。同时，他们忌讳别人说自己体胖。美国人喜欢富有变化的生活。他们的家乡观念淡薄，不习惯被人问是什么地方人、家在哪里等问题。多数人每三四年就要迁居一次，更换工作单位比较频繁。

---
① [1] 介和. 怎样同外国人谈生意 [M]. 北京：中国商业出版社，1988：38-57.
[2] 张恒杰，张西萍，梅生贵. 国际商务谈判要略 [M]. 北京：东方出版社，1994：233-235.
[3] 袁其刚. 国际商务谈判 [M]. 济南：黄河出版社，1995：284-294.

从总体上来说，美国人的性格通常是外向的。因此，有人将美国人的性格特点归纳为：外露、坦率、真挚、热情、自信、滔滔不绝、追求物质上的实际利益。一般说来，美国人具有办事爽快的特点。美国的法律无处不在，美国人也形成了依照法律办事的作风。除非你有事实作出相反的证明，否则他们不会善罢甘休。因此，与美国人交往，应当理解并利用他们的这种特点。不清楚的问题绝不能不好意思问，否则很可能埋下纠纷的种子。

美国国土辽阔，民族成分复杂，各个地区和民族的做法也不尽相同：

❶ 东部的商人在国际商务谈判中具有雷厉风行的快节奏作风和寸利必争的讨价还价技巧。他们重视运用现代科学技术，谈判条件苛刻，在价格上让步的余地很小，严格遵守国际惯例办事。

❷ 对待中部的商人，把他们更多地看作朋友，会使你的业务谈判顺利成功。因此，不能单靠现代化通信手段来进行磋商和接洽，面谈是必要的。此外，体育、休闲活动也是增进友谊的很好方式，可以加强双方相互信赖的基础。

❸ 南部的商人，性格大多较随和。他们不大喜欢那种商业气息浓重的面对面谈判，朋友式的促膝而谈更为合适。同他们建立亲密的商业关系虽不容易，但他们一旦与你建立了这种关系，就非常珍惜，不会轻易放弃。

❹ 西部地区的企业历史较短，规模比较小，推销产品时，可以比较容易地见到能够作出决定的高级人员。在这里做生意的外国人有句俗语"多用你的双脚"，意思是说要推销产品，必须多走路，多去访问你的客户，单靠电话联络是不够的。

2. 谈判中要注意的事项

美国是目前世界上经济实力最雄厚的发达国家。由于其生活水平较高、科技水平领先，美国人的言谈举止会流露出一定的优越感，有时会引起他人的反感。他们有时过于自信而显得武断，不是很注意他人的喜好，对自己的谈判方式坚定不移，其他人都应顺从和适应。随着形势的发展，许多精明的美国人开始意识到这些缺点，并有所改变。

针对美国人的性格特点及谈判过程中表现的风格，在与美国人谈判时应注意适当的策略。在进行正式谈判前，必须做好充分的准备。在谈判过程中，"是"与"否"必须保持清楚，这是一条基本原则。当无法接受对方的条款时，要明确地告诉对方不能接受，而不要含糊其辞，使对方存有希望。根据其自信、滔滔不绝的性格特点，可以在适当的时候采取激将法，促其向自己靠拢，但要注意不要伤害对方的自尊心。

另外，在美国人滔滔不绝的陈词中，可以找到有价值的信息，了解对方真实的需要和目标等。与美国人谈判，绝对不要指名批评某人，指责客户公司中某人的缺点，或把以前与某人有过摩擦的事作为话题，或把处于竞争关系的公司的缺点抖搂出来等，这都会导致美国人的反感情绪。这是因为美国人极为忌讳在谈论第三者时损伤到对方的人格。

在处理纠纷的谈判中，应采取认真、诚恳、严肃的谈判态度。谈到责任过失时，双方针锋相对，不要强装笑容来表示你的豁达，这样反会让对方认为你玩世不恭。即便真正是我方的责任，也不可使用"你看着办吧"或"一切好商量"之类的话语，而应该步步为营、据理力争，直到把责任缩小到最低限度。

8.3.6　日本商人的谈判风格①

日本的全称为日本国，首都是东京，人口约1.2551亿（截至2021年）。日本主要的岛屿是北海道、本州、四国、九州。日本国土狭小，资源贫乏。但第二次世界大战后的日本奉行"重经济，轻军备"路线，重点发展经济，在20世纪60年代末成为世界第二大经济体，经济实力仅次于美国。如今，日本居于中国之后，为世界第三大经济体。

日本水力资源较多，近海渔业资源丰富。工业是日本国民经济的主要支柱。日本矿产资源贫乏，除煤、锌有一定储量外，绝大部分依赖进口。日本从20世纪50年代开始确立了贸易立国的发展方针，主要出口钢铁、机械、船舶、汽车、电器、纺织品等；进口则以工业原料为主，如铁矿石、铅、铜、铝、锌、镍、煤、原油、羊毛等，小麦、糖和日用小工业品也大量进口。日本是世界上进口木材最多的国家。日本的贸易对象主要是中国、美国、韩国等。

1.日本人的性格特征与谈判风格

日本人在讨价还价之时对数字比较敏感。日本人认为奇数表示吉祥，但忌用"9"，偶数中的"4"更忌用。日本人十分看重上下级关系。对日本人来说，社会地位不同，在谈判中扮演的角色也不同。只要有两个以上的日本人在一起，就自然地意识到用某种标准（如年龄、级别、前后辈）编排的上下级关系，下级服从上级。另外，日本人对于商务活动中的女性持消极态度。他们认为女性不应代表组织参加商务活动；若我方有女性参与，他们会认为我方没有诚意。

一般认为，日本人的性格特征是：规矩、慎重、礼貌、进取心强、工作态度

① ［1］张恒杰，张西萍，梅生贵. 国际商务谈判要略［M］. 北京：东方出版社，1994：240-242.［2］袁其刚. 国际商务谈判［M］. 济南：黄河出版社，1995：295-306.

认真、等级观念强、不轻信于人，有强烈的团体生存和发展的愿望，考虑长远利益而不过分争眼下利益，善于开拓新的交易与市场等。日本人重视发展个人关系，并且自尊心强。他们认为建立起一种良好的伙伴关系远比某一份合同重要。无论是在正式还是非正式场合，都不要说出让他们感到受侮辱的话。

日本人对冲撞过他的人会永久怀恨，不轻易谅解。日本人的谈判是"团体赛"式的谈判。在谈判桌上，他们信守美国哈佛大学所创造的"重点放在利益上，而非立场上"[①]这一方法，除了发挥团体的作用之外，还善于施展各种取胜手段。归纳起来，日本人具有以下几个特点：精心策划、不断叫苦、轮番上阵、拖延战术、情报意识强。

2.谈判中要注意的事项

应注重礼节和职务的对等。日本是一个十分讲究礼节的国家，在商务活动中，稍有闪失，往往会前功尽弃。日本大多数人办事讲究时效，走路匆匆忙忙。在与日商谈判时，需要有耐心；若一时未能达成协议，可暂时休会或约定下次会谈的时间。

应选择合适的中间人牵线，表现诚实、正派。不要背后说第三方的坏话，不要故意贬低竞争对手的产品，不要打听对方私事及公司的秘密，也不要打听对方熟人或有关联公司的秘密，除非相交已达到推心置腹的程度，否则会引起日商的极大反感。日本人对别人的家庭或公司较冷淡，若你有意或无意去打听有关情况，会认为你不正派，甚至认为你人格低下等。

日本人说话态度婉转、暧昧。他们在商谈中一般尽量避免正面回答问题，并极力回避直接的否定话语。日本人在商谈时虽然常用"嗨依"（意为"是"），但不一定表示同意；相反，在多数情况下仅表示允许你讲下去，故不要发生误会。日本人重视整体智慧，强调集体决策。参加谈判的每一个人都具有某一问题的决策权，每一个谈判者都有责任保证谈判成功，很难说日商谈判团队中哪一个人重要、哪一个人不重要。他们对于较重大的问题往往不能马上作出决定，而需要通过国内公司有关人员层层上报批准，方能给予答复，故应给予其时间。日本人很喜欢而且很精于讨价还价，往往报价水分很高，然后经过漫长的讨价还价过程才能达成交易。所以对日商的报价要特别留心，认真做好比价工作，做到心中有数，用有说服力的资料或证据去增强我们的议价力量。签订合同前，我们要认真考虑，签订合同后要照约执行。

---

① 费雪，尤瑞．哈佛谈判技巧［M］．黄宏义，译．兰州：甘肃人民出版社，1987：68.

8.3.7 澳大利亚商人的谈判风格[①]

澳大利亚的全称是澳大利亚联邦，首都是堪培拉，人口为2 571万（截至2021年）。澳大利亚大多数居民信奉基督教，官方语言是英语，国庆日是1月26日。澳大利亚是能源和矿产丰富的国家，是世界上主要的煤炭出口国，铀、轻质原油和液化天然气出口国，蜂蜜、糖、牛奶、小麦、肉类和羊毛出口国，粮食出口国，是世界上主要的衣用细羊毛的生产国。旅游业是澳大利亚规模大、发展速度快的产业之一。

1. 澳大利亚人的性格特征与谈判风格

不论何时何地，澳大利亚人对妇女都是极为尊重和赞美的。澳大利亚的一般员工很遵守工作时间，下班时间一到，就会立即离开办公室。但经理阶层人员的责任感很强，对工作很热心，待人不拘束，也乐于接受招待。

澳大利亚人性格开朗，待人热情，行动上较随意；特别讲究人与人之间的平等，认为礼尚往来应彼此尊重，互不歧视。平时，他们喜欢交际，愿意跟陌生人攀谈，并常面带笑容，给人以亲切友好之感。澳大利亚人崇尚自由，喜欢无拘无束。

澳大利亚人很重视办事效率。谈判中，澳方派出的谈判人员都是具有决定权的人，他们希望谈判伙伴也这样做。在澳大利亚，如果你对自己的才干过分谦虚，不仅不会让人看重你，还会被人瞧不起。澳大利亚人的成见比较重，所以谈判人员必须给澳方人员以好的第一印象，才能使谈判顺利进行。

2. 谈判中要注意的事项

澳大利亚人在很多方面与前面提到过的欧美国家相似。澳大利亚人在谈判中，不喜欢在价格谈判时对方先开出高价，再慢慢讨价还价；他们通常采用招标的方式定价格，不给合作伙伴讨价还价的机会。一般来讲，他们的责任感较强，并且重视信用。需要注意的是，澳大利亚经理阶层的人员认为，招待归招待，和生意无关，公私分得很清楚。因此，不要以曾经是"熟人"就会怎么样了，这和谈判是两回事。

---

① [1]介和. 怎样同外国人谈生意［M］. 北京：中国商业出版社，1988：72-75.
[2]张恒杰，张西萍，梅生贵. 国际商务谈判要略［M］. 北京：东方出版社，1994：247-248.

8.3.8 阿拉伯国家商人的谈判风格[①]

阿拉伯国家一般指以阿拉伯民族为主要族群的国家。这些国家的人们有统一的语言（阿拉伯语）、文化和风俗习惯，绝大部分人信奉伊斯兰教。

阿拉伯国家包括阿拉伯联合酋长国、阿曼、科摩罗联盟、也门共和国、沙特阿拉伯、科威特、巴林、卡塔尔、伊拉克、约旦、黎巴嫩、叙利亚、巴勒斯坦、埃及、利比亚、突尼斯、阿尔及利亚、摩洛哥、毛里塔尼亚、苏丹、索马里、吉布提等。"阿拉伯国家"的范围与"中东"的范围有部分重叠，但也有不同之处，有的中东国家并不是阿拉伯国家，如土耳其、塞浦路斯、伊朗等。

阿拉伯国家是我国对外贸易的重要伙伴，其中与我国贸易关系密切的代表国家有西亚的沙特阿拉伯、科威特、阿拉伯联合酋长国等。这些国家的特点是，盛产石油，经济结构单一，依靠石油及石油产品的出口维持国民经济，生活消费品和工业用品高度依赖进口。近几年，随着"一带一路"倡议的推进，我国与阿拉伯国家的经济往来合作的机会有所增加。

1. 阿拉伯人的性格特征与谈判风格

阿拉伯人具有强烈的宗教观念，在日常生活和商务活动中，时时处处都能感受到宗教对其的影响。如果初次商务合作有信仰伊斯兰教或者当地的阿拉伯人引见、介绍，就比较容易建立信任合作关系。伊斯兰教有很强的凝聚力和戒律。

阿拉伯人谈判的节奏缓慢，对时间不是很敏感，他们经常会说"明天再说吧"。

2. 谈判中要注意的事项

大多数阿拉伯国家地处中低纬度的沙漠，气候炎热，没有明显的四季，降水稀少，天气晴朗。太阳回归对生活和生产影响不大，月亮与生活关系密切。阿拉伯人使用的历法是参照月亮编制的伊斯兰历。阿拉伯女性的社会地位低下，一般不能在公开场合抛头露面。因此，要尽量避免派女性参与商务谈判；即使有女性也应将其安排在次要的位置，以示尊重伊斯兰教的习俗。另外，伊斯兰教徒还有很多清规戒律，在谈判中必须了解，如每天5次精确对准麦加方向朝拜，每年有斋月等。

---

① [1] 介和. 怎样同外国人谈生意 [M]. 北京：中国商业出版社，1988：90-99.
[2] 张恒杰，张西萍，梅生贵. 国际商务谈判要略 [M]. 北京：东方出版社，1994：246-247.
[3] 袁其刚. 国际商务谈判 [M]. 济南：黄河出版社，1995：360-367.

关键词

风格　行为风格　谈判风格

复习与思考

第8章即测即评

一、简答题

1. 行为风格的定义是什么？掌握行为风格在商务谈判中有什么意义？

2. 一个人行为风格的形成与其成长环境和成长历史有何关系？

3. 一个国家或民族的行为风格特征形成有什么规律？

4. 中国人的商务行为风格有什么特征？试分析其形成原因。

5. 美国人的谈判风格特征是什么？试分析其形成原因。

6. 总结中国人的谈判风格，并与美国进行对比，并谈谈有何启发。

7. 总结一下自己的行为风格，并分析自己的行为风格与自己的成长历史和成长环境之间的关系。

8. 中国的南北方人在行为风格上有何明显的差异？能否尝试作出比较合理的解释？

9. 随着时间的推移和社会的发展，中国南方人和北方人的行为差异会越来越大还是越来越小？

二、案例分析题

案例1　　　利用时间价值观的差异赢得谈判主动

日本资源短缺，在煤和铁矿石上的需求量较大。澳大利亚生产煤和铁，并且在国际贸易中不愁找不到买主。正常情况下，一般应是日本人的谈判者到澳大利亚去谈生意，但是，日本人总想尽办法把澳大利亚人请到日本去谈生意。澳大利亚人到了日本，日本方面和澳大利亚方面在谈判桌上的相互地位就发生了显著的变化。澳大利亚的谈判代表习惯了自己的舒适生活，到日本之后不几天，就急于回到故乡，在谈判桌上常常表现出急躁的情绪。作为东道主的日本谈判代表，则不慌不忙地讨价还价，掌握了谈判桌上的主动权。结果日本方面仅仅花费了少量招待费，就取得了大量谈判桌上难以获得的东西。

资料来源　章瑞华，徐志华，黄华新，等．现代谈判学［M］．修订版．杭州：浙江大学出版社，1990：61-62.

问题：

1．日本人为什么要把澳大利亚人请到本国谈判？

2．日本人是如何获得谈判主动权的？

案例2　　　　过分热情适得其反

加拿大某公司的一项食品加工保鲜技术，非常适合中国的一家企业。于是，该企业邀请加拿大的技术人员来我国洽谈合作。中方企业为了表示友好和重视，设置了豪华的宴席款待来宾，富有特色且美味可口的饭菜博得了好评。我方经理见对方赞美，立即吩咐服务员加菜。来宾见状表示"已经饱了，不必加菜了"，并询问何时商讨合作事宜。中方经理十分友好地答道："这个好说，不急，明天游览著名风景点。合作事宜后天再说吧！"对方表示："还是先把合作的事搞定。游览名山，我们可以自行解决。"我方经理坚持先游览再谈判。第二日，中方告知："明天上午的合作谈判改为下午，上午市里领导要来看望贵宾，还要宴请大家。"对此，加方人员表示不必了，他们后面还有其他安排；但架不住我方的盛情，只能勉强答应。之后，双方谈判达成了一些合作意向，但在后续的合作中，对方十分消极，各种报价也比较苛刻，最后该项目未能合作成。

资料来源　作者自己编写。

问题：

1. 在与西方国家的商务往来接待中，有哪些文化差异需要特别注意？

2. 热情是必要的，但要掌握好"度"。这个"度"应该如何掌握？

第9章

商务谈判案例赏析

内容体系
学习目标
点睛之笔
9.1　案例的本质与特征
9.2　案例赏析

商务谈判

●内容体系

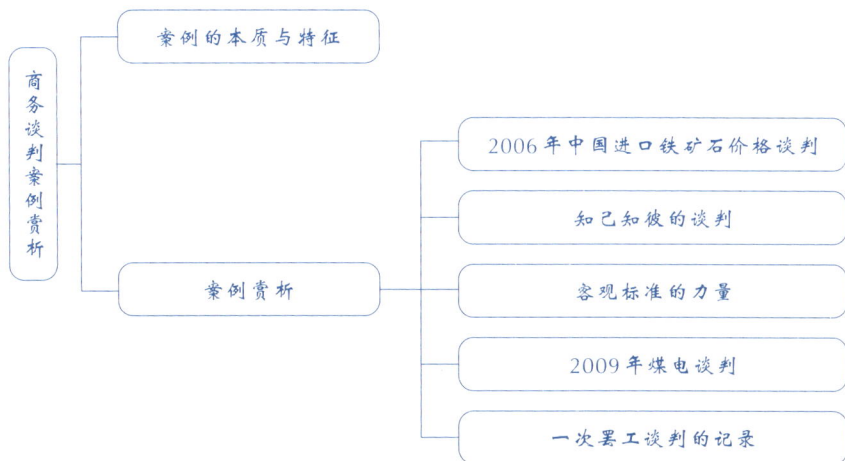

●学习目标

• 重点掌握原则谈判法中的坚持客观标准的原理，尝试将这一原理运用到自己的生活之中
• 掌握谈判的原理、方法、技巧及运用
• 了解商务谈判的实际操作方法和技巧

●点睛之笔

能力与素质不是教出来的，是知识内化的结果。
艺术只有理性和逻辑是远远不够的，艺术更需要感和悟。

9.1 案例的本质与特征

案例是由已经发生了的含有教学意义的问题组成的事件。事件是案例的基本素材，并不是所有与教学内容有关的事件都可以成为案例。能够成为案例的事件，必须包含有教学意义的问题或疑难情境在内，其中也可能包含解决问题的方法。但这种解决问题的方法应该是间接的甚至是隐含的，读者应该在经过阅读分析后自己归纳总结出来。能力不是教出来的，必须有一个内化的过程。教师讲授得来的和学生自己分析之后归纳总结得来的知识，其效果是不一样的。前者仅仅是知识，后者不仅是知识，而且能够内化为能力乃至素质。

　　谈判案例就是实际发生的含有谈判原理、方法、技巧的事件。谈判的过程不是纯理性的过程，而是具有较强的艺术成分，需要亲身体验，在体验中感和悟。案例学习在感和悟方面具有较好的效果，是课堂教学的必要补充。案例的学习既能巩固、强化理论知识，又能够内化知识，提高能力和素质。

　　案例的特点如下：

1.**真实性**

　　案例应该是已经发生的真实事件的再现，是不能杜撰和任意取舍的，这也是案例与故事的本质区别。案例的研究目的是增强解决实际问题的能力，任何不真实的事件都不合目的，因而就不能构成案例。

2.**典型性**

　　典型性即代表性，就是案例能够触及这一类事件的共有本质，对案例的研究者产生举一反三、事半功倍、融会贯通的效果。

3.**隐含性**

　　案例教学的作用在于，通过独立的思考获得知识，并且将这些知识内化为能力。因此，案例中的相关原理、方法、技巧等是不宜直接阐述的，一般都隐含在事件中；如果直接点明，就和课堂讲授无异。

9.2　案例赏析

9.2.1　2006年中国进口铁矿石价格谈判

　　2005年10月，2006年度中国钢铁企业与世界铁矿石供应商的铁矿石谈判即将揭幕。在紧张的战前气氛中，中国钢铁工业协会发表了引人注目的《2006年铁矿石供需状况趋向缓和　进口矿石价格应向下调整》公告。在此之前，世界铁矿石三巨头（巴西淡水河谷、澳大利亚必和必拓、澳大利亚力拓）已经通过各种信息渠道表达了"中国需求将使铁矿石价格稳中趋升"的观点。两者呼应，颇有战前叫阵的意味。[①]

---

　　① 周凯. 进口矿价格应向下调整　铁矿石谈判未开幕先叫阵［N］. 新闻晨报，2005-10-14.

1.背景信息[①]

中国铁矿石进口主要来源于世界铁矿石三巨头以及印度的散货供应。

自2003年以来，全球钢铁业产销量等经济指标逐渐回升，世界铁矿石三巨头态度强硬，使得中国企业在铁矿石价格谈判中十分被动。2005年2月，中国不得不接受2005年进口铁矿石合同价比上一年度上涨71.5%的现实。也就是从这时起，中国开始把目光转向铁矿石生产大国——印度。

不过，中印铁矿石合作并非有了一纸协议就能够一帆风顺。印度矿业联合会作为一个行业组织，虽然声称可以牵头协调这些企业与中国贸易商谈判，但并不是所有的贸易商都愿意与中国签订长期合同。印度矿山从眼前利益出发，仍愿意进行散货贸易。

我国2005年钢产量较2004年同期的增幅大幅回落，所以对铁矿石的需求也进一步放缓，未来必将出现供过于求的局面。这样中国选择供应商的余地将越来越大。"如果印度价格过高，咱们就买三大巨头的；反过来，若三大铁矿石供应商刻意抬高价格，中国也可以通过进口印度矿来制约它们。"

2.准备阶段[②]

2005年10月24日，铁矿石供求双方在青岛见面后，世界铁矿石三巨头在中国市场积极活动，游说中国一些中小型钢铁厂与之签订新供货合同。钢铁界业人士普遍担心，三巨头或许将在正式谈判中抛出这些合同，从而说明它们提出的价格是合理的——因为中国已有厂商与其签订了新合同。

从2005年12月初开始，中国各大钢铁生产厂商非常繁忙：接待来访的矿石企业代表，然后回访；再接待，再回访。世界铁矿石三巨头日程安排同样紧凑。12月8日，它们赴日与日本厂商沟通协商。澳大利亚媒体泄露了此行的"天机"，力拓、必和必拓与日本钢铁公司的2006年铁矿石价格谈判很快将转为正式会谈。这表明，2006年三巨头仍可能采取以往战略：与较易谈判的对手——日本先行确定价格，并按国际铁矿石价格谈判的惯例，以此作为全球铁矿石的最终合同价。2004年，日本钢铁商在没有与中国、欧盟等其他钢铁企业通气的前提下私下与澳大利亚矿商达成协议，接受天价矿石。最终，中国与欧盟钢铁企业只能无奈地接受这一谈判结果。

按照国际铁矿石谈判惯例，年度铁矿石价格谈判的双方将在12月进入实质

---

① 王凤君. 新一轮谈判前夕中印两国结盟　铁矿石变局在即［EB/OL］.（2005-10-16）［2022-03-02］. http://finance.sina.com.cn/chanjing/b/20051016/18022036770.shtml.
② 李文科. 铁矿石谈判暗战正酣　日本钢铁商可能忽悠中国［EB/OL］.（2005-12-11）［2022-03-02］. http://futures.money.hexun.com/1443780.shtml.

性谈判阶段，并直至次年1月底达成初步结果。谈判双方密集的活动表明：坐到谈判桌之前的几轮磋商将为12月开始的实质性谈判确定基调。钢铁业界普遍预期，由于分歧太大，2006年谈判难度空前，很可能要到2006年3至4月才能最后确定价格。

对于有利于中国铁矿石进口的谈判因素，世界铁矿石三巨头也在积极准备其他"筹码"。其手中最大的筹码就是——中国国内无序的铁矿交易市场。

3. 开局阶段[①]

在2005年进口铁矿石价格暴涨71.5%之后，2006年是否涨价仍是铁矿石合同谈判最大的焦点。来自国内的40多家重点钢铁企业与世界铁矿石三巨头在青岛进行谈判，此次谈判将确定2006年4月1日至2007年3月31日的铁矿石价格。

铁矿石市场出现了产能小幅盈余，但同时保持了产销旺盛的局面，这使铁矿石进口商有了要求调低价格的借口，也为铁矿石出口商提供了继续调高价格的条件。在这种产销竞争激烈的情况下，谈判成为决定价格的重要手段。虽然谈判在2005年10月24日开始，但在几周前中国钢厂和世界三大巨头就已经放出风为谈判造势。在此之前，三大铁矿石供应商之一的巴西淡水河谷公司表示，2006年巴西出口铁矿石的价格将在2005年上涨71.5%的基础上再上涨10%～20%。

淡水河谷的管理人员认为，中国因素是国际铁矿石市场走高的动力，并强硬表示在市场强劲的情况下，对在谈判中的地位充满信心。实际上，国际铁矿石供应商表达的只是一个谈判的策略价格，并不是其真正能够接受的心理价位。对于这种谈判策略，中国钢铁企业也作出了回应。主导铁矿石谈判的机构之一中国钢铁工业协会发布报告强调，由于铁矿石产能已经过剩，所以铁矿石价格应该向下调整。同时，中国最大的铁矿石进口商——中钢集团也预测2006—2007年铁矿石价格将下跌5%～10%。

为此次谈判，中国钢铁企业准备良久，40余家钢厂聚首的措施体现出抱团采购的决心。但在此次谈判中，中国钢铁企业最重要的战略任务恐怕还是要借主场优势确立自己在国际铁矿石谈判市场的发言权。此前正是由于中国企业过于分散，没有形成与三大铁矿石供应商对等的谈判地位，从而被迫接受了铁矿石涨价合同。因此，中国钢铁企业2006年要多付出200亿到300亿元的进口铁矿石成本。

但是在中国钢铁工业协会一再强调中国的钢厂应协调一致、坚决抵制国际铁矿石三巨头加价要求的同时，中国的部分中型钢厂为能获得铁矿石，已同三巨头

[①] 罗雪峰，方宁. 铁矿石打响定价权之战 [J]. 中国对外贸易，2005（12）：19-22.

达成新的购货合同，其成交价格高于目前的合同价格。

这些钢厂为什么会与三大巨头签订这样的"不平等条约"呢？原因很简单：为了拿到价格更低的计划矿。在2005年调价后，海外进口铁矿石计划价在每吨63美元左右，约合人民币520元，远远低于国内的市场价650元，而这一价差恰好成为最大的诱惑。但这些框架协议只定量，能否拿到货，还需等待发改委2006年铁矿石进口许可证公布之后才能知晓。从这些情况看，一些中型钢企已经为利益有所行动，但这种行动如果向大型钢企蔓延，将会为中国铁矿石价格谈判埋下大的隐患。

第二轮日本市场铁矿石价格谈判中，三大铁矿石出口商和日本钢厂可能签订提高基准价格18%~20%的协议，已经有一家日本钢厂打算接受20%的提价建议。日本企业可能接受铁矿石提价，对中国与铁矿石三大巨头谈判不利。

4.磋商阶段[①]

代表中国钢厂的宝钢集团与世界三大矿业巨头铁矿石谈判正式启动，双方前期已经进行了两轮预备性质谈判和一轮非正式交流，本轮谈判将就市场基础性问题进行沟通。

按照预先计划，2006年2月中下旬谈判进入报价阶段，但一直以来谈判始终处于"胶着"状态，没有给报价创造条件。在第三轮谈判，双方将把各自对相关市场的走势和供需关系的看法摆出来，然后进行详细论证，进而展开充分的意见交换和讨论。由于钢铁企业和铁矿石企业对2006年度全球铁矿石市场走势的判断"方向相反"，铁矿石企业坚持涨价，而钢铁企业坚持铁矿石价格必须下降，因此前两轮谈判没取得成果。

5.场外较量阶段

随着铁矿石最后谈判日期（2006年3月）的临近，铁矿石谈判也随之进入激烈的交锋阶段。这不仅表现在谈判桌上，在场外也在进行着一场场的较量。2006年2月16日，商务部、中国钢铁工业协会以及五矿商会紧急召集进出口企业以及钢企，在北京召开铁矿石进口内部会议，再次强调了中方坚决抵制铁矿石价格上涨的态度，而商务部将利用手中紧握的铁矿石进口资质权，打击那些提前"叛变"的企业。铁矿石巨头澳大利亚必和必拓也打出了自己的生死牌，"希望今年通过控制供应量继续保持较高的矿石价格"。[②]

---

　　① 李荣，钟文. 宝钢与矿业巨头启动第三轮谈判　期待突破僵局［N］. 国际金融报，2006-02-16.

　　② 索寒雪. 铁矿石谈判"叛变者"惹恼商务部［N］. 中国经营报，2006-02-20.

2006年3月15日，发改委、商务部发表联合声明表示，"高度关注2006年铁矿石长期协议价格谈判"，如果出现"不能接受"的价格，中国政府将采取"必要措施"。澳大利亚联邦资源部部长表示，如果中国政府实施对澳大利亚铁矿石进口限价，那么澳大利亚政府将会"非常警觉不安"，不排除澳大利亚政府干预的可能。巴西外交部人士也称，巴西已经敦促中国政府澄清其是否考虑干预铁矿石谈判。[①]

第四轮铁矿石进口价格谈判于2006年3月27日正式开始，谈判时长初定为一周。按照惯例，每年4月1日以前，铁矿石供需双方达成新一年的购销协议，如果新的协议无法达成，就暂时按照原来的价格运行。[②]

巴西淡水河谷率先报价，似乎是铁矿石谈判的惯例。其在2006年与中国的铁矿石价格谈判中，希望寻求24%的价格上涨预期。在世界三大矿石供应商出价的底线中，10%的涨价幅度是最低的一个报价，它是澳大利亚矿商提出的，但也是中国企业难以接受的：毕竟这是在2005年价格飙升的基础上再次雪上加霜。2005年铁矿石价格一年之内狂涨75%，中国钢企为此蒙受了57亿美元的沉重损失，因此2006年再也不能由着对方的性子涨价了。[③]

这样一来，拉锯局面还会继续。但中国企业决心撑到最后一刻。达不成协议，并不会对中国钢铁产业有太大的影响，按惯例可以先按照上一年的价格运行。

6.签约阶段

按照以往的"首发-跟随"惯例，只要有一个钢铁生产大国与矿石供货方签订了长期供货协议，后面的国家均照此执行。由于宝钢集团没能正确把握形势，先后多次拒绝澳大利亚和巴西矿产商的提价要求，谈判迟迟不能完成。对于日、韩等完全依赖长期协议铁矿石进行生产的国家而言，谈判僵持越久，铁矿石供应保证的威胁就越大。2006年5月17日，日本JFE和巴西淡水河谷达成涨价19%的协议，韩国浦项等钢厂随后表示跟随。

如果中国不能尽快接受19%的涨幅，巴西淡水河谷将把原定销往中国的铁矿石转售至其他国家和地区。

之后各大钢厂纷纷跟进，形成大势所趋。尽管宝钢集团极力反对这一协议，但随着巴西淡水河谷于2006年5月28日通过英国《金融时报》等媒体高调宣布：淡水河谷已经向中国的谈判代表宝钢集团发出了"最后通牒"，要求限期结束铁

---

① 李晓莉. 中国无法承受铁矿石再次涨价 [N]. 羊城晚报，2006-03-20.
② 王冰凝. 第四轮谈判启动 分析师：铁矿石价格应下降41% [N]. 新京报，2006-03-29.
③ 李富永. 铁矿石谈判双方都不让步 中国绝不接受10%涨价 [N]. 中华工商时报，2006-04-19.

矿石谈判。中国不得不接受该涨幅，宝钢集团最终于 6 月 20 日接受了 19% 的涨幅，同澳大利亚必和必拓达成协议。

7. 思考题

❶ 在铁矿石买卖的谈判中，影响中国和澳大利亚谈判实力的因素有哪些？

❷ 在谈判之前，卖方进行了哪些活动？这体现了什么谈判原理？

❸ 结合本案例，谈谈报价的时机和条件。

❹ 解读案例中卖方最后通牒的用意。使用最后通牒需要具备什么条件？

9.2.2 知己知彼的谈判①

1. 谈判背景

爱姆垂旅店专门面向 18 岁至 25 岁的青年。这些青年需要得到富有同情心的帮助和专业上的指导，以使他们轻松地完成从学校到社会的转变。旅店的许多旅客或者是精神分裂者，或者已到精神分裂症的边缘，或者刚从吸毒的不幸经历中解脱出来。

旅店的地理位置实在不理想，位于波士顿郊外一个名叫萨默维尔的工业城，可容纳约 20 名旅客。它的隔壁是一家交通中转站，很吵闹。但它的占地面积挺大，有一个一英亩大的庭院；以前还有一片美丽的榆树林，尽管已经枯死了许多，毕竟还有活着的。

董事会曾委派一个小组委员会，调查将爱姆垂旅店从萨默维尔迁到一个安静的、半居住性的社区的可能性。合适的迁移地点是：布莱克莱恩、梅德福、奥尔斯顿。但从财务上看，迁移是不可行的，因而搬迁的想法被打消了。

一天，一位名叫威尔逊的先生来找爱姆垂旅店的经理——彼得斯夫人，表示他的公司（一家建筑开发承包公司）愿意买下爱姆垂旅店。这个情况太突然了。爱姆垂旅店并未公开对外宣布过想要搬迁。彼得斯夫人当时回答道，她从来没想过卖旅店；但是如果价钱合适，董事会也许会考虑。威尔逊告诉她，如果有成交的可能性，他以后愿意继续谈这笔交易。

董事会委派史蒂夫去办理这项交易。当然，任何协议都必须经过董事会的正式批准；否则，任何具有法律约束的交易都将无效。

---

① 雷法. 谈判的艺术与科学 [M]. 宋欣，孙小霞，译. 北京：北京航空学院出版社，1987：29-38.

2. 了解谈判对手

史蒂夫找到他的朋友——一位谈判专家帮忙，看看他应该怎样与威尔逊先生取得联系。联系的方式其实也是某种信息的传递，理想的方式是要向对方传递己方有交易的意向但并非很迫切的信息。他们决定先给威尔逊先生打个非正式电话，邀请他在一个酒吧坐一坐。他们决定在第一次会谈中先不谈任何财务问题，只是去试探一下威尔逊的看法，也不告知对方董事会有成交的意向，之后坚持要自己付自己的账单。

根据首次会面的结果和对威尔逊商业往来所作的一些深入调查，史蒂夫确认威尔逊是一位有信誉的守法商人。史蒂夫认为，威尔逊的公司想买爱姆垂旅店，可能是想在这里建造公寓。威尔逊希望马上讨论价格问题，而史蒂夫需要两个星期来做些谈判准备工作。所以他借口说，他需要得到董事会的批准，才能开始实质性的谈判。

3. 明确己方的利益，探测对方利益，设定适当的谈判目标

谈判的利益和目标是谈判准备工作的重点。在接下来的12天里，史蒂夫做了几件事。首先，他想要确定爱姆垂旅店最低限度的价格。这一价格取决于是否可以找到合适的搬迁地点，所以很难确定下来。史蒂夫得知，在所有以前曾确定的地点中，位于梅德福和奥尔斯顿的两个地点还是可以用一个合适的价格得到的。史蒂夫分别和这两块房产的所有人谈过了，得知：梅德福的那块房地产可以以175 000美元的价格买来，奥尔斯顿的那块房地产可以以235 000美元的价格买来。

史蒂夫断定，爱姆垂旅店搬迁到梅德福至少需要220 000美元，搬迁到奥尔斯顿则至少需要275 000美元。这笔钱包括搬迁费、小修费、保险费等。奥尔斯顿的那个地点比梅德福的那个地点好得多，而梅德福的那个地点又比现在爱姆垂旅店的地点好。所以史蒂夫决定，他的保留价格是220 000美元，低于这个价格他就不干了，而且盼望能高一些——足够买下奥尔斯顿那块房地产。这个简单的调查研究花费了他大约6个小时的时间。

史蒂夫下一步又调查了，如果在市场上公开销售，爱姆垂旅店的售价是多少。通过考察附近地区的销售价格，以及与本地的房地产经纪人和房地产专家的谈话，他了解到，爱姆垂旅店可能大约仅值125 000美元。他觉得：如果没有威尔逊参加，它的售价在110 000美元~145 000美元之间的概率是50%，并且售价低于110 000美元和售价高于145 000美元的可能性是一样的。多么令人失望呀！这项调查又花费了他4个小时的时间。

　　威尔逊那方面有什么情况呢？很难判断他的保留价格，即威尔逊愿意出的最高价格。史蒂夫和他的朋友都没这方面的专业知识。他们请教了一些房地产专家，还询问了波士顿地区的两家承包商。他们指出，售价的高低很大程度上要取决于这些开发者的意图，能够允许其在这块地基上建造多高的建筑物，以及是否还要买别的地基。史蒂夫发现，后一个问题的答案是肯定的。事情要比以前所想象的复杂得多。他们进行了10多个小时的调查之后，得出结论：再不能对威尔逊的保留价格含含糊糊，而应作出估计了。在还有两天就要进行谈判之前，史蒂夫断定，威尔逊的保留价格是在275 000～475 000美元之间。

4. 制定适宜的谈判策略

　　作了这些准备后，史蒂夫和他的朋友一起讨论了应采取的谈判策略。史蒂夫考虑到在会谈中需要一位助手帮助提些法律细节方面的建议，于是邀请哈里·琼斯参加谈判。哈里·琼斯是一位律师，以前曾是爱姆垂旅店董事会会员。琼斯接受了邀请。大家一致商定，只由史蒂夫一个人去谈价格问题。彼得斯夫人负责协助讨论有关城镇之间旅店的重要社会作用和证实爱姆垂旅店的搬迁将对城镇造成的负面影响。

　　史蒂夫应采取什么样的开局策略？谁应当首先报价？如果威尔逊坚持让史蒂夫首先报价，史蒂夫应该怎么办？如果威尔逊首先报价，史蒂夫应该怎样还价？有没有什么明显的圈套应该避免？

　　史蒂夫希望威尔逊首先报价；如果不成功，或不得不先报价，他就使用大概的价格750 000美元，但他准备使这个报价有较大的灵活性。史蒂夫曾想过一开始就报出400 000美元，并在一段时间里坚持不变。史蒂夫的朋友告诉他，一旦双方的报价都拿到桌面上来，那么自然可以预料到，最终的合同价格就在这两个报价之间。假如威尔逊的报价是200 000美元，史蒂夫的还价是400 000美元，则最终价格一般为300 000美元。当然，这个价格要在可能达成协议的范围之内，即在史蒂夫（卖方）和威尔逊（买方）的真正保留价格之间。作为先开价者，史蒂夫认为最后能卖到350 000美元就很不错了，而且他当然记得自己的保留价格只是220 000美元。他们曾经商量了时间的作用。现在，若威尔逊最近的报价高于220 000美元，史蒂夫是否应该离开谈判桌，暂停谈判？他的朋友提醒史蒂夫，对这个问题没有客观的标准。他将面临一种典型的不确定情况下的决策问题。此外，在试探了威尔逊的态度之后，再对他的保留价格作出估计，会比以现有资料作出估计有用得多。暂停谈判的危险在于，休会期间，威尔逊可能会继续寻求别的机会。

5.报价、讨价还价与让步

当第一轮谈判结束后，史蒂夫认为他简直经历了一场灾难，而且往下想，他甚至不敢断定会有第二轮谈判。看来威尔逊不会把他的报价提到爱姆垂旅店的保留价格以上了。

谈判一开始，双方说了几句幽默的笑话和客套话。接着威尔逊就说："请告诉我，你们能够接受的最低条件是什么，好让我看看是否能再做点什么。"史蒂夫早已料到了这样的开场白，没有直接回答，他问道："为什么不告诉我们你愿意出的最高价格，好让我来看看是否能再削减点价格。"幸运的是，威尔逊被这个答案逗乐了，他最后报出了他的开盘价格125 000美元，而且首先讲了在萨默维尔那个地区许多房地产买卖的实例作为支持他的证据。史蒂夫立即回答说，爱姆垂旅店完全可以卖得比这个价格高，再说他们一点儿也不想搬迁。只有当他们能够搬到更安静的地方去时，他们才可能考虑搬迁；但是在环境安静的地方，房地产价格是很高的。史蒂夫最后提出，只有售价600 000美元，才可能抵消这次麻烦的搬迁。

史蒂夫之所以选择这个价格，是因为他心里盘算着150 000美元和600 000美元的中间值，高于所盼望的350 000美元。威尔逊反驳道，这个价格根本不可能被接受。双方让了一点儿步，最后决定休会。双方都暗示，他们将再作一些调查。史蒂夫找他的朋友商量，应怎样重新评价和判断威尔逊的保留价格所用的分布函数。史蒂夫的明确印象是，600 000美元实际比威尔逊的保留价格高得多。他的朋友提醒他，威尔逊是这方面的老手，假如他的保留价格比600 000美元高，他就会引导史蒂夫向别的方面想问题。他们决定等一星期以后，史蒂夫告诉威尔逊，爱姆垂旅店董事会愿意把价格降到500 000美元。

但是两天以后，史蒂夫接到了威尔逊的电话。他告诉史蒂夫，他的良心受到了谴责。他做了一个梦，梦到彼得斯夫人和她给这个世界带来的社会福利。他被感动了，尽管不是出于商业上的考虑，他还是应该将他的价格提到250 000美元。史蒂夫忘乎所以了，脱口而出："现在这个价格比较接近了！"但是他马上恢复了镇定，说他相信他能说服理事会把价格降到475 000美元。他们商定两天后再次会见，并希望那是最后一轮谈判。

刚与威尔逊通完电话，史蒂夫就告诉他的朋友，他没留神，让威尔逊知道了250 000美元的报价就足够了，但是他觉得475 000美元也较接近威尔逊的保留价格。他们进一步商定了以后应采取的谈判策略，还修正了一些概率估计。

在以后的两天中，双方各作了一些让步。威尔逊逐渐地将报价提高到290 000美元，最后停在确定的报价300 000美元上。史蒂夫则从475 000美元降到425 000美元，又降到400 000美元。然后，当威尔逊强硬地停在300 000美元时，史蒂夫又"费力地"降到了350 000美元。史蒂夫最后停止了谈判，并告诉威尔逊，他将必须与董事会的主要成员取得联系，看看是否可以突破350 000美元这个界限。

现在300 000美元不仅突破了史蒂夫的220 000美元，而且使爱姆垂旅店有可能买下奥尔斯顿的房地产。威尔逊将会把价格提高到300 000美元以上吗？史蒂夫认为即使会，也需要一些保全面子的借口，这样威尔逊可能提高报价。但迫使威尔逊提高价格，也存在风险，如果威尔逊还进行着别的类似交易，那么一旦成交，威尔逊很快就会放弃爱姆垂旅店的交易。

随后，史蒂夫做了两件事。

首先，为了准备购买奥尔斯顿的那块房地产，他请哈里·琼斯为签订一份合法的合同而作全面细致的准备。琼斯第二天就汇报说，除了需要超出原预算再花费20 000美元，对房子作一些必要的修理，以达到奥尔斯顿的防火标准外，一切都与原计划一样。300 000美元仍然能满足这个需要。

其次，史蒂夫和彼得斯夫人商量，爱姆垂旅店可以用余下的钱干点什么。彼得斯夫人说，任何一笔额外的钱都应拿出一半放入"财务援助基金"之中，这个基金是为了帮助那些不能完全负担起爱姆垂旅店的住宿费的旅客的。她还要用这笔钱来买一些"必要的奢侈品"，为此她列了一张清单，结果是10 000~20 000美元就足够了。

6.成交前不忘最后的获利

第二天，史蒂夫给威尔逊打了一个电话，向他解释说，旅店对是否接受300 000美元的报价有不同意见（这当然是实情）。"您的公司能不能再多出一点儿？若咱们的买卖做成了，您的公司能否免费为爱姆垂旅店新买的房子做相当于30 000美元或40 000美元的维修工作？要是这样的话，我可以接受300 000美元的报价。"威尔逊回答说，他非常高兴董事会能明智地接受他300 000美元的慷慨报价。史蒂夫没说什么。接着，威尔逊又解释道，他的公司有一项一贯的政策，就是不让自己卷入免费承包这种限制性的交易之中。他并不想让史蒂夫难堪，但是这个建议根本行不通。

"那么好吧，"史蒂夫回答道，"如果您的公司能为爱姆垂旅店提供一笔免税的赞助，比如说40 000美元的赠款，这笔钱将放入旅店的'财务援助基金'中，专供急需的旅客之用，这也确实是一种帮助。"

"噢，这倒是个好主意！40个格兰德（grand，美国俚语，1 000美元）太多了，但我可以问问我们的律师，是否捐赠20个格兰德。"

"25个怎样？"

"好吧，就25个。"

结果，根据法律，威尔逊的公司要直接付给爱姆垂旅店325 000美元。这样威尔逊既保全了面子，又巧妙地突破了他自己的最终报价，而爱姆垂旅店通过曲折的道路充分满足了自己的需要。

7. 思考题

❶ 史蒂夫的谈判目标是如何确定的？

❷ 己方谈判目标的确定是否要参考对方的谈判目标？

❸ 结合本案例，如何认识"信息是否占有优势决定着谈判实力"这一谈判原理。

❹ 通过本案例的学习，你对高报价和讨价还价有何进一步的认识？

9.2.3 客观标准的力量①

1. 谈判背景

在某市郊区F村有一个C厂，在计划经济年代是一家军工厂，建成于20世纪60年代，主要生产玻璃纤维、头盔、覆铜板等产品。由于工艺上的原因，该厂生产过程中产生了工业废水，污染了F村的饮用水水源和部分农田。作为补偿，该厂免费向周围的农民供应自来水。人们不珍惜免费的资源，用起水来很大方。F村有100多户人家，共有800人左右，C厂每个月免费给农民提供自来水7 000多吨，费用接近4 300元。在计划经济年代，C厂无须成本核算，自来水供应有很大的漏洞，也无人问津。

到20世纪80年代末，C厂具有独立法人资格，实行自主经营、自负盈亏，自来水就不再是一个可以忽略的问题了。为降低成本、改善管理，该厂专门成立了自来水谈判小组，以妥善解决自来水浪费严重、负担过重的问题；同时，要避免和农民发生纠纷，维持良好的关系。

2. 谈判遇阻

谈判小组与农民接触了几次都是不欢而散。为此，谈判小组成员绞尽脑汁，冥思苦想，先后拿出过大大小小20多种解决方案。这些方案大致可以归纳为

---

① 根据作者对当事人的采访整理而成。

三类：

❶ 解决农民就业问题。保证长期雇用工人不少于20人，每年临时用工优先考虑且不少于10人，以此作为自来水按市价收费的交换条件。

❷ 一次性补偿。一次性付给F村20万元，此后不再有赔偿关系。

❸ 按市价优惠收费。按市价收费，作为补偿，每吨按市价的20%~30%予以补贴。

在一年多的时间里，双方进行了多次谈判。农民一次一次地否决了20多种方案，提出他们的损失难以估算，免费供应自来水是应该的，没有额外的赔偿已经是很宽容了。有时农民还很激动，方案刚一提出，对方连思考的时间都没有就立即强烈地反对。农民的逆反心理和对抗情绪十分明显，谈判没什么效率和效果。期间农民的安全感受到威胁，工厂的经济效益也受到影响，双方都处于焦虑之中。

3.绝处逢生

期间，一次偶然的机会，谈判小组的一个成员在市自来水公司看到一份数据统计报表，得知本市居民每月每人平均消费自来水的数量为2.75吨，于是，谈判小组请自来水公司出具一份本市居民人均每月用水量的证明，然后围绕着这个第三方的客观数据制订了一个解决方案。

（1）己方的利益

C厂向F村村民按照每人每月2.75吨的标准免费提供自来水，超出部分按照自来水公司的收费标准代为收取；工厂负责安装水表和水管改装的一切费用。这样算下来，C厂每月用于这部分的费用可以由原来的4 000多元降到1 300多元。

（2）对方的利益（也是双方的共同利益）

C厂和F村虽然在自来水问题上有利益的对立，但双方在总体上还是有很多共同利益的。工厂兴旺了，部分村民可以有稳定的工作，收入有保证，自来水可以继续使用。如果工厂因为负担过重最终倒闭了，有些村民的家庭收入就没有了，免费自来水也无从谈起了。

C厂的谈判小组拿着这个谈判方案再次约见了F村的谈判代表。和以前一样，C厂的谈判代表并没有什么信心，他们已经习惯了对方一贯的逆反心理和抵抗情绪，估计对方看到这个方案之后很有可能会不加思考就立即反对。可是这次的情况出乎意料，F村的谈判代表看后，没有立即反对，而是默默无语，最后表示这个方案是可以考虑的，由于事关重大，需要回去和村民充分协商。于是，双方约定明日继续谈判。

在第二天的谈判中，经过C厂谈判代表的进一步解释和确认，村民代表非常爽快地答应了C厂提出的解决方案的全部条款。这对C厂谈判代表来说，大大地出乎意料，以至于有点措手不及。谈判进行得很顺利，最后双方皆大欢喜，结束了一年多的马拉松式谈判。事后，C厂的一位谈判成员感慨地说："早知道是这样的过程，我们当初直接找自来水公司出具一份市民人均用水量的证明，岂不是可以省去很多时间、金钱和精力了！"

4. 思考题

❶ 结合本案例，谈谈你对客观标准的认识。

❷ 为什么客观标准才最具有说服力？

❸ 通过本案例的学习，你对如何寻找和利用客观标准有何新的认识和体会？

9.2.4　2009年煤电谈判①

1. 谈判背景

煤炭作为基础性资源，2001年以前一直由当时的国家计委确定指导价；从2002年开始，国家取消电煤指导价，煤价开始真正进入市场化。火电企业是煤炭企业的大户，为回避市场行情的波动，确保稳定的供应，电煤的供应量和价格是由双方协商确定的，每年双方都要就下一个年度的煤炭供应进行谈判。2009年全国煤炭产运需衔接合同汇总会于2008年12月20日至27日在福州召开。这是中国最大规模的煤炭企业和火电企业两大阵营的煤炭销售合同谈判。各个煤电企业分别就双方的煤炭交易条件达成协议。

在需求的强力拉动下，2004年以来，国际煤炭价格进入了加速大幅上涨阶段。到2007年年末，各主要煤炭价格都较1997年上涨了50%以上。进入2008年，这一单边涨势更演绎到了极致：煤价在第二季度进入加速上涨时期，在第三季度达到历史高点。然而"好景"不长，受国内经济周期下行和全球金融危机双

① ［1］杨婧. 煤荒背后凸显"煤电之争"电力煤炭行业角力［EB/OL］.（2003-12-08）［2022-03-02］. https://news.sina.com.cn/o/2003-12-08/09151284763s.shtml.［2］胡东林. 供过于求　2009煤价跌回两年前［N］. 中国证券报，2008-12-22.［3］严钰. 自产自用，电企下一步将并购小煤企［EB/OL］.（2008-12-29）［2022-03-02］. http://www.eeo.com.cn/industry/energy_chem_materials/2008/12/29/125527.shtml.［4］魏珍妮. 煤电价格之争背后是市场和垄断之争［N］. 中国产经新闻报，2008-12-27.［5］纪晨璐. 电煤合同价谈判陷入僵局　冶金煤价格基本确定［N］. 广州日报，2008-12-24.［6］魏珍妮. 煤电斗法［EB/OL］.（2008-12-26）［2022-03-02］. http://finance.sina.com.cn/chanjing/b/20081226/18505691026.shtml.［7］张向东. 煤电双方价格预期相差170元　六日拉锯战面临决裂［N］. 经济观察报，2008-12-27.［8］赵志国. 电煤价格走向市场化　煤电僵局有望迎来拐点［N］. 燕赵都市报，2009-09-25.

重影响，煤炭行业景气逆转。8月份以后，主要耗煤行业需求急剧下降，库存上升，价格下跌，煤炭市场由年初的供应偏紧转变为供需宽松。到第四季度后，煤炭价格进入急速跳水阶段，完成了全年的"过山车"走势。以秦皇岛的煤炭平仓价格行情为例，发热量超过5 500大卡的山西优混，2008年1月末的价格为每吨570元，5月初的价格为620元，但到7月的最高价格竟达到了1 000元，12月初又回落到了570元左右。

2009年1月1日起，煤炭企业的增值税从13%上调至17%①，每吨会增加成本120多元。这是增加的刚性成本，直接对利润造成影响。

2. 双方的谈判立场与目标

煤炭企业希望价格在2008年的基础上再上涨4%左右，用来弥补增值税上调带来的成本压力。由于增值税改革，电力企业可将此增加部分在税前扣除，该部分成本的增加理应向下游转移，因而4%的价格涨幅成为大多数煤炭企业的"底线"。

煤炭企业想提高价格的另一个原因在于，全球金融危机导致煤炭需求锐减，煤炭价格从年初的高涨形势到10月以来的骤降形势，跌幅近半。临近年关，煤炭企业的日子也不好过。煤炭企业希望缩小"计划煤"与"市场煤"的差价。

针对煤企提出的涨价要求，占电煤总需求50%的五大电力集团（中国华能集团公司②、中国大唐集团公司③、中国华电集团公司④、中国国电集团公司⑤、中国电力投资集团公司⑥）表示拒绝。五大电力集团一致认为，2008年煤炭企业处于盈利状态，而火电行业亏损700多亿元。由于钢铁等用电大户限产或停产，用电量大幅下降，导致对煤炭的需求也大量减少，电厂的煤炭库存激增。同时，2008年上半年煤炭价格一直居高不下，导致电力企业单位燃料成本平均增长50%，直接导致电力企业亏损。目前还有大量电煤库存，煤企再涨价是没有道理的。一位电力集团高层也向媒体记者透露，他们初步确定的谈判底牌是电煤吨价在2007年的基础上降低50元。

3. 互探结盟，营造声势，积极备战

近年，因煤炭"供不应求"而掌握价格主动权的煤炭企业，当然不会轻易退

---

① 煤炭采掘业的增值税税率在2018年5月1日到2019年3月31日变为16%，2019年4月1日以后下调至13%。
② 2018年，中国华能集团公司更名为中国华能集团有限公司。
③ 2017年，中国大唐集团公司更名为中国大唐集团有限公司。
④ 2017年，中国华电集团公司更名为中国华电集团有限公司。
⑤ 2017年8月28日，经报国务院批准，中国国电集团公司与神华集团有限责任公司合并重组为国家能源投资集团有限责任公司。
⑥ 2015年5月29日，经国务院批准，中国电力投资集团公司与国家核电重组成立国家电力投资集团公司。2018年，国家电力投资集团公司更名为国家电力投资集团有限公司。

让。煤电双方的价格之争也演变为利用舆论的斗智斗勇之战。一家煤炭企业高管对记者抱怨说，电力集团要求报价降50元，那相当于2006年的价格水平。电力集团这么做其实是给国家施加压力。有消息称，煤炭企业联合向五大电力集团之外的电厂下达"最后通牒"，甚至放出"狠话"："再不签合同，以后连量都不保。"

煤炭企业在2008年12月24日开始高调表示其对价格已基本达成共识。煤炭企业对涨价显得信心十足，因为会场外的秦皇岛煤价还在500元以上的高位震荡，部分品种超过了600元。

而电力企业这方阵营也毫不示弱予以"回应"：所谓的外围电力企业（五大电力集团之外的电力企业）几乎都签完了，不过是煤炭企业的虚张声势，想给电力企业施压，瓦解电企联盟。煤炭企业所签的合同基本上是"有量无价"的合同，即价格条款是"随行就市"，以及"未尽事宜以补充合同为主"。会议第二天的晚上，煤炭企业接连不断地举办各种欢迎酒会。不过，出席这些酒会的客人当中，很少能看到电力企业的代表，煤炭企业和贸易商开始结盟。相比之下，电力企业人士则沉静了不少，他们通过调换房间，扎堆住在了一起。他们轻易不出门，但早早地给出了价格信号。河南省电力公司人士说："电煤的价格绝对不能再涨了，今年发电全行业亏损，而且经济大势不好，电力目前已经过剩。"

在煤炭阵营涨价方案提出后的两天里，没有任何一份合同以这个价格成交。作为电厂主要代表的五大电力集团更是对这一报价绝口不谈。五大电力集团"抱团"，咬定降低50元/吨不放松。"我们能接受的价位是经测算的盈亏平衡点或说微利的价位。""我们一定要保证2009年不亏损，降50元是我们的底线，实在不行我们就买市场煤，市场煤价格说不定将来更低。"一家电力集团代表对记者说。

河南电力公司的人士说，电力企业现在库存量很大，河南任何一个电厂的煤炭库存至少都能坚持到2009年2月初，而各地的用电量又都在下滑，很多电厂都停炉，所以大家都不着急。

4.价格摊牌，激烈博弈，陷入僵局

12月25日，在双方报出自己的价格底线后，大家发现彼此的差距如此遥远。煤炭企业不再对价格遮遮掩掩。山西同煤集团5 000大卡的煤炭报价达到520元，5 500大卡的煤炭价格达到了560元。其他地方的煤矿纷纷以此为参照定价。河南焦煤集团的一位高层说，他们的报价是每100大卡不能低于10.5元的标准。"这是我们通过税收、环保、人力等各种成本仔细核算后得出的标准，低于这个价格煤矿就是亏损。"按照这一标准，焦煤集团对5 000大卡的报价为525元。

面对煤炭阵营的摊牌，电力阵营以强硬的姿态回应。来自广东电厂的代表对

他的同事说："如果是这个价，我们明天就可以回家了。"他们的底线是在去年380元的基础上适当降价。河南电力公司的经理说："目前全国几乎所有电厂，没有任何一家是满负荷运转的，电根本卖不出去。"这一报价让电力企业基本放弃了合同谈判。

电煤双方博弈激烈，价格分歧超百元，双方对谈判结果持悲观焦虑态度，五大电力集团部分人员已陆续撤离。截至12月26日，双方对价格的坚持仍没有出现任何缓和的迹象。一些企业已经离开福州，其中包括部分地方铁路部门。此前，一些地方铁路部门曾按照计划召开铁路运力分配协调会，结果发现，完全不用协调了，因为几乎没有合同，而部分草签的合同上也根本没有确定价格。

煤电双方对2009年大形势的判断有明显差距。电力企业认为，国际原油价格不断降低，2009年第一季度的期货价格已经跌到35美元左右，2009年包括煤炭在内的国际能源价格会继续走低。煤炭企业认为国家已经开始大举刺激投资了，2009年肯定会是一个好形势。

冶金和化工用煤比较顺利，有小幅上涨。但由于五大电力集团均未签订合同，合同量不足50%。据悉，订货会结束后，不会延期或再设会场供双方谈判。在经历了结盟、互为试探，直到最终摊牌，煤炭和电力企业才发现，彼此能够接受的底线相距如此遥远——对未来经济走势判断的不同，导致双方的价格预期相差170元。

谈判的崩盘是政府最不愿意看到的结果。在2004年年底的全国煤炭会上，由于最终谈崩，造成合同"有量无价"，发改委最后出面，于2005年4月发文，确定了8%的价格涨幅。2008年的煤炭订货会上，5天时间签订重点合同总量9.86亿吨，超出发改委计划运力2亿吨，价格上涨10%。发改委的文件显示，2009年订货会预计电煤合同汇总总量为6亿余吨，五大电力集团订货量为3亿余吨，占50%以上。五大电力集团亮出的谈判底牌是，2009年的合同电煤价格要比2008年下降50元/吨。而神华、中煤等煤炭企业提出了涨价10%以上的要求。2009年煤炭订货会占合同煤需求一半以上的五大电力集团没有签订任何合同，最终双方在政府协调下签订合同的可能性比较大。

不过，这次政府的立场依然站在市场一边。发改委的官员对记者表示，政府绝不插手干预。我们只能呼吁，双方尽量要合理定价。僵持了半年多的煤电谈判后来无果而终，发改委自始至终都没有像以往那样出面调和与表态。

截至2009年4月20日，全国电煤市场"风向标"——秦皇岛港煤炭价格又有小幅上涨，其中发热量6 000大卡的大同优混煤种每吨平仓报价为600~620元。煤电谈判虽然没有签订最终协议，但从大多数电厂与煤企自主协商的结果来看，电厂仍然默认了煤企年初谈判时报出的价格涨幅，这意味着煤企在事实上赢得了这场煤电价格谈判。

5.思考题

❶ 在煤电谈判正式开始之前,双方都放出"狠话",其用意何在?体现了什么谈判原理?

❷ 谈判中要想说服对方需要做很多准备工作。结合本案例,你认为哪些准备工作比较重要?

❸ 运用所学的谈判理论,指出双方都使用了哪些谈判常用的方法和技巧。

9.2.5　一次罢工谈判的记录[①]

广东一家汽车零部件有限公司(以下简称 A 公司)的工人为争取公平待遇,从 5 月 17 日开始罢工,劳资双方经反复交涉,终于在 6 月初经过艰苦谈判签订了劳资集体协议,罢工事件落幕。

从罢工发起到谈判结束,历时半个月之久。这是一起在中国劳动关系发展过程中具有标志性意义的劳资争议事件。事件的发展和结束始终行进在法律的框架之内,是此次事件最主要的特点。它与前后发生的一系列事件,显示出中国的劳资关系和经济模式处于深刻的转折当中。如何正确把握和处理此类事件是我们必须面对并解决的现实问题。而 A 公司罢工事件的处理和解决为其他类似事件的处理树立了一个典范。

某大学教授 C 作为 A 公司工人一方委托的法律顾问,直接参与了罢工事件的解决过程。其助手对工作作了记录,让我们既看到了新一代工人如何组织、行动和进行谈判,也近距离观察了企业和地方政府对工人罢工行为的应对,深感其中蕴含着许多重要的时代变化。

1.接受罢工工人委托

C 教授一天接到 A 公司罢工工人谈判代表团的联系人小李打来的电话:"我们在这次罢工中遇到许多法律问题搞不清楚。资方的律师说我们违法,我们认为是他们违法,但不知如何反驳他们。您是著名的劳动法律专家,我们希望您能在法律上给我们帮助。"

事出突然,但略作考虑之后,C 教授决定接受罢工工人的请求,担当罢工工人的法律顾问。这些年来,"集体劳动争议法律规制"是他主持的一个重要的研

---

① 伊夫,徐多. 亲历一次罢工谈判 [J]. 时代风采,2010(9):16-18.

究项目，并由此接触到多种不同类型的工潮，工人、企业和地方政府的处置方式各异，结果各不相同。他希望此次罢工事件能在法制的轨道上顺利解决，并给我国正确处理集体劳资争议提供良好范例。但同时，C教授也明确向小李提出，只有接到工人们的正式的书面委托后，他才可以介入这次事件。6月4日，A公司工人传真过来一份简要的正式委托书：

委托书

因在近期我公司停工事件中，劳方急需法律顾问的援助，经劳方代表商量，一致决定，现特委托××大学教授C，作为我公司劳方法律顾问。

特此声明。

委托人：劳方

（8位代表签名略）

委托日期：202×年6月4日

小李打来电话解释说，因为许多代表不在班上，当时只能联系到这些代表签名，但大家在电话中对委托一事均表示同意。

接到委托书后，C教授立即乘飞机奔赴A公司，以工人法律顾问的身份，参加4日15点开始的谈判。这次谈判很重要，将决定这次集体劳资争议的走向，是和平解决还是扩大事态。

2. 联手确定谈判原则

飞机降落在机场时，已经是15点了。谈判就要开始了，而A公司距离机场至少还有40分钟的路程。C教授对小李说，工人可以先谈，但要通知企业，劳方的法律顾问马上就会赶到谈判现场。他特别提醒小李，将法律顾问的行程事先告诉以调停人的身份出席谈判的A公司总经理。C教授希望在介入谈判前，能够先和他作一些沟通。

接近16点，C教授和助手赶到A公司门口。他们先赶到谈判场所旁边的一间办公室，总经理正在那里等候。看到教授到来，他兴奋地迎上来握手，又简单寒暄了几句，就切入正题。

虽然对C教授能作为劳方法律顾问出席谈判，总经理之前也颇觉意外，但仍希望C教授的参与能给谈判带来新的动力。他已经在劳资双方之间斡旋了三天，显然是由于劳累和压力，双眼布满血丝。

从历史的经验看来，罢工永远只是一种解决问题的手段，而不是目的本身。

不管是工人还是企业，都希望能够尽快达成协议，结束这种非常状态。但因为利益对立，劳资谈判往往容易陷入僵局，缺乏动力向前推进。这时来自外界和第三方的斡旋力量才能发挥四两拨千斤的作用，推动转机的出现。

C教授对总经理说，罢工应该在法制的轨道上结束，结束的条件是企业要解决工人的合理要求。但是作为"合理要求"的标准，不应该单方确定，而应该双方协商谈判决定。既然是谈判，双方都要妥协，才可能谈判成功。

他出示了罢工工人的委托书，表示自己介入此次事件的身份只是法律顾问，而不是谈判代表。因工人谈判代表需要工人选举产生，C教授作为法律顾问，将以法律为依据，帮助和指导工人代表在谈判中争取自己的合法权益，并要理性对待谈判，促成谈判双方的理解和妥协，以便达成协议。

"通过谈判来结束罢工对于劳方和资方都是一个明智的选择。"C教授希望资方也能采取这种态度。总经理对此表示赞同，并说经过他的斡旋，企业已经提出一个新的增加工资的方案。目前这个方案已经远远超出了当地机械行业的平均工资水平，但工人似乎不能接受。他认为这个方案已经是资方的底线了。同时，作为一家大型企业的老总，他也担心，如果A公司工人的工资提高得过多，将会影响整个行业的工资，企业很担心最终承担不起。下一步如何进行，他也感到很为难。

C教授对总经理的担忧表示理解，但他认为，地区的平均工资当然是一个参照，但具体到A公司，工资水平应该根据企业的实际状况，由双方来谈判确定。总经理对此表示认同。在此基础上，两人又具体商议了增加工资方案的细节内容，约定下一步的谈判以此为基础，争取劳资双方在互相理解的基础上获得一致。

随着大家达成一些共识，双方对于谈判前景更有了信心。企业老总兼斡旋人与劳方法律顾问在谈判原则上的一致，为谈判的进展奠定了基础。

3. 劳资双方的谈判阵容

在谈判现场，政府劳动部门的代表、当地人力资源社会保障局局长坐在中间位置，作为中间方主持会议。两旁分别为劳方和资方谈判人员。双方各派5名谈判代表，其中一人为首席代表。

劳方的代表是6月3日晚上和4日上午推选出来的。由于以前16名谈判代表是临时推选的，在代表性上不够广泛，政府劳动部门建议重选代表，以便这些代表更具有合法性。这次4个车间3个班次的工人推选出的代表共30人，其中首席谈判代表为现A公司管理科长兼工会主席W先生。将W先生作为谈判代表，是政府劳动部门建议的。其理由是，法律规定企业集体谈判应由工会代表工人，尽管罢工工人提出了"重整工会"的要求，但是在现工会没有重整之前，让现任工会主席作为谈判代表，可以保证谈判程序和结果的合法性。谈判工人代表团认可并接受了这一建议。

另外4个谈判代表是从30名代表中选出的，其他26名代表列席会议。这些工人都是一线工人，大部分是90后，中专学历。联系人小李也是谈判代表。这个腼腆的姑娘今年才19岁，从学校来厂实习期满后成为正式工人。

工人代表有着罢工工人的强力支持，但对于谈判技巧和谈判策略并不熟悉，很多人脸上还没有脱去年轻人特有的稚气。很显然，谈判中的双方所拥有的专业资源，处于一种很不对等的状态。

劳方法律顾问和助手进入会场时，谈判正在休会。劳方代表正在讨论此前总经理斡旋后的方案。

工人代表见到C教授和助手赶到，纷纷起立鼓掌欢迎。C教授首先向全体代表确认，自己只是作为劳方的法律顾问参与谈判，而不是谈判代表，对此大家一致同意。关于谈判，他对工人说，必须讲究策略，在瞄准最高目标的同时，也要有心中的底线。因为谈判是妥协的过程，如果双方都固执己见，谈判就不可能成功。大家已经坚持这么长时间，资方能坐下来与劳方谈判，这已经是巨大的成果。

"我们要尽力争取提高更多的工资，但也必须考虑到企业的接受程度，"C教授说，"关键是资方必须承认工人的地位和权利。"工人对此表示认同。

4. 一段"罢工"插曲

正在这时，厂房有消息传来：由于迟迟等不到谈判的结果，变速箱组装车间工人停产了。当时是17点左右，谈判已进行两个小时。这一意外使得谈判场上的人们面面相觑，气氛马上紧张起来。工人代表由于对谈判方案意见不一，在如何处置这次罢工问题上，也莫衷一是。

C教授对工人代表说："按照国际惯例，在集体谈判进行过程中，工人绝对不能罢工，这种罢工在规则和法律方面都是不允许的。这一点必须明确，我们应该组织工人马上恢复生产；否则，谈判将前功尽弃。"深感此时需要态度明确地说服工人，C教授说："作为劳方法律顾问，要负责保证谈判的秩序，大家必须听从我的意见。"

绝大部分工人代表同意了。马上，小李带领几名代表回到变速箱组装车间，把C教授及谈判代表的意见告诉了车间里的工人，要求他们立刻恢复生产。很快，机器开动，工人复工了。一场虚惊过去，谈判继续进行。

第二轮谈判开始后，劳方不断提出意见。但是这些代表都是临时聚在一起，对于谈判并没有一个统一的目标和计划，只是各自表达自己的意见。对于劳方的意见，资方也无法立即答复。双方只能再次休会，劳资双方回到自己的独立空间继续讨论，以期形成清晰完整的方案。

这种情况并不罕见，也不奇怪。尽管A公司的工人在认知和行动两个方面，都表现出与上一代工人的明显不同，但这些年轻工人也许是生平第一次经历如此重大的公共事务。他们是在一个缺乏公共生活的环境里成长起来的，从小到大的教育要求他们的是服从，服从家长、服从老师、服从上级、服从集体。他们不习惯表达反对，常常被自己的情绪所左右，更不习惯有效地进行提案、辩论和表决，所以往往无法在短时间内达成共识。

C教授召集大家坐下来，告诉他们，目前的问题是意见过于散乱，因此必须调整策略。首先，要明确主要的诉求，解决最主要的问题；其次，要明确意见表达的程序。如果大家无法取得一致意见，则需要通过投票决定，少数服从多数。另外，关于谈判的具体策略和技术也要明确。

关于主要诉求，代表们经商讨整理出四个主要问题：一是工资总额问题；二是工资增加的部分是作为奖金，还是纳入基本工资；三是工龄工资问题；四是重组工会。

C教授作了简要的分析。首先，重组工会是工人自己的事情，没有必要经资方同意，因此工会重组与这次谈判没有关系。至于工龄工资问题，年功序列工资制是该外企劳动制度最基本的特色，可以提出在中国实行，但大家没有具体的实行方案，建议这个问题在这次会上提出议案，留待下次谈判解决。这次谈判最重要的应该是第一和第二个问题。

对于增加的薪酬是计入奖金还是作为基本工资，代表们的意见有分歧，最后决定投票决定。30个代表，按照意见不同分别站在两边，弃权者站在中间。表决结果，同意加入基本工资的占绝大多数，按照少数服从多数的原则，选定这一方案。

关于谈判策略，C教授提出的意见也得到了大家的认同。这就是，在资方同意增加的500多元中，要尽力争取更多地作为基本工资。对此，大家要有一个争取的目标，但也要有一个底线。谈判就是讨价还价，所提的目标只是要价，对方也要压价。大家要据理力争，坚持底线。在此基础上，大家确定了具体方案，由总经理和C教授先与资方进行非正式沟通。

资方在另一间屋子里。C教授和斡旋人走过去，提出了劳方的加薪方案。资方谈判代表耳语几句之后，没提任何意见，完全同意这个方案。他们看起来非常疲惫，目的也很明确——尽快签订劳资集体协议，结束罢工。

结果如此顺利，出乎工人代表们的意料。当C教授回到工人代表的房间向大家报告这一消息后，他们都欢呼起来。

5. 顺利签订集体合同

第三轮谈判正式开始后，工人代表正式提出增资方案：1 544元（原工资）+300元（基本工资）+66元（奖金补贴）+134元（年终奖金）。这一方案资方正式表示接受。同时，具体实施时间回溯到5月——也就是工人罢工的当月。关于奖金发放的时间和方式，也达成一致意见。工龄工资问题也被提出，资方同意作为下一次谈判的议题。

即将大功告成，会议主持人最后问双方还有没有提议。C教授代表劳方提出，资方对罢工工人不得追究责任，参加罢工不能影响工人今后的职位提升和发展，这是解决罢工问题的国际惯例，应该明确地写入协议。对此，资方表示可以接受，将资方不追究停工工人的责任写入协议。

C教授进一步提议，劳资双方应以此为契机，在法制的基础上，建立工资增长与劳动关系协调机制，通过制度来解决劳资矛盾，在保证工人合法权益的基础上，促进企业更好地发展。

会议主持人宣布打印协议文本，准备签字。协议书生成之后，资方首席代表又表示，C教授强调的运用法律解决劳资矛盾并建立劳动关系协调机制的意见非常重要，应该写到协议中。这一提议劳方完全同意。工作人员马上重新生成了新协议文本。

在谈判之前，资方强调谈判全程不允许拍照或录像。但C教授建议，谈判应该留下视频资料，特别是成功达成了协议，更应该留影纪念。大家纷纷表示接受。合影后，资方谈判代表频频向C教授鞠躬致敬。政府代表也向C教授表示感谢，得知C教授一行完全是自费来广东时，坚决要承担此行的所有费用。

列席会议的劳方代表们此时也纷纷围拢过来，逐个与C教授握手。在30名劳方代表的簇拥下，C教授与他的委托者们合了影，小李就站在他的右边。

此时，已是6月4日21点许，距谈判开始时间已过去6个小时。持续10余天的集体劳资争议宣告结束。

从广东回到北京，C教授与助手一直在思考，是什么促成了谈判成功。

工人的集体行动是促成谈判成功的最主要因素。而当地政府处理事件的正确方针、资方在谈判中的诚意以及斡旋人卓有成效的调解，都是谈判成功的重要因素。C教授一直所主张的"理性对待，法制解决"成为劳资关系各方的共识。这次集体劳资争议的顺利解决，正是各方"理性对待，法制解决"的结果。

唯一让人感到遗憾的是工会在事件中的角色。C教授决定接受工人委托后，曾与多级工会打招呼，希望他们能派员参与工人的法律顾问团，但没有得到任何积极的回应。看起来，工人提出"整改工会"并不是没有道理的。

6. 思考题

❶ 这是一个非常好的教学案例，谈判的基本原理和方法几乎都能在案例中找到对应的运用。尝试着找出至少5个谈判理论原理对应的具体运用情节。

❷ 参照此案例，回顾总结自己某次类似的经历（成功或者失败的都行），或者对即将面临的一次谈判，做一个准备方案。

主要参考文献

[1] 毛国涛，田华．商务谈判［M］．2版．北京：北京理工大学出版社，2018.

[2] 王军旗．商务谈判——理论、技巧与案例［M］．5版．北京：中国人民大学出版社，2018.

[3] 周忠兴．商务谈判理论与实务［M］．3版．南京：东南大学出版社，2018.

[4] 列维奇，巴里，桑德斯．商务谈判［M］．程德俊，译．6版．北京：机械工业出版社，2016.

[5] 王建明．商务谈判实战经验和技巧——对五十位商务谈判人员的深度访谈［M］．2版．北京：机械工业出版社，2015.

[6] 代桂勇．商务谈判［M］．北京：北京理工大学出版社，2014.

[7] 袁其刚．国际商务谈判［M］．2版．北京：高等教育出版社，2014.

[8] 袁其刚．商务谈判学［M］．北京：电子工业出版社，2014.

[9] 张煜．现代商务谈判［M］．成都：西南财经大学出版社，2013.

[10] 陈媛媛，王爱君，晏祎．商务谈判［M］．北京：中航出版传媒有限责任公司，2012.

[11] 方其．商务谈判——理论、技巧、案例［M］．3版．北京：中国人民大学出版社，2011.

[12] ANG T，姜旭平．双赢谈判课堂［M］．上海：上海交通大学出版社，2008.

[13] 刘园．国际商务谈判［M］．2版．北京：首都经济贸易大学出版社，2007.

[14] 乔淑英，王爱晶．商务谈判［M］．北京：北京师范大学出版社，2007.

［15］褚晓飞. 国际贸易实务［M］. 南京：南京大学出版社，2007.

［16］郭芳芳. 商务谈判教程——理论·技巧·实务［M］. 上海：上海财经大学出版社，2006.

［17］沈杰，方四平. 公共关系与礼仪［M］. 北京：清华大学出版社，2006.

［18］费曼. 别逗了，费曼先生——怪才历险记［M］. 王祖哲，译. 长沙：湖南科学技术出版社，2005.

［19］刘平. 商务礼仪［M］. 北京：中国财政经济出版社，2005.

［20］赵春明，郭虹，竺彩华. 商务谈判［M］. 2版. 北京：中国财政经济出版社，2005.

［21］丁建忠. 商务谈判学［M］. 2版. 北京：中国商务出版社，2004.

［22］马克态. 商务谈判——理论与实务［M］. 北京：中国国际广播出版社，2004.

［23］肯尼迪. 谈判的真理［M］. 陈述，译. 3版. 北京：宇航出版社，2003.

［24］李元授. 谈判学［M］. 武汉：华中科技大学出版社，2003.

［25］苏志强. 谈判口才［M］. 北京：海潮出版社，2003.

［26］汤秀莲. 国际商务谈判［M］. 天津：南开大学出版社，2003.

［27］吴金法. 现代推销理论与实务［M］. 大连：东北财经大学出版社，2002.

［28］樊建廷. 商务谈判［M］. 大连：东北财经大学出版社，2001.

［29］陈宪，韦金鸢，应诚敏，等. 国际贸易理论与实务［M］. 北京：高等教育出版社，上海社会科学院出版社，2000.

［30］张海荣. 现代推销理论与技巧［M］. 北京：团结出版社，1999.

［31］ 关兰馨. 第一流的商务谈判［M］. 北京：中国发展出版社，1998.

［32］ 李江. 幽默与谈判［M］. 延吉：延边大学出版社，1998.

［33］ 王洪耘，宋刚，等. 商务谈判——理论·实务·技巧［M］. 北京：首都经济贸易大学出版社，1998.

［34］ 叶奕乾. 普通心理学［M］. 上海：华东师范大学出版社，1997.

［35］ 王德新. 商务谈判［M］. 北京：中国商业出版社，1996.

［36］ 张谦，胡琳瑜. 国际商务谈判［M］. 南昌：江西高校出版社，1996.

［37］ 张元智. 国际通商实务［M］. 西安：西安交通大学出版社，1996.

［38］ 芭荼. 最新经纪人运作手册［M］. 北京：中国发展出版社，1995.

［39］ 郭秀闳，孙玉太，于忠荣. 商务谈判名家示范［M］. 济南：山东人民出版社，1995.

［40］ 刘阳. 商务谈判手册［M］. 北京：企业管理出版社，1995.

［41］ 孙长征，黄洪民，吕舟雷. 公关谈判与推销技巧［M］. 青岛：青岛出版社，1995.

［42］ 修宗哲. 国际贸易实务［M］. 大连：东北财经大学出版社，1995.

［43］ 徐葆耕，齐家莹. 我们都是未解之谜［M］. 北京：光明日报出版社，1995.

［44］ 袁其刚. 国际商务谈判［M］. 济南：黄河出版社，1995.

［45］ 丁建忠，彭荷英. 国际商业谈判的组织与谋略［M］. 北京：中国商业出版社，1994.

［46］ 黄克海，徐高林. 怎样与俄国人做生意［M］. 北京：北京工业大学出版社，1994.

［47］ 卢自民，仵志忠. 现代商贸谈判学［M］. 西安：陕西人民出版社，1994.

［48］李品媛．现代商务谈判［M］．大连：东北财经大学出版社，1994．

［49］黎孝先．国际贸易实务［M］．2版．北京：对外经济贸易大学出版社，1994．

［50］任正臣，庞绍堂，童星．商务谈判［M］．南京：译林出版社，1994．

［51］叶世雄．包装国际惯例［M］．贵阳：贵州人民出版社，1994．

［52］朱美娥，吴宪和．国际商务谈判［M］．太原：山西经济出版社，1994．

［53］张恒杰，张西萍，梅生贵．国际商务谈判要略［M］．北京：东方出版社，1994．

［54］郭秀闳．商务谈判与实务［M］．青岛：青岛海洋大学出版社，1993．

［55］李欣，卿成，曹仲元，等．机关文书写作大辞典［M］．北京：人民日报出版社，1993．

［56］刘向东．关贸总协定与中国企业经营指南［M］．北京：中国统计出版社，1993．

［57］牟传珩．再赢一次——谈判的决策与对策［M］．青岛：青岛海洋大学出版社，1993．

［58］张文俊，魏莉．礼貌修养［M］．北京：中国旅游出版社，1993．

［59］高程德，张国有．企业管理（下卷）［M］．北京：企业管理出版社，1992．

［60］吉福特．法律谈判的理论与技巧［M］．张宏，张西建，张勇，等译．重庆：重庆大学出版社，1992．

［61］王政挺．中外谈判谋略掇趣［M］．北京：东方出版社，1992．

［62］成志明．涉外商务谈判［M］．南京：南京大学出版社，1991．

［63］对外经济贸易大学国际商务教研室编写组．国际贸易实务（新编本）

[M].北京：对外贸易教育出版社，1991.

[64] 李品媛.贸易谈判技巧［M］.大连：东北财经大学出版社，1991.

[65] 彭沉雷，徐幸起.公关礼仪［M］.上海：上海人民出版社，1991.

[66] 曾兆祥.商务谈判［M］.北京：中国商业出版社，1991.

[67] 赵宏.中国秘书实用大全［M］.北京：法律出版社，1991.

[68] 周达军.商业企业经营学［M］.北京：中国商业出版社，1991.

[69] 菲舍尔.普利策最佳国际报道奖获奖文选［M］.应谦，李焕明，译.北京：新华出版社，1990.

[70] 雷鸣.谈判与推销［M］.北京：机械工业出版社，1990.

[71] 汪馥郁，郎好成.实用逻辑学词典［M］.北京：冶金工业出版社，1990.

[72] 王金献，刘万安.营销谈判学［M］.开封：河南大学出版社，1990.

[73] 谢少安.对外贸易心理学［M］.武汉：武汉工业大学出版社，1990.

[74] 章瑞华，徐志华，黄华新，等.现代谈判学［M］.修订版.杭州：浙江大学出版社，1990.

[75] 邹建华.国际商务谈判业务与技巧［M］.广州：中山大学出版社，1990.

[76] 陈林光.怎样经营出口业务［M］.南宁：广西人民出版社，1989.

[77] 科恩.人生与谈判［M］.王佩玺，译.北京：旅游教育出版社，1989.

[78] 张泓铭.工业企业价格管理［M］.上海：上海社会科学院出版社，1989.

[79] 张勤，李永堂，张淑芬.经济谈判［M］.北京：中国经济出版社，1989.

［80］赵大生，王鲁捷．涉外公共关系与谈判交往技巧［M］．北京：科学技术文献出版社，1989.

［81］介和．怎样同外国人谈生意［M］．北京：中国商业出版社，1988.

［82］李毓峰．外贸谈策略与方法［M］．北京：煤炭工业出版社，1988.

［83］卡内基．怎样赢得友谊并影响他人［M］．卢丹怀，等译．北京：宝文堂书店，1988.

［84］邱年祝．国际货物买卖合同［M］．北京：对外贸易教育出版社，1988.

［85］唐守山，陈志强．现代经济管理基础（下）［M］．沈阳：辽宁科学技术出版社，1988.

［86］温克勒．讨价还价技巧［M］．光积昌，胡庄君，译．北京：机械工业出版社，1988.

［87］杨志熙．兵战与商战——市场竞争理论与实践［M］．北京：中国商业出版社，1988.

［88］马什．合同谈判手册［M］．章汝奭，主译．上海：上海翻译出版公司，1988.

［89］费雪，尤瑞．哈佛谈判技巧［M］．黄宏义，译．兰州：甘肃人民出版社，1987.

［90］黄爱民，胡思祺，魏全木，等．乡镇企业经营管理［M］．南昌：江西科学技术出版社，1987.

［91］柯恩．你可以说服任何人［M］．区有锦，译．郑州：中州古籍出版社，1987.

［92］雷法．谈判的艺术与科学［M］．宋欣，孙小霞，译．北京：北京航空学院出版社，1987.

［93］宋炳庸.经济合同法讲座［M］.延吉：延边大学出版社，1987.

［94］王承璐.人际心理学［M］.上海：上海人民出版社，1987.

［95］邹涛.法律咨询大全［M］.石家庄：河北人民出版社，1987.

［96］程国海，王燕东.经济仲裁法律问答［M］.北京：工人出版社，1986.

［97］嘉洛斯.生意经——商业谈判的策略与技巧［M］.连明珠，译.哈尔滨：黑龙江人民出版社，1986.

［98］黎孝先.对外贸易原理与实务教程［M］.上海：上海人民出版社，1986.

［99］尼尔伦伯格.谈判的艺术［M］.曹景行，陆廷，译.上海：上海翻译出版公司，1986.

［100］《科技情报工作概论》编写组.科技情报工作概论［M］.北京：科学技术文献出版社，1984.

［101］明德林.苏联第一个女大使柯伦泰［M］.赫崇骥，胡汉英，译.北京：新华出版社，1984.

［102］宋书文，孙汝亭，任平安.心理学词典［M］.南宁：广西人民出版社，1984.

［103］周秉成，吴百福，严德馨.出口销售合同的磋商和签订［M］.上海：上海人民出版社，1983.

［104］皮纯协，何士英.经济合同法浅说［M］.太原：山西人民出版社，1982.

［105］赵承璧.外贸实务手册［M］.沈阳：辽宁人民出版社，1982.

［106］赵明立.工矿企业物资管理［M］.石家庄：河北人民出版社，1981.

［107］陈春龙，欧阳涛，肖贤富.法律知识问答［M］.北京：北京出版社，1979.

267

［108］尼克松．尼克松回忆录（中）［M］．裘克安，等译．北京：商务印书馆，1979．

［109］卡尔布 M，卡尔布 B．基辛格（下）［M］．齐沛合，译．北京：生活·读书·新知三联书店，1975．

［110］罗雪峰，方宁．铁矿石打响定价权之战［J］．中国对外贸易，2005（12）：19-22．

［111］殷庆林，姚盛辉．双赢谈判模型浅探［J］．改革与战略，2006（11）：102-103．

［112］伊夫，徐多．亲历一次罢工谈判［J］．时代风采，2010（9）：16-18．

［113］佚名．气泡——一个有趣的心理现象［N］．吴家禄，译．青年报，1981-08-07．

［114］上海进出口商品检验局情报资料室．进出口商品检验工作问答［Z］．上海：上海进出口商品检验局情报资料室，1989．

［115］《外事工作手册》编委会．外事工作手册［Z］．北京：航空工业部第一技术情报网，1983．